季羡林经典文集

牛棚杂忆——

季羡林 / 著

北方联合出版传媒（集团）股份有限公司
万卷出版公司
2018年 · 沈阳

ⓒ 季羡林 2015

图书在版编目（CIP）数据

牛棚杂忆 / 季羡林著. — 沈阳：万卷出版公
司,2015.3（2018.10重印）
　　（季羡林经典文集 / 巫晓燕主编）
　　ISBN 978-7-5470-3397-5

　　Ⅰ.①牛… Ⅱ.①季… Ⅲ.①季羡林（1911～2009）
–回忆录 Ⅳ.①K825.4

中国版本图书馆CIP数据核字(2014)第249361号

出版发行：北方联合出版传媒（集团）股份有限公司
　　　　　万卷出版公司
　　　　　（地址：沈阳市和平区十一纬路25号　邮编：110003）
印 刷 者：沈阳绿洲印刷有限公司
经 销 者：全国新华书店
幅面尺寸：145mm×210mm
字　　数：250千字
印　　张：11
出版时间：2015年3月第1版
印刷时间：2018年10月第4次印刷
责任编辑：张雪娇
封面设计：任展志
版式设计：任展志
责任校对：李国宽
ISBN 978-7-5470-3397-5
定　　价：34.80元

联系电话：024-23284090
邮购热线：024-23284050
传　　真：024-23284521
E－mail：vpc_tougao@163.com
腾讯微博：http://t.qq.com/wjcbgs

目　录

牛棚杂忆

牛棚杂忆

祝词

这一本小书是用血换来的，

是和泪写成的。

我能够活着把它写出来，

是我毕生的最大幸福，

是我留给后代的最佳礼品。

愿它带着我的祝福

走向人间吧。

它带去的不是仇恨和报复，

而是一面镜子，

从中可以照见恶和善，丑和美。

照见绝望和希望。

它带去的是对我们伟大祖国和人民的一片赤诚。

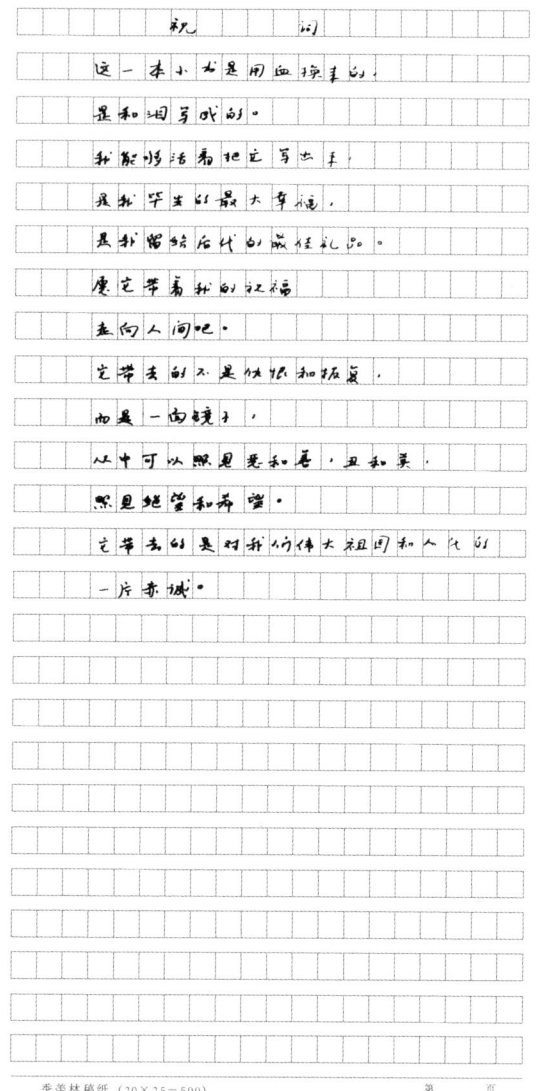

祝　　词

　这一本小书是用血凝成的，
是和泪写成的。

　我能够活着把它写出来，
是我毕生的最大幸福，
是我留给后代的最佳礼品。

　愿它带着我的祝福
去向人间吧。

　它带去的不是怅惘和报复，
而是一面镜子，
从中可以照见美和丑，丑和美，
照见绝望和希望。

　它带去的是对我们伟大祖国和人民的
一片赤诚。

《牛棚杂忆·祝词》手稿

自 序

《牛棚杂忆》写于1992年，为什么时隔六年，到了现在1998年才拿出来出版。这有点违反了写书的常规。读者会怀疑，其中必有个说法。

读者的怀疑是对的，其中确有一个说法，而这个说法并不神秘，它仅仅出于个人的"以小人之心度君子之腹"的一点私心而已。我本来已经被"革命"小将——其实并不一定都小——在身上踏上了一千只脚，永世不得翻身了。可否极泰来，人间正道，浩劫一过，我不但翻身起来，而且飞黄腾达，"官"运亨通，颇让一些痛打过我、折磨过我的小将们胆战心惊。如果我真想报复的话，我会有一千种手段，得心应手，不费吹灰之力，就能够进行报复的。

可是我并没有这样做，我对任何人都没有打击，报复，穿小鞋，耍大棒。难道我是一个了不起的宽容大度的正人君子吗？

否，否，绝不是的。我有爱，有恨，会妒忌，想报复，我的宽容心肠不比任何人高。可是，一动报复之念，我立即想到，在当时那种情况下、那种气氛中，每个人，不管他是哪一个山头，哪一个派别，都像喝了迷魂汤一样，异化为非人。现在人们有时候骂人为"畜生"，我觉得这是对畜生的侮蔑。畜生吃人，因为它饿。它不会说谎，不会耍刁，决不会先讲上一大篇必须吃人的道理，旁征博引，洋洋洒洒，然后才张嘴吃人。而人则不然。我这里所谓"非人"，绝不是指畜生，只称他为"非人"而已。我自己在被打得"一佛出世，二佛升天"的时候还虔信"文化大革命"的正确性，我焉敢苛求于别人呢？打人者和被打者，同是被害者，只是所处的地位不同而已。就由于这些想法，我才没有进行报复。

但是，这只是冠冕堂皇的一面，这还不是一切，还有我私心的一面。

了解"十年浩劫"的人们都知道，当年打派仗的时候，所有的学校、机关、工厂、企业，甚至某一些部队，都分成了对立的两派，每一派都是"唯我独左"、"唯我独尊"。现在看起来两派都搞打、砸、抢，甚至杀人，放火，都是一丘之貉，谁也不比谁强。现在再来讨论或者辩论谁是谁非，实在毫无意义。可是在当时，有一种叫作"派性"的东西，摸不着，看不见，既无根据，又无理由，却是阴狠、毒辣，一点理性也没有。谁要是中了它，就像是中了邪一样，一个原来是亲爱和睦好端端的家庭，如果不幸而分属两派，则夫妇离婚者有之，父子反目者有之，至少也是"兄弟阋于墙"，天天在家里吵架。我读书七八十年，在古今中外的书中还从未发现过这种心理状况，实在很值得社会学家和心理学家认真探究。

我自己也并非例外。我的派性也并非不严重。但是，我自己认为，我的派性来之不易，是拼着性命换来的。运动一开始，作为一系之主，我是没有资格同"革命群众"一起参加闹革命的。"革命无罪，造反有理"，这呼声响彻神州大地，与我却无任何正面的关系，最初我是处在"革命"和"造反"的对象的地位上的。但是，新中国成立前，我最厌恶政治，同国民党没有任何粘连。大罪名加不到我头上来。被打成"走资派"和"资产阶级反动学术权威"，是应有之义，不可避免的。这两阵狂风一过，我又恢复了原形，成了自由民，可以混迹于革命群众之中了。

如果我安分守己、老老实实的话，我本可以成为一个逍遥自在的逍遥派，痛痛快快地混上几年的。然而，幸乎？不幸乎？天老爷赋予了我一个犟劲，我敢于仗义执言。如果我身上还有点什么值得称扬的东西的话，那就是这一点犟劲。不管我身上有多少毛病，有这点犟劲，就颇值得自慰了，我这一生也就算是没有白生了。我在逍遥中，冷眼旁观，越看越觉得北大那一位炙手可热的"老佛爷"倒行逆施，执掌全校财政大权，对力量微弱的对立派疯狂镇压，甚至断水断电，纵容手下喽啰用长矛刺杀校外来的中学生。是可忍，孰不可忍！我并不真懂什么这路线、那路线，然而牛劲一发，拍案而起，毅然决然参加了"老佛爷"对立面的那一派"革命组织"。"老佛爷"的心狠手毒是有名的。我几乎把自己一条老命赔上。详情书中都有叙述，我在这里就不再啰唆了。

不加入一派则已，一旦加入，则派性就如大毒蛇，把我缠得紧紧地，说话行事都失去了理性。"十年浩劫"一过，天日重明；但是，人们心中的派性仍然留下了或浓或淡的痕迹，稍不留意，就会显露出来。同我一起工作的同事一多半是"十年浩劫"中的对立面，批斗过我，诬蔑过我，审讯过我，踢打过我。他们中的许多人好像有点愧悔之意。我认为，这些人都是好同志，同我一样，一时糊涂油蒙了心，干出了一些不太合乎理性的勾当。世界上没有不犯错误的人，这是大家都承认的一个真理。如果让这些本来是好人的人知道了，我抽屉里面藏着一部《牛棚杂忆》，他们一定会认为我是秋后算账派，私立黑账，准备日后打击报复。我的书中虽然没有写出名字——我是有意这样做的——，但是，当事人一看就知道是谁，对号入座，易如反掌。怀着这样惴惴不安的心理，我们怎么能同桌共事呢？为了避免这种尴尬局面，所以我才虽把书写出却秘而不宣。

那么，你为什么不干脆不写这样一部书呢？这话问得对，问得正中要害。

实际上，我最初确实没有写这样一部书的打算。否则，"十年浩劫"正式结束于 1976 年，我的书十六年以后到了 1992 年才写，中间隔了这样许多年，所为何来？这十六年是我反思、观察、困惑、期待的期间。我痛恨自己在政治上形同一条蠢驴，对所谓"无产阶级文化大革命"这一场残暴、混乱，使我们伟大的中华民族蒙羞忍耻，把我们国家的经济推向绝境、空前、绝后——这是我的希望——，至今还没人能给一个全面合理的解释的悲剧，有不少人早就认识了它的实质，我却是在"四人帮"垮台以后脑筋才开了窍。我实在感到羞耻。

我的脑筋一旦开了窍，我就感到当事人处理这一场灾难的方式有问题。粗一点比细一点好，此话未必毫无道理。但是，我认为，我们粗过了头。我在上面已经说到，绝大多数的人都是受蒙蔽的。就算是受蒙蔽吧，也应该在这个千载难遇的机会中受到足够的教训，提高自己的水平，免得以后再重蹈覆辙。这样的机会恐怕以后再难碰到了。何况在那些打砸抢分子中，确有一些禽兽不如的坏人。这些坏人比好人有本领，"文化大革命"中有一个常用的词儿：变色龙，这一批坏人就正是变色龙。他们一看风头不对，立即改变颜色。有的伪装成正人君子，有的变为某将军、某领导的东床快婿，在这一张大伞下躲避了起来。有的鼓其如簧之舌，施展出纵横捭阖的伎俩，暂时韬晦，窥探时机，有朝一日风雷动，他们又成了人上人。此等人野心大，点子多，深通厚黑之学，擅长拍马之术。他们实际上是我们社会主义社会潜在的癌细胞，迟早必将扩张的。我们当时放过了这些人，实在是埋藏了后患。我甚至怀疑，今天我们的国家和社会，总起来看，是安定团结的，大有希望的。但是社会上道德水平有问题，许多地方的政府中风气不正，有不少人素质不高，若仔细追踪其根源，恐怕同"十年浩劫"的余毒有关，同上面提到的这些人有关。

上面是我反思和观察的结果，是我困惑不解的原因。可我又期待什么呢？

我期待着有人会把自己亲身受的灾难写出来。一些元帅、许多老将军，出生入死，戎马半生，可以说是为人民立了功。一些国家领导人，也是一生革命，是人民的"功臣"。绝大部分的高级知识分子，著名作家和演员，大都是勤奋工作，赤诚护党。所有这一些好人，都被莫名其妙地泼了一身污水，罗织罪名，无限上纲，必欲置之死地而后快。真不知是何居心。中国古来有"飞鸟尽，良弓藏；狡兔死，走狗烹"的说法。但干这种事情的是封建帝王，我们却是堂堂正正的社会主义国家。所作所为之残暴无情，连封建帝王也会为之自惭形秽的。而且涉及面之广，前无古人。受害者心里难道会没有愤懑吗？为什么不抒一抒呢？我日日盼，月月盼，年年盼；然而到头来却是失望，没有人肯动笔写一写，或者口述让别人写。我心里十分不解，万分担忧。这场空前的灾难，若不留下点记述，则我们的子孙将不会从中吸取应有的教训，将来气候一旦适合，还会有人发疯，干出同样残暴的蠢事。这是多么可怕的事情啊！今天的青年人，你若同他们谈"十年浩劫"的灾难，他们往往吃惊地又疑惑地瞪大了眼睛，样子是不相信，天底下竟能有这样匪夷所思的事情。他们大概认为我在说谎，我在谈海上蓬莱三山，"山在虚无缥缈间"。虽然有一段时间流行过一阵所谓"伤痕"文学。然而，根据我的看法，那不过是碰伤了一块皮肤，只要用红药水一擦，就万事大吉了。真正的伤痕还深深埋在许多人的心中，没有表露出来。我期待着当事人有朝一日会表露出来。

此外，我还有一个十分不切实际的期待。上面的期待是对在浩劫中遭受痛苦折磨的人们而说的。折磨人甚至把人折磨至死的当时的"造反派"实际上是打砸抢分子的人，为什么不能够把自己折磨人的心理状态和折磨过程也站出来表露一下写成一篇文章或一本书呢？这一类人现在已经四五十岁了，有的官据要津。即使别人不找他们算账，他们自己如果还有点良心，有点理智的话，在灯红酒绿之余，清夜扪心自问，你能够睡得安稳吗？如果这一类人——据估算，人数是不老少的——也写点什么东西的话，拿来与被折磨者和被迫害者写的东西对照一读，对我们人民的教育意义，特别是我们后世子孙的教育意义，会是极大极大的。我并不要求他们检讨和忏悔，这些都不是本质的东西，我只期待他们秉笔直书。这样做，他们可以说是为我们民族立了大功，只会得到褒扬，不会受到谴责，这一点我是敢肯定的。

就这样，我怀着对两方面的期待，盼星星，盼月亮，一盼盼了十二年。东方太阳出来了，然而我的期待却落了空。

可是，时间已经到了1992年。许多当年被迫害的人已经如深秋的树叶，渐趋凋零；因为这一批人年纪老的多、宇宙间生生死死的规律是无法抗御的。而我自己也已垂垂老矣。古人说："俟河之清。"在我的人寿几何两个期待中，其中一个我无能为力，而对另一个，也就是对被迫害者的那一个，我却是大有可为的。我自己就是一个被害者嘛。我为什么竟傻到守株待兔专期待别人行动而自己却不肯动手呢？期待人不如期待自己，还是让我自己来吧。这就是《牛棚杂忆》的产生经过。我写文章从来不说谎话，我现在把事情的原委和盘托出，希望对读者会有点帮助。但是，我虽然自己已经实现了一个期待，对别人的那两个期待，我还并没有放弃。在期待的心情下，我写了这一篇序，期望我的期待能够实现。

1998 年 3 月 9 日

缘起

"牛棚"这个词儿，大家一听就知道是什么意思。但是，它是否就是法定名称，却谁也说不清楚。我们现在一切讲"法治"。讲"法治"，必先正名。但是"牛棚"的名怎么正呢？牛棚的创建本身就是同法"对着干的"。现在想用法来正名，岂不是南辕而北辙吗？

在北大，"牛棚"这个词儿并不流行。我们这里的"官方"叫作"劳改大院"，有时通俗化称之为"黑帮大院"，含义完全是一样的。但是后者更生动，更具体，因而在老百姓嘴里就流行了起来。顾名思义，"黑帮"不是"白帮"。他们是专在暗中干"坏事"的，是同"革命司令部"唱反调的。这一帮家伙被关押的地方就叫作"黑帮大院"。

"童子何知，躬逢胜饯！"我三生有幸，也住进了大院，——从语言学上来讲，这里的"住"字应该做被动式——而且一住就是八九个月。要说里面很舒服，那不是事实。但是，像"十年浩劫"这样的现象，在人类历史上绝对是空前的——我但愿它也绝后——，"人生不满百"，我居然躬与其盛，这真是千载难逢的机会，我不得不感谢苍天，特别对我垂青、加佑，以至于感激涕零了。不然的话，想找这样的机会，真比骆驼穿过针眼还要难。我不但赶上这个时机，而且能住进大院。试想，现在还会有人为我建院，派人日夜守护，使我得到绝对的安全吗？

我也算是一个研究佛教的人。我既研究佛教的历史，也搞点佛教的义理。但是最使我感兴趣的却不是这些堂而皇之的佛教理论，而是不登大雅之堂的一些迷信玩意儿，特别是对地狱的描绘。这在正经的佛典中可以找到，在老百姓的口头传说中更是说得活灵活现。这是中印两国老百姓集中了他们从官儿们那里受的折磨与酷刑，经过提炼，"去粗取精，去伪存真"然后形成的，是人类幻想不可多得的杰作。谁听了地狱的故事不感到毛骨悚然、毛发直竖呢？

我曾有志于研究比较地狱学久矣。积几十载寒暑探讨的经验，深知西方地狱实在有点太简单、太幼稚、太单调、太没有水平。不信你去读一读但丁的《神曲》。那里有对地狱的描绘。但丁的诗句如黄钟大吕；但是诗句所描绘的地狱，却实在不敢恭维，一点想象力都没有，过于简单，过于表面。读了只能让人觉得好笑。回观印度的地狱则真正是博大精深。再加上中国人的扩大与渲染，地狱简直如七宝楼台，令人目眩神驰。读过中国《玉历至宝钞》一类描写地狱的书籍的人，看到里面的刀

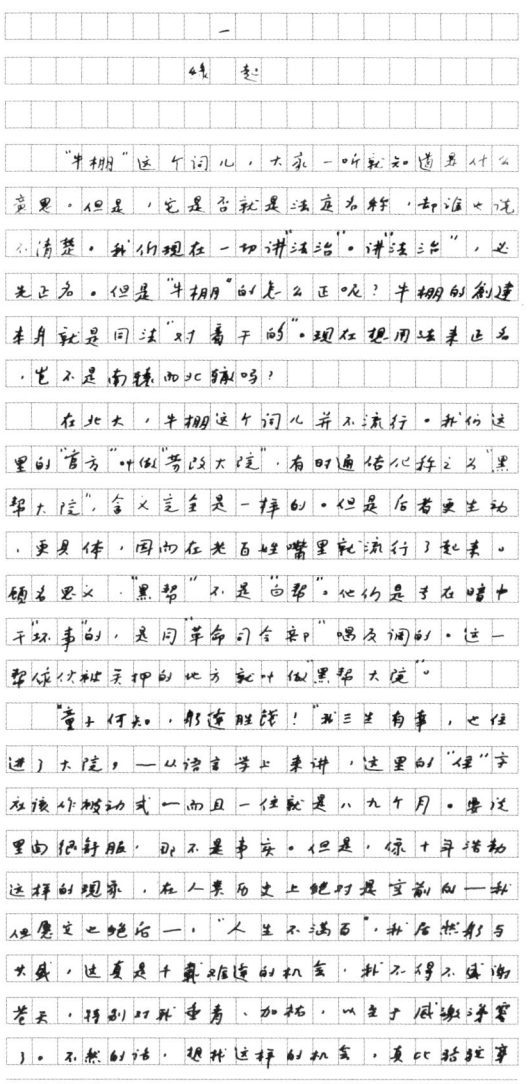

一

缘起

"牛棚"这个词儿，大家一听就知道是什么意思。但是，它是否就是法庭为粹，却谁也说不清楚。我们现在一切讲法治，讲法律"，之先正名。但是"牛棚"的怎么正呢？牛棚的创建本身就是同法"对着干的"。现在想用法来正名，岂不是南辕而北辙吗？

在北大，牛棚这个词儿并不流行。我们这里的"官方"叫做"劳改大院"。有时通俗化称之为"黑帮大院"，含义完全是一样的。但是后者更生动，更具体，因而在老百姓嘴里就流行了起来。顾名思义，"黑帮"不是"白帮"，他们是专在暗中干坏事的，是同革命司令部"唱反调"的。这一帮像伙被关押的地方就叫做"黑帮大院"。

"童牛何知，胡造胜缘！"我三生有幸，也住进大院，——从语言学上来讲，这里的"住"字在这里作被动式——而且一住就是八九个月。要说这里面很舒服，那不是事实。但是，综十年诸勤这样的现象，在人类历史上绝对是空前的——我估定也绝后——。"人生不满百"，我居然能与大院，这真是千载难逢的机会。我不得不感谢苍天，特别对我垂青，加枯，以至于恩赐洋福了。不然的话，想找这样的机会，更比摘桂冠

《牛棚杂忆·缘起》手稿

山火海，油锅大锯，再配上一个牛头，一个马面，角色齐全，道具无缺，谁能不五体投地地钦佩呢？东方文明超过西方文明；东方人民的智慧超过西方人民的智慧，于斯可见。

我非常佩服老百姓的幻想力，非常欣赏他们对地狱的描绘。我原以为这些幻想力和这些描绘已经是至矣尽矣，蔑以复加矣。然而，我在牛棚里待过以后，才恍然大悟，"革命小将"在东胜神州大地上，在光天化日之下建造起来的牛棚，以及对牛棚的管理措施，还有在牛棚里制造的恐怖气氛，同佛教的地狱比较起来，远远超过印度的原版。西方的地狱更是瞠乎后矣，有如小巫见大巫了。

我怀疑，造牛棚的小将中有跟我学习佛教的学生。我怀疑，他们不但学习了佛教史和佛教教义，也学习了地狱学。而且理论联系实际，他们在建造北大的黑帮大院时，由远及近，由里及表，加以应用，一时成为全国各大学学习的样板。他们真正是青出于蓝而胜于蓝。仅此一点，就足以证明，我在北大四十年的教学活动，没有白费力量。我虽然自己被请入瓮中，但衷心欣慰，不能自已了。

犹有进者，这一群革命小将还充分发挥了创新能力。在这个牛棚里确实没有刀山、油锅、牛头、马面等等。可是，在没有这样的必需的道具下而能制造出远远超过佛教地狱的恐怖气氛，谁还能吝惜自己的赞赏呢？在旧地狱里，牛头马面不过根据阎罗王的命令把罪犯用钢叉叉入油锅，叉上刀山而已。这最多只能折磨犯人的肉体，绝没有"触及灵魂"的措施，绝没有"斗私批修"、"狠斗活思想"等等的办法。我们北大的"革命（？）小将"，却在他们的"老佛爷"的领导下在大院中开展了背语录的活动。这是崭新的创造，从来也没有听说牛头、马面会让犯人背诵什么佛典，什么"揭谛，揭谛，波罗揭谛"，背错一个字，立即一记耳光。在每天晚上的训话，也是旧地狱中决不会有的。每当夜幕降临，犯人们列队候训。恶狠狠的训斥声，清脆的耳光声，互相应答，融入夜空。院外小土山上，在薄暗中，人影晃动。我低头斜眼一瞥，知道是"自由人"在欣赏院内这难得的景观，宛如英国白金汉宫前面广场上欣赏御林军换岗的盛况。此时我的心情实在不足为外人道也。

简短截说，牛棚中有很多新的创造发明。里面的生活既丰富多彩，又阴森刺骨。我们住在里面的人，日日夜夜，分分秒秒，都让神经紧张到最高限度，让五官的本能发挥到最高限度，处处有荆棘坑坎，时时有横祸飞来。这种生活，对我来说，是绝对空前的。对门外人来说，是无法想象的。当时在全国进入牛棚的人虽然没有确切统计，但一定是成千累万。可是同全国人口一比，仍然相形见绌，只不过是小数一端而已。换句话说，能进入牛棚并不容易，是一个非常难得的机会。人们不是常常号召作家在创作之前要深入生活吗？但是有哪一个作家心甘情愿地到黑帮大院里来呢？成为黑帮一员，也并不容易，需要具备的条件还是非常苛刻的。

我是有幸进入牛棚的少数人之一，几乎把老命搭上才取得了一些难得的经验。我认为，这些经验实在应该写出的。我自己虽非作家，却也有一些舞笔弄墨的经验。自己要写，非不可能。但是，我实在不愿意再回忆那一段生活，一回忆一直到今天我还是不寒而栗，不去回忆也罢。我有一个渺渺茫茫希望，希望有哪一位蹲过牛棚的作家，提起如椽大笔，把自己不堪回首的经历，淋漓尽致地写了出来，一定会开阔全国全世界读者的眼界，为人民立一大功。

可是我盼星星，盼月亮，盼着东天出太阳，一直盼到今天，虽然读到了个别人写的文章或书，总还觉得很不过瘾，我想要看到的东西始终没有出现。蹲过牛棚，有这种经验而又能提笔写的人无虑百千。为什么竟都沉默不语呢？这样下去，等这一批人一个个遵照自然规律离开这个世界的时候，那些极可宝贵的、转瞬即逝的经验，也将会随之而消泯得无影无踪。对人类全体来说，这是一个莫大的损失。对有这种经验而没有写出来的人来说，这是犯了一个极大的错误。最可怕的是，我逐渐发现，"十年浩劫"过去还不到二十年，人们已经快要把它完全遗忘了。我同今天的青年，甚至某一些中年人谈起这一场灾难来，他们往往瞪大了眼睛，满脸疑云，表示出不理解的样子。从他们的眼神中可以看出来，他们的脑袋里装满了疑问号。他们怀疑，我是在讲"天方夜谭"，我是故意夸大其词。他们怀疑，我别有用心。他们不好意思当面驳斥我；但是他们的眼神却流露出："天下哪里可能有这样的事情呢？"我感到非常悲哀、孤独与恐惧。

我感到悲哀，是因为我九死一生经历了这一场巨变，到头来竟然得不到一点了解，得不到一点同情。我并不要别人会全面理解，整体同情。事实上，我对他们讲的只不过是零零碎碎、片片段段。有一些细节我甚至对家人好友都没有讲过，至今还闷在我的心中。然而，我主观认为，就是那些片段就足以唤起别人的同情了。结果却是适得其反。于是，我悲哀。

我孤独，是因为我感到，自己已届耄耋之年，在茫茫大地上，我一个人踽踽独行，前不见古人，后不见来者。年老的像三秋的树叶，逐渐飘零。年轻的对我来说像日本人所说的"新人类"那样互不理解。难道我就怀着这些秘密离开这个世界吗？于是，我孤独。

我恐惧，是因为我怕这些千载难得的经验一旦泯灭，以千万人遭受难言的苦难为代价而换来的经验教训就难以发挥它的"社会效益"了。想再获得这样的教训恐怕是难之又难了。于是，我恐惧。

在悲哀、孤独、恐惧之余，我还有一个牢固的信念。如果把这一场灾难的经过如实地写了出来，它将成为我们这个伟大民族的一面镜子。常在这一面镜子里照一照，会有无限的好处的。它会告诉我们，什么事情应当干，什么事情又不应当干，绝没有任何坏处。

就这样，在反反复复考虑之后，我下定决心，自己来写。我在这里先郑重声明：我决不说半句谎言，决不添油加醋。我的经历是什么样子，我就写成什么样子。增之一分则太多，减之一分则太少。不管别人说什么，我都坦然处之，"只等秋风过耳边"。谎言取宠是一个品质问题，非我所能为，亦非我所愿为。我对自己的记忆力还是有信心的。经过了所谓"文化大革命"炼狱的洗礼，"曾经沧海难为水"，我现在什么都不怕。如果有人读了我写的东西感到不舒服，感到好像是揭了自己的疮疤；如果有人想对号入座，那我在这里先说上一声：悉听尊便。尽管我不一定能写出什么好文章，但是这文章是用血和泪换来的，我写的不是小说。这一点想能得到读者的谅解与同情。

以上算是缘起。

从社教运动谈起

20世纪60年代前半，在全国范围内又掀起了一场惊心动魄的叫作"社会主义教育运动"的运动。北大又大大地折腾了一番。规律仍然是：这场运动你整我，下次运动我整你。混战了一阵，然后平静下来，又都奉命到农村去搞社会主义教育运动。

我于1965年秋天，开完了"国际饭店会议"以后，奉命到了京郊南口村，担任这个村的社教队的副队长，分工管整党工作。这是一个小小的山村。在铁道修建以前，是国内外的交通要道。据当地的老百姓告诉我，当年这里十分繁华，大街上店铺林立，每天晚上卧在大街上的骆驼多达几百头，酒馆里面划拳行令之声通宵达旦。铁路一修，情况立变，现在已是今非昔比。全村到处可见断壁颓垣，一片荒凉寂寞，当年盛况只残留在老年人的记忆中了。

村里社教运动进行的情况，我不想在这里谈。我只谈与"文化大革命"有关的一些情况。这一场"史无前例的"所谓"革命"，来头是很大很大的。这是尽人皆知的事实，用不着我再去细说。它实际上是在 1965 年冬天开始的，正是我在南口村的时候。这时候，姚文元写了一篇文章：《评新编历史剧〈海瑞罢官〉》，点起了"革命"的烽火。这一篇文章鼓其如簧之舌，歪曲事实，满篇邪理。它据说也是颇有来头的。姚文元不过是拿着鸡毛当令箭出台献艺的小丑而已。我读到这篇文章就是在南口村。我脑袋里一向缺少政治细胞，虽然新中国成立后几乎天天学习政治，怎奈我天生愚钝，时时刻刻讲阶级斗争，然而我却偏偏忽略阶级斗争。我从文章中一点也没有体会出阶级斗争的味道。我一点也没有感觉出这就是"山雨欲来风满楼"，这就是大风暴将要来临的信号。我只把它当作一篇平常的文章来看待。兼之我又有肚子里藏不住话的缺点（优点？）。看完以后，我就信口开河，大发议论，毫无顾忌。我到处扬言：我根本看不出《海瑞罢官》会同彭德怀有什么瓜葛。我还说，"三家村"里的三位村长我都认识，有的还可以说是朋友。我同吴晗 30 年代初在清华是同学。1946 年，我回到北平以后，还曾应他的邀请到清华向学生做过一次报告，在他家里住过一宿。如此等等，说个没完。我哪里知道，说者无心，听者有意。同我一起来南口村搞社教运动的有我的一位高足，出身贫农兼烈属，平常对我毕恭毕敬，我内定他为我的"接班人"。就是这一个我的"心腹"，把我说的话都记在心中，等待秋后算账，脸上依然是笑眯眯的。后来，到了"文化大革命"中，我自己跳出来反对北大那一位臭名远扬的"老佛爷"，被关进牛棚。我的这一位高足看到时机已到，正好落井下石，图得自己捞上一顶小小的乌纱帽，把此时记住的我说的话，竹筒倒豆子，再加上一点歪曲，倾盆倒到了我的头上，把我"打"成了"三家村的小伙计"！我顺便说一句，这一位有一百个理由能成为无产阶级接班人的贫农兼烈属的子弟，已经溜到欧洲一个小国当洋奴去了。时间是毫不留情的，它真使人在自己制造的镜子里照见自己的真相！

闲言少叙，书归正传。我仍然读姚文元的文章。姚文元在这篇文章中使用的深文周纳的逻辑，捕风捉影莫须有的推理，给以后在整个"文化大革命"中给人罗织罪名，树立了一个极坏的样板。这一套荒谬绝伦的东西是否就是姚文元个人的发明创造，我看未必。他可能也是从来头很大的人那里剽窃来的。无论如何，这一种歪风影响之恶劣，流毒之深远，实在是罄竹难"数"。它把青年一代的逻辑思维完全搞混乱了。流风所及，至今未息。

还有一件小事，我必须在这里讲一讲。我们在南口村的社教工作队，不是来自一个单位。除了北大以外，还有人来自中央广播电台，来自警察总队等单位。根据上面的规定，我们一律便衣，不对人讲自己的单位。内部情况只有我们自己明白。我们这一伙来自四面八方的杂牌军队，尽管过去并不认识；但是萍水相逢，大家都能够团结协作，感情异常融洽。公安总队来了一位姓陈的同志，他是老公安，年纪还不大，但已有十年的党龄。他有丰富的公安经验，人也非常随和。我们相处得非常好，几乎是无话不谈。但是，有一件小事却引起了我的注意：他收到无论什么信，看完之后，总是以火焚之。这同我的习惯正相反。我有一个好坏难明的习惯：我不但保留了所有的来信，而且连一张小小的收条等微不足道的东西，都精心保留起来。我这个习惯的心理基础是什么呢？我说不清楚，从来也没有去研究过。看了陈的行径，我自然大惑不解。特别是过旧历年的时候，公安总队给他寄来了一张铅印的贺年卡片。这本是官样文章，没有什么重要意义。但是陈连这样一张贺年卡片也不放过，而且一定要用火烧掉，不是撕掉。我实在沉不住气了，便开始了这样的谈话：

"你为什么要烧掉呢？"

"不留痕迹。"

"撕掉丢在茅坑里不就行了吗？"

"不行！仍然可能留下痕迹。"

"你过分小心了。"

"不是，干我们这一行的深知其中的利害。一个人说不定什么时候就会碰到点子上。一碰上，你就吃不了的兜着走。"

我大吃一惊，这真是闻所未闻。我自己心里估量：我也会碰到点子上的。我身上毛病不少，小辫子也有的是。有人来抓，并不困难。但是，我自信，我从不反党，反社会主义；我也没有加入任何反动组织，"反革命"这一顶帽子无论如何也是扣不到我头上来的。心里乐滋滋的，没有再想下去。岂知陈的话真是经验之谈，是从无数事实中提炼出来的真理。过了没有多久，我自己一跳出来反对北大那一位"老佛爷"，就被扣上了"反革命"的帽子。我曾胡诌了两句诗："廿年一觉燕园梦，赢得反党反社名。"这是后话，这里就先不谈了。

一九六六年六月四日

南口村虽然是一个僻远的山村，风景秀丽，居民和善。但是也决非世外桃源。我们来这里是搞阶级斗争的。虽然极"左"的那一套年年讲、月月讲、念念不忘阶级斗争，我并不同意。但是，南口村，正如别的地方一样，绝不是没有问题的，搞一点"阶级斗争"看来也是必要的。我们哪里想到，在我们在这里搞阶级斗争的同时，全国范围内已经涌起了一场阶级斗争的狂风暴雨。这一场风暴的中心是北京，而北京的中心是北京大学。

这一点我们最初是不知道的。我们僻处京郊，埋头社教，对世事距离好像比较远，对大自然好像是更为接近。1966年的春天，同过去任何一个春天一样，姗姗来迟。山村春来迟，是正常的现象。但是，桃花、杏花、梨花都终于陆续绽开了菁葵，一片粉红雪白，相映成趣，春意盎然了。我们的活动，从表面上来看，一切照常，一切平静。然而从报纸上来的消息，从外面传进来的消息，知道一场大的运动正逼近我们。北京大学一向是政治运动的得风气之先的地方。此时我们虽然不在学校，情形不十分清楚；但是那里正像暴风骤雨前浓云密布那样，也正在酝酿着什么，我们心里是有底的。只不过是因为身居郊外，暂时还能得到一点宁静而已。

五月来临，外面的风声越来越紧。中央接二连三地发出一些文件，什么"5·16通知"之类。事情本来已经十分清楚；但是，我上面已经说到，我脑袋里最缺少政治细胞，缺少阶级斗争那一根弦。我仍然我行我素，在南口村和煦的阳光中，在繁花如锦的环境里，懵然成为井中之蛙，从来没有把这一场暴风雨同自己的命运联系起来。

此时城里的燕园恐怕完全是另一番景象。从城里回来的人中得知学校里已经开了锅。两派（或者说不清多少派）之间争辩不休，开始出现了打人的现象。据说，中央派某某大员到北大去，连夜召开大会，想煞住这一股不讲法制、胡作非为的歪风。听说，在短时间内起了一些作用。但是，过了没有几天，到了5月25日，那位"老佛爷"纠集了哲学系的几个人，贴出了一张大字报："宋硕、陆平、彭珮云要干什么？"立即引起了两派人的辩论，有的人赞成，有的人反对。听说在大饭厅附近，争辩的人围成了圈子，高声嚷嚷，通宵达旦。不知道有多少圈子，也说不清有多少人参加。好像是一块巨石击破了北大这块水中天，这里乱了套了。

这一张大字报的详细内容，我们不清楚。但是，我们立刻就感觉到，这是校内社教运动的继续和发展。在我上面提到的所谓"国际饭店会议"上，反陆平的一派打了一个败仗，挨了点整。按照我们最近多少年来的运动规律，这一次是被整者又崛起，准备整别人了。

到了6月1日，忽然听到中央广播电台播出了那一张大字报，还附上了什么人的赞美之辞，说这是一张什么"马列主义大字报"。我没有时间，也没有水平去推敲研究：为什么一张大字报竟会是"马列主义的"？一直到今天，我仍然没能进化到能理解其中的奥义。反正马列主义就是马列主义，这好像钉子钉在案板上，铁定无疑了。我们南口村的人当然也议论这一张大字报；可是并没有形成了壁垒森严的两派，只不过泛泛一谈而已。此时校园内的消息不断地陆陆续续地传了过来，对我们的心情似乎没有产生多大干扰，我们实在是不了解真实情况，身处山中，好像听到从远处传来的轻雷，不见雨点，与己无干，仍然"社教"不已，心中还颇有一点怡然自得的情趣。

北大东语系在南口村参加社教的师生有七八人之多，其中有总支书记，有系主任，那就是我。按照上面的规定，我们都是被整的对象，因为我们都是"当权派"。所有的当权派，除了最高层的少数几个天之骄子以外，几乎都是走资本主义道路的（神秘莫测的中国语言把它缩简为"走资派"）。在南口村，东语系的走资派和一般教员和学生，相处得非常融洽。因此，我们这两位走资派"难得糊涂"，宛如睡在甜甜蜜蜜的梦中，一点也没有意识到，自己正走在悬崖边上，下临无地，只等有人从背后一推，立即能堕入深涧。而个别推我们的人此时正毕恭毕敬地围绕在我们身边，摇着秀美的小尾巴，活像一只哈巴狗。

没有想到——其实，如果我们政治嗅觉灵敏的话，是应该想到的——6月4日，我们忽然接到学校里不知什么人的命令：立即返校，参加革命。我们带的东西本来不多，一无书籍，二无细软，几床被褥，一个脸盆，顺手一卷，立即成行，挤上了学校派去的大汽车。住了七八个月的南口村，现在要拜拜了。"客树回看成故乡"，要说一点留恋都没有，那不是实情。心头也确实漾起了一缕离情别绪。但是，此时有点兵荒马乱的味道，顾不得细细咀嚼了。别人心里想什么，我不清楚。我们那一位总支书记，政治细胞比我多，阶级斗争的经验比我丰富。他沉默不语，也许有点什么预感。但是此时谁也不知道自己的前途是什么样子。我虽然心里也有点没底儿，有点嘀咕，我也没有时间考虑太多太多。以前从南口村请假回家时，心里总是兴高采烈的；但是这一次回家，却好像是走向一个 terra incognita（未知的土地）了。

一个多小时以后，我们到了燕园。我原来下意识地期望，会有东语系的教员和学生来迎接我们，热烈地握手，深情地寒暄，我们毕竟还是总支书记和系主任，还没有什么人罢我们的官嘛。然而，一进校门，我就大吃一惊：这哪里还是我们前不久才离开的燕园呀！这简直是一个大庙会。校内林荫大道上，横七竖八，停满了大小汽车。自行车更是多如过江之鲫。房前树下，角角落落，只要有点空隙，就要挤满了自行车。真是洋洋大观，宛如自行车的海洋。至于校内的人和外面来的人，更是不计其数。万头攒动，人声鼎沸。以大饭厅为中心，人们成队成团，拥拥挤挤，真好像是针插不进，水泼不入。我们的车一进校门，就寸步难行。我们只好下车步行，好像是几点水珠汇入大海的波涛中，连一点水花都泛不起来了。什么迎接，什么握手，什么寒暄，简直都是想入非非，都到爪哇国去了。

据说从6月1日起，天天如此。到北大来朝拜第一张"马列主义大字报"的人，像潮水般涌进燕园。在"马列主义"信徒们眼中，北大是极其神圣，极其令人向往的圣地。一次朝拜，可以涤除身体上和灵魂中的一切污浊，一切罪孽。来的人每天有七八万十几万甚至几十万。先是附近学校里的人来，然后是远一点的学校里的人来，最后是外地许多大学里的人，不远千里，不远万里，风尘仆仆地赶了来。本地的市民当然是当仁不让，也挤了进来凑热闹，夹在里面起哄。这比逛天桥要开心多了。除了人以外，墙上，地上，树上，还布满了大小字报，内容是一边倒，都是拥护"第一张马列主义的大字报"的。人的海洋，大字报的海洋，五光十色，喧声直上九天。

我在目瞪口呆之余，也挤进了人群。虽然没有迎接，没有欢迎；但也没有怒斥，没有批斗，没有拳打，没有脚踢。我以一个自由人的身份，混入人海中，暂且逍遥一番。一同回来的那一位总支书记，处境却不美妙。一下车，他就被革命小将"接"走，或者"劫"走。接到不知到什么地方去了。他是钦定的"走资派"，罪有应得。从此以后，在长达几年的时间内，我就没有再见到他。我在外文楼外的大墙上，看到了一大批给他贴的大字报，称他为"牧羊书记"，极尽诬蔑、造谣、无中生有、人身攻击之能事。说他是"陆平的黑班底"，保皇派，走资本主义道路的骁将，急先锋。陆平的日子当然更为难过。他是马列主义大字报上点了名的人，是祸首罪魁，是钦犯。他的详细情况，我不清楚。我只知道，他被"革命"群众揪了出来，日夜不停地批斗，每天能斗上二十四小时。批斗的场所一般就在他住的地方。他被簇拥着站在短墙头上，下面群众高呼口号，高声谩骂。主持批斗的人罗织罪名，信口开河。此时群情"激昂"，"义愤"填膺。对陆平的批斗一时成为北大最吸引人的景观。不管什么人，只要到北大来，必然来参观一番。而且每个人都有权把陆平从屋子里揪出来批斗，好像旧日戏园子里点名角的戏一样。

我自己怎样呢？我虽然已经意识到，自己是泥菩萨过江，自身难保；但是还没有人来"接"我，我还能住在家里，我还有行动自由。有人给我贴了大字报，这是应有之义，毫不足怪。幸而大字报也还不多。有一天，我到东语系学生住的四十楼去看大字报。有一张是给我贴的，内容是批判我的一篇相当流行的散文：《春满燕园》。在贴大字报的"小将"们心中，春天就象征资本主义；歌颂春天，就是歌颂资本主义。我当时实在是大惑不解：为什么古今中外的人士无不欢迎的象征生命昭苏的明媚的春天会单单是资本主义的象征呢？以后十几年中，我仍然不解；一直到今天，这对我仍然是一团迷雾。我的木脑袋不开窍，看来今生无望了。我上面说到，姚文元的那一篇批判《海瑞罢官》的臭文,深文周纳,说了许多歪理。后来批判"三家村"的《燕山夜话》等著作,在原来的基础上又有了发展。看来这一套手法是有来头的,至少是经过什么人批准了的。后来流毒无穷,什么"利用小说反党"等等一系列的"理论"依次出笼,滔滔者天下皆是矣。我的政治水平,并不比别人高。我也是虔诚信神的人。但是,有一点我是清楚的:我文章里的春天同资本主义毫不相干。我是真心实意地歌颂祖国的春天的。因此,我看了那一张大字报,心里真是觉得憋气,不由自主地哼了一声。这一哼连半秒钟都没有用上,孰料这一哼竟像我在南口村谈姚文元的文章一样,被什么隐藏在我身后的人录了下来(当时还没有录音机,是用心眼录下来的)。到了后来,我一跳出来反对他们那一位"老佛爷",就成了打向我的一颗重型炮弹。

反正我此时还是一个自由人,可以到处逍遥。这时的燕园比起6月4日来,其热闹程度又大大地增加了。那时候,许多边远的省份,受到了千山万水的阻隔,没有能赶到北京来,朝拜北大这一块"圣地"。现在都赶来了。燕园在平常日子看上去还是比较辽阔的。但是,在这"八方风雨会燕园"的日子里,却显得极其窄狭,极其渺小。山边树丛,角角落落,到处挤满了人。我这渺小的人,更像是大海中一滴水,太仓中一粒米了。

据我的观察,这一阶段,斗争的矛头是指向所谓"走资派"的。什么叫"走资派"呢?上至中央人民政府,下至一个小小的科室,只要有一个头头,他必然就是"走资派"。于是,走资派无所不在,滔滔者天下皆是矣。我政治觉悟奇低,我在当时一直到以后相当长的时间内，我总是虔心敬神，拥护"文化大革命"的。但是，每一个单位必有一个走资派，我却无论如何也不能理解。每一个大小头头都成了走资派，我们工作中的成绩是怎样来的呢？反正我这个道理没有地方可讲，没有人可讲。既然上头认为是这样，"革命小将"也认为是这样，那就只有这样了。革命不是请客吃饭嘛，我还有什么话可说呢？可怜我们虔诚地学习了十几年唯物论和辩证法，到头来成了泡影。唯物主义者应该讲实事求是。当前的所作所为，是哪一门的实事求是呢？我迷惑不解。

革命小将也决不可轻视。他们有用之不竭的创造力。北大的走资派在脖子上被挂上了大木牌，上面写着这个走资派的名字。这个天才的发明就出自北大小将们之手。就像巴黎领导世界时装的新潮流一样，当时的北大确实是领导着全国"文化大革命"的新潮流。脖子上挂木牌这一个新生事物一经出现，立即传遍了全国。而且在某一些地方还有了新的发展。挂木牌的钢丝愈来愈细，木牌的面积则愈来愈大，分量愈来愈重。地心吸力把钢丝吸入"犯人"的肉中，以致鲜血直流。在这方面北大落后了，流血的场面我还没有看到过。但是"批斗"的场面我却看了不少。如果是在屋中，则走资派站在讲台上，低头挂牌。"革命"群众坐在椅子上。如果是在室外，则走资派站在椅子上，墙头上，石头上，反正是高一点的地方，以便示众，当然是要低头挂牌。我没有见到过批斗程序，但批斗程序看来还是有的。首先总是先念语录，然后大喊一声："把某某走资派押上来！"于是，走资派就被两个或多个戴红袖章的青年学生把手臂扭到背后，按住脑袋，押上了审判台。此时，群众口号震天，还连呼"什么万岁！"主要发言人走上前去发言进行批斗。发言历数被批斗者的罪状，几乎是百分之百的造谣诬蔑，最后一定要上纲上到惊人的高度：反党，反社会主义，反伟大领袖。反正他说什么都是真理，说什么都是法律。革命群众手中的帽子一大摞，愿意给"犯人"戴什么，就戴什么，还要问"犯人"承认不承认，稍一迟疑，立即拳打脚踢，必至"犯人"鼻青脸肿而后已。这种批斗起什么作用呢？我说不清。是想震慑"犯人"吗？我说不清。参加或参观批斗的人，有的认真严肃，满脸正义。有的也嘻嘻哈哈。来自五湖四海的到北大来取经朝圣的人们，有的也乘机发泄一下迫害狂，结果皆大欢喜，人民大众开心之日果然来到了。这种"先进"的经验被取走，转瞬之间，流溢全国。至于后来流行的"坐喷气式"，当时还没有见到。这是谁的发明创造呢？没有人研究过，好像至今也还没有人站出来申请专利。

在北大东语系，此时的批斗对象，一个是我上面谈到的总支书记。帽子是现成的：走资派。一个是和我同行的老教授。帽子也是现成的：反动学术权威，另外，还加上了一顶：历史反革命。给他们二人贴的大字报都很多，批斗也激烈而且野蛮。对总支书记的批斗我只见过一次，是在一个专门为贴大字报而搭起的席棚前面。席棚上贴的都是关于他的大字报，历数"罪状"，什么"牧羊书记"之类的人身攻击。他站在棚前，低头弯腰。我不记得他脖子上挂着木牌，只在胸前糊上了一张白纸，上面写着他的名字,上面用朱笔画了一个叉。这是从司法部门学来的,也许是从旧小说中学来的。一个犯人被绑赴刑场砍头时,背上就插着一个木牌,写着犯人的名字,上面画着红叉。此时书记也享受了这种待遇。批斗当然是激烈的,口号也是响亮的。批斗仪式结束以后,给他背上贴上一张大字报,勒令"滚回家去!"大字报不许撕下来,否则就要罪上加罪。

对那位教授的首次批斗是在外文楼上大会议室中。楼道里,从一层起直到二层,都贴满了大字报。还有不少幅漫画,画着这位教授手执钢刀,朱齿獠牙,点点鲜血从刀口上流了下来,想借此说明他杀人之多。一霎时,楼内血光闪闪,杀气腾腾。这样的气氛对一个根本不准发言的老人进行所谓"批斗",其激烈程度概可想见了。结果是参加批斗的青年学生群情激昂,真话与假话并举,吐沫与骂声齐飞,空气中溢满了火药味。一只字纸篓扣到了老教授头上。不知道是哪一位小将把整瓶蓝墨水泼到了他的身上,他的衣服变成了斑驳陆离的美国军服。老先生就是在这样的情况下被勒令"滚蛋"走回家中去的。

到了6月18日,不知道是哪一位"天才"忽发奇想,要在这一天大规模地"斗鬼"。地址选在学生宿舍二十九楼东侧一个颇高的台阶上。这一天我没有敢去参观。因为我还是有一点自知之明的。我这样一座泥菩萨最好是少出头露面,把尾巴夹紧一点。我坐在家中,听到南边人声鼎沸,口号震天。后来听人说,截止到那时被揪出来的"鬼",要一一斗上一遍,扬人民之雄风,振革命之天声。每一个"鬼"被押上高台,喊上一阵口号,然后一脚把"鬼"踹下台去。"鬼"们被摔得晕头转向，从地上泥土中爬起来，一瘸一拐，逃回家去。连六七十岁的老教授和躺在床上的病人，只要被戴上"鬼"的帽子，也毫无例外地被拖去批斗。他们无法走路，就用抬筐抬去，躺在"斗鬼"台上，挨上一顿臭骂，临了也是一脚踹下高台，再用抬筐抬回家去。听说那一夜，整个燕园里到处打人，到处骂人，称别人为牛鬼蛇神的真正的牛鬼蛇神疯狂肆虐，灭绝人性。

从此以后，每年到了6月18日，必然要"斗鬼"。我可万万没有想到，两年后的这一天，我也成了"鬼"，被大斗而特斗。"躬与其盛，千载难遇。"此是外话，这里暂且不表了。

对号入座

　　暂时的逍遥，当然颇为惬意。但是我心里并不踏实。我清楚地意识到，我的头上也是应该戴上帽子的。我在东语系当了二十年的系主任，难道就能这样蒙混过关吗？

　　我苦思苦想：自己也应该对号入座。当时帽子满天飞，号也很多。我觉得有两顶帽子、两个号对我是现成的：一个是走资派，一个是反动学术权威。这两顶帽子对我都非常合适，不大不小，恰如其分。

　　什么叫走资本主义道路的当权派呢？首先他应该是一个当权派；不是当权派就没有资格戴这顶帽子。我是一系之主，一个比七品芝麻官还要小好多倍的小不点官儿。但这也毕竟是一个官儿。我是当权派无疑了。我走没走资本主义道路呢？我说不清楚。既然全国几乎所有的当权派都走了资本主义，我能不走吗？因此，我认为这一顶帽子蛮合适。

什么叫资产阶级学术权威呢？不管我的学问怎样，反正我是一级教授，中国科学院的学部委员，权威二字要推也是推不掉的。我是不是资产阶级呢？资产阶级的核心是个人主义。我学习了将近二十年的政治，这一点深信不疑。我有个人考虑，而且还不老少。这当然就是资产阶级思想。我有这样的思想，当然就是资产阶级。资产阶级就反动。再加上学术权威，我不是反动的资产阶级学术权威又是什么呢？几个因素一拼凑，一个活脱脱的反动权威的形象就树立了起来。不给我戴这顶帽子，我反而会觉得不公平，不舒服。我是心悦诚服，"天王圣明，臣罪当死。"

但是问题还不就这样简单。我最关心的是：这是什么性质的矛盾？

从20世纪50年代中期起，全国都在学习两类不同性质的矛盾。我当然也不例外。我越学习越佩服，简直是打心眼儿里五体投地地佩服。在无数次的学习会上，我也大放厥词，谈自己的学习体会，眉飞色舞，吐沫飞扬。然而，到了"无产阶级文化大革命"，我才发现，以前都是纸上谈兵，没有联系自己的实际。现在我必须联系自己的实际了。我想知道，这样两顶帽子究竟是什么性质的矛盾？

大家都知道，在新社会，对广大人民群众来说，生活当然是好的。但是，不管出于什么原因，如果被扣上敌我矛盾的帽子，日子却会非常不舒服，简直是如履薄冰，如坐针毡；夹起尾巴，还会随时招来横祸。人民大众开心之日，就是反革命分子难受之时嘛。过去我对于这一点只有理性认识，从来也不十分关心。"文化大革命"一起，问题就要发生在自己身上了。我才知道，这是万分重要的问题。我自己对号入座，甘愿戴上那两顶帽子。非我喜开帽子铺，势不得不尔也。但是，这两顶帽子是什么性质的矛盾呢？这个问题对我来说万分关键。到了此时，这已经不是一个纯理论问题，而是一个现实问题，我努力想找一个定性的根据了。

所有的报纸杂志都强调，要正确区分和处理这两类矛盾。但是其间界限却万分微妙，简直连一根头发丝的十万分之一都不到。换句话说就是若无实有，却又难以捉摸。在某一些情况下，世界上任何定性分析专家和任何定量分析专家都无能为力。我自己也是越弄越糊涂。两类不同性质的矛盾的理论是一个哲学问题呢？还是一个法律问题？如果是一个哲学问题，它究竟有什么实际意义？如果是一个法律问题，为什么法律条文中又没有表露出来？我对法律完全是门外汉。但是我在制定法律的最高权力机构待过五年，从来没在法律条文中见到什么两类不同性质的矛盾这样的词儿。原因何在呢？我迷惑不解。

我不是对理论有了兴趣。我对今天说白明天说红的完全看风使舵的理论，只有厌恶之感，没有同情之意。但是，现在对我来说，这却不是一个理论问题。我在对号入座的过程中，忧心忡忡，完全是为了这一个非常现实的问题。我是身处敌我之间，心悬两类之外，形迹自由，内心矛盾，过着有忧有虑的日子。

我们平常讲到戴政治帽子，往往觉得这是非常简单的事情。"事不关己，高高挂起"嘛。新中国成立以后，政治运动形形色色，戴的帽子五花八门。给别人戴什么帽子，都与己无关。我就这样顺利地度过了将近二十年，从来没有切肤之感。我看被戴上帽子的人都是毕恭毕敬，"天王圣明，臣罪当死"。他们内心里的感受，我从来没想去了解过。我也从来没有见过一个人主动争取戴帽子的。可我现在左思右想，前瞻后顾，总觉得或者预感到，自己被戴上一顶帽子，心里才踏实，好像是寒天大风要出门那样。现在帽子满天飞，可是不知道究竟掌握在谁的手中。难道正副上帝分工还有一个掌管帽子的上帝吗？

在革命群众眼中，我不知道自己的地位如何。反正还没有人公开训斥我，更不用说动手打我。我这个系主任还没有明令免职，可是印把子却不知道是从什么时候起从我手中滑掉了。也有几次小小的突然袭击，让我忙上一阵子，紧张一阵子。比如，有一天我到外文楼去，在布告栏里贴着一张告示："勒令季羡林交出人民币三千元！"我的姓名前面没有任何字眼，既无"走资派"，也没有"反动学术权威"，"秃头无字并肩王"。我觉得颇为失望。但是，既有成命，当然要诚惶诚恐地加以执行。于是，立即取出三千元，送到学生宿舍指定的房间。我满脸堆笑，把钱呈上。几个学生脸上都有点怪物相，不动不笑，令我毛骨悚然。但是，完全出乎我的意料，他们拒绝接受，"你拿回去吧！"他们说。我当然敬谨遵命了。

又有一次，我正在家里看书，忽然随着极其激烈的敲门声，闯进来了几个青年学生，声称是来"破四旧"的。什么叫"四旧"呢？我说不清楚。要考证也没有时间。只好由这一群红卫兵裁决。我的桌子上、墙上、床上摆着或挂着许多小摆设，琳琅满目。这些就成了他们破的主要对象。他们说什么是四旧，我就拿掉或者砸掉。我敬谨遵命，心里头连半点反抗的意思都没有。因为经典性的说法是，他们代表了革命的大方向。在半小时以内，我"破"了不少我心爱的东西。我回忆最清楚的是一个我从无锡带回来的惠山泥人大阿福，是一个胖胖的满面含笑的孩子，非常逗人欢喜。他们不知道怎样灵机一动，发现我挂在墙上的领袖像上没有灰尘，说我是刚挂上的，痛斥我敬神不虔诚。事实上，确实是我刚挂上的；但我敬谨对曰："正是由于我敬神虔诚，'时时勤拂拭'，所以才没有灰尘。"革命小将的虔诚和细心，我不由得由衷地敬佩。但是，我在当时虔诚达到顶峰的时期，心里就有一个叛逆的想法：要想破四旧，地球上最旧的东西无疑是地球本身，被破的对象地球应当首当其冲。顺理成章地讲，为什么不先把地球破掉呢？从那以后，我陆陆续续地听到了许多关于全国破四旧的消息。一位教授告诉我，他藏有一幅齐白石的画，一幅王雪涛的画，都被当作四旧破掉了。这只是戋戋小者。全国究竟破掉了多少国宝，恐怕永远无法统计了。如果当时全国真正完完全全贯彻破四旧的方针的话，我们祖国的宝贵文物岂不一扫而光了吗？即使我们今天想发扬，还留下什么东西值得发扬的呢？我真是不寒而栗。

我还是回头来谈戴帽子的问题，这是我念念不忘、念念难忘的一件事。革命群众或者上头什么人究竟要给我戴哪一顶帽子？这不是我能决定的一个问题。随着革命的前进，我渐渐感觉到，他们大概给我戴资产阶级反动学术权威这一顶帽子。我上面已经说过，我自己想戴的也正是这样一顶帽子。双方不谋而合，快何如之！按字面来讲，这是敌我矛盾。但是，上头又说，敌我矛盾也可以按人民内部矛盾来处理。我大概就属于这个范畴吧。

革命群众没有把我忘掉，时不时地还找我开个批判会什么的——要注意，是批判会，而不是批斗会；一字之别，差以千里——，主要批判我的智育第一，业务至上，他们管这个叫作"修正主义"，多么奇妙的联系啊！据说我在《春满燕园》中所宣扬的也是修正主义。连东语系也受到了我的牵连。据说东语系最突出的问题就是智育第一，业务至上。对于这一点，我心悦诚服地接受。如果这就是修正主义的话，我乐于接受修正主义这一顶颇为吓人的帽子。新中国成立后历届政治运动，只要我自己检查或者代表东语系检查能够检查这一点，检查到自己智育第一，业务至上的修正主义思想，必然能顺利过关。"文化大革命"也不例外。但我是一个"死不改悔"者。检查完了，关一过，我仍然照旧搞我的修正主义。到了今天，回首前尘，我恍然若有所悟。如果我在过去四十年中没有搞点这样的修正主义的话，我今天恐怕是一事无成，那七八百万字的著译也决不会出现。我真要感谢自己那一种死不改悔的牛劲了。不管怎样，给我戴上与业务挂帅有一些联系的资产阶级反动学术权威的帽子而又当作人民内部矛盾来处理，我真是十分满意。虽然我自己也清晰地意识到，自己的处境也并非就是完全美妙，自己还是像一只空中的飞鸟，处处有网罗，人人可以用鸟枪打，用石头砸；但是毕竟还有不打不砸的时候，我乐得先快活一阵子吧。

快活半年

大家都知道，泰山上有一个快活三里。意思是在艰苦的攀登中，忽然有长达三里的山路，平平整整，走上去异常容易，也就异常快活，让爬山者疲惫的身体顿时轻松下来，因此名为"快活三里"。

"文化大革命"无疑是一场艰苦的攀登，其艰苦惊险的程度远远超过攀登泰山南天门。我也不可避免地成为这一场革命的攀登者。可是从 1966 年下半年至 1967 年上半年，大约有半年多的一段时间，我却觉得，脚下的路虽然还不能说是完全平坦，可走上去比较轻松了。尽管全国和全校正为一场惊天动地巨大无比的风暴所席卷，我头上却暂时还是晴天。在经过了第一阵艰险的风暴以后，我得到了一个喘息的机会，心里异常喜悦，我在走自己的快活三里了。

我从前只知道，有一些哲学家喜欢探讨人在宇宙中的地位问题，与此有牵连的是人在社会中的地位问题。我可从来没有关心过我自己在社会中的地位如何。新中国成立以后，情况变了。政治运动一个接一个。在每一次政治运动中，每一个人都有一个在运动中的地位问题。粗略地说，地位可以分为两大类：整人者与被整者。细分起来，那就复杂得多了。而且这个地位也不是一成不变的。随着运动的进展，队伍不断地分化，重新组合。整人者可以变为被整者，而被整者也可以变为整人者。有的在这次运动中整人或者被整，到了下一次运动，地位正倒转过来。人们的地位千变万化，简直像诸葛武侯的八阵图，令人眼花缭乱，迷惑不解。

在"文化大革命"中，我当然非常关心自己的地位。我在上面谈到的帽子问题，实际上也就是地位问题。我的地位长期悬在空中，心里老是嘀嘀咕咕，坐卧不宁。后来我逐渐发现，自己还没有被划归敌我矛盾。有这一点，我就放心了。我仍然是"人民"，这对我来说是天大的事情。我于是打着人民的招牌，逍遥起来了。要知道，在当时，在敌我矛盾与人民内部矛盾之间，在人民与所谓"反革命分子"之间，横着一条其宽无比、其深无比的鸿沟。如果处在鸿沟这一边，在人民的这一边，许多事情都很好办，即使办错一件事，说错一句话，这都算是一时不小心所犯的错误，没有什么了不起。但是，如果被划到对岸去，成为敌人，那就会有无限的麻烦，即使夹起尾巴，处处谨小慎微，绝不敢乱说乱动；可是一时不慎，办错一件事，说错一句话，比如把"资本主义"说成"社会主义"或者倒转过来，那就必然被上纲到反革命的高度，成为现行反革命，遭到批斗。

但是划分敌我，划分两类不同性质的矛盾，这个权力掌握在谁手里呢？我真有点说不清楚。我的脑筋简单，百思不得其解。虽然我暂时处在鸿沟的这一岸；但是却感觉到，自己像是在走钢丝，一不小心，就能跌落下去，跌落到鸿沟的对岸。那就等于跌落到地狱里，永世不得翻身了。

我原来是东语系的系主任。这时当然已经不再是了。是免职？是撤职？谁也搞不清楚，反正也用不着搞清楚。"革命无罪，造反有理"，这就是当时的行动方针。至于什么叫"革命"，什么又叫"造反"？也没有人去追问。连堂堂的国家主席，也不用经过任何法律就能够拉出来批斗。我这个小小的系主任，不过等于一粒芝麻、绿豆，当然更不在话下了。但是，我虽然失掉了那一顶不值几文钱的小小的乌纱帽，头上却还没有被戴上其他的帽子，这就可以聊以自慰了。

这时候，学校里已经派来了"支左"的军宣队。每一个系都有几个解放军战士和军官。系里的"造反派"也组成了一个领导班子。造反派是怎样产生出来的呢？专就东语系而言，情况大概是这个样子：一些自命为出身好的教员和学生，坚决贯彻"阶级路线"，组成了造反派，在自己胳臂上缠上一块红布，这就算是革命者的标志。所谓出身好，指的是贫下中农、革命烈属、革命干部、工人。这些人根子正，一身红，领导革命，义不容辞。再一部分人就是在社教运动中反对过陆平的人。他们觉悟高，现在来领导革命，也是顺理成章。我记得，戴红臂章的人似乎只限于第一种人。臂章一戴，浑身红透，脸上更是红光满面，走起路来，高视阔步，威风凛凛，不可一世。为什么第二种人不能戴红臂章，我不清楚。这是他们革命家内部的事，与我无干，我也就不再伤脑筋了。我奇怪的是，好像还没有人像当年的阿Q那样，别上徽章，冒充革命。由此也可见，这些革命家的觉悟有多么高了。只有革命干部的子弟有点玄乎。虽然他们比别人更自命不凡，臂章一定要红绸子来做，别人只能戴红布的；但是他们的地位却不够稳定。今天他们父母兄姐仍在当权，他们就能鹤立鸡群，耀武扬威；明天这些人一倒台——当时倒台是非常容易的——他们的子弟立刻就成为"黑帮的狗崽子"，灰溜溜地靠边站了。

所谓反对陆平，是指1964年在社教运动中，北大一部分教职员工和学生，在极"左"思想的影响下，认为当时的党委书记兼校长陆平同志有严重问题，执行了一条资本主义复辟的路线，是修正主义的路线。于是群起揭发，一时闹得满园风雨，乌烟瘴气。我的水平奇低，也中了极"左"思想的毒，全心全意地参加到运动中来。越揭发越觉得可怕，认为北大已经完全烂掉了。我是以十分虔诚的心情来干这些蠢事的，幻想这样来保卫所谓的革命路线。我是幼稚的，但是诚实的，确实没有存在着什么个人考虑，个人打算。专就个人来讲，我同陆平相处关系颇为融洽，他对我有恩而无怨。但是，我一时糊涂蒙了心，为了保卫社会主义的前途，我必须置个人恩怨于度外，起来反对他。这就是我当时的真实的思想。后来中央出面召开了国际饭店会议，为陆平平反，号召全校大团结，对反对过陆平的人，连一根毫毛也没有碰。我经过反思，承认了自己的错误，做了自我批评。到了1965年的深秋，我就到了京郊南口村，参加农村的社教运动。

到了"文化大革命"，正如我在上面已经谈过的那样，我经过了首次冲击，比较顺利地度过了资产阶级反动学术权威这个阶段。后来军宣队进了校，东语系干部队伍重新组合。我曾经是反过陆平的人，按理说也应该归入"革命干部"队伍内；但是，据说我向陆平投降了，阶级立场不稳，必须排除在外。那几个在国际饭店坚持立场，坚决不承认自己有任何错误的人，此时成了真正的英雄。有的当了东语系革命委员会的头头，有的甚至晋升到校革命委员会中，当了领导。我对此并无意见。但是，我仍然关心自己的地位。一位同我比较要好的革命小将偷偷告诉我。他看到军宣队的内部文件，我是被排在"临界线"上的人。什么叫"临界线"呢？意思就是，我被排在敌我矛盾与人民内部矛盾中间那一条界线的人民这一边。再往前走一步，就堕入敌我矛盾了。我心里又惊又喜。惊的是自己的处境真是危险呀。喜的是，我现在就像是站在泰山上阴阳界那一条白线这一边，向前走上一寸，就堕入万丈悬崖下的黑龙潭中去了。

此时，全国革命大串联已经开始。反正坐火车不花钱。于是全国各地的各类人物，都打着"革命"的旗子，到处旅游。所有的车站上都是人山人海。只要有劲，再要上一点野蛮，就能从车窗子里爬过人墙，爬进车厢，走到愿意到的地方去。上面有人号召说，这就是革命，这就是点燃火炬。结果全国一团混乱，到处天翻地覆。有人说，这叫作"乱了敌人"。一派胡言乱语，骇人听闻。是自己乱起来了。如果真有敌人的话，他们只会弹冠相庆。我觉悟低，对于这一套都深信不疑。

北京大学本来就是"文化大革命"的发源地。到了此时，更成了革命圣地。每天通过大串联到燕园来朝圣的，比"文化大革命"初起时，更多了不知多少倍。来的这一批人据说是什么人的客人。不但来看，而且还要来住，来吃。北大人怎敢怠慢！各系都竭诚招待，分工负责一座住满了"客人"的楼。我自己既然被恩准待在临界线的这一边，为了感恩图报，表示自己的忠诚，更加振奋精神，昼夜值班。"客人"没有棉被，我同系里的其他人，从家里抱去棉被。每天推着水车，为"客人"打开水。我看到"客人"缺少脸盆，便自己掏腰包，一买就是二十个。看着崭新的脸盆，自己心里乐得开了花。

但是，正如俗话所说的，天下不如意事常八九。我快活得太早了，太过分了。革命小将，当然也有一些中将，好像并不领情。新被子，只要他们盖上几夜，总被弄得面目全非，棉花绽了出来，被面被撕破。回头再看脸盆，更让人气短。用了才不过几天，盆上已经是疮痍满目，惨不忍睹。最初我真是出自内心地毕恭毕敬地招待这些"客人"，然而"客人"竟是这样，我的头上仿佛狠狠地给人打了一巴掌，心里酸甜苦辣，简直说不出是什么味道了。

过了一段时间，大概到北京来的人实在太多了，有的地方甚至停产旅游，再不抓，就会出现极大的危机了。上头不知道是哪一个机构做出决定，劝说盲流到北京来的人回自己的原地区、原单位去，在那里"抓革命，促生产"。北大的军宣队也接受了这一项任务。东语系当然也分工负一部分责，到校外外地人住得最多的地方去说服。我们在军宣队的带领下，先到离学校最近的西颐宾馆去劝说。那些尝到甜头的外地人哪里会自动离开呢？于是劝说，辩论，有时候甚至有极其激烈的辩论。弄得我口干舌燥，还要忍气吞声。终于取得了一些成果，外地人渐渐离开这里，打道回府了。

从西颐宾馆转移到稍稍远一点的国家气象局。在这里仍然劝说，辩论，展开激烈的辩论，一切同在西颐宾馆差不多。但是，我在这里却大开了眼界。首先是这里的大字报真有水平。大字报我已经看了成千累万，看来看去，觉得都非常一般化，我的神经已经麻木，再也感不到什么新鲜味了。这里的大字报，大标语却真是准确、鲜明、生动。那些一般化的大字报当然也有。可也有异军突起、石破天惊的，比如"切碎某某某"、"油炸某某某"等等。"油炸"这个词儿多么生动有力！令人看了永世难忘。难道这也是同我在本书开头时讲的那样从阴曹地府里学来的吗？最难忘的一件事情就是，我亲眼看见了一次批斗走资派的会。一辆小轿车慢慢地开了过来。车门开处，一个西装（或者是高级毛料制服）笔挺的走资派——大概是局长之类——从车上走了下来，小心翼翼地从车的后座上取出来一顶纸帽子，五颜六色，奇形怪状，戴到了自己头上。上面挂满了累累垂垂的小玩意儿，其中特别惹人注目的是一个小王八，随着主人的步伐，在空中摇摆着。他走进了会场，立即涌起了一阵口号声，山呼海啸，震天动地。接着是发言批判。所有的仪式都进行完毕了以后，走资派走出会场，走到车前，把头上的桂冠摘下来——我注意到小王八还在摆动——，小心翼翼地放到后座上，大概是以备再用。他脸上始终是笑眯眯的。这真让我大惑不解。这笑意是从哪里来的呢？在"切碎"、"油炸"了一通之后，居然还能笑得出来！这点笑容真比蒙娜丽莎脸上著名的笑容，还更令人难解。我的见识又提高到了一个新的高度。

气象局的任务完成了，我们又挥师远征，到离开北大相当远的一个机关，去干同样的工作。此时已是1966年的冬天，天气冷起来了。我每天从学校骑车到现场去，长途跋涉，一个多小时才能到达。遇上雪天，天寒地滑，要走两个小时。中午就在那里吃饭。那里根本没有我们待的房间。在院子里搭了一个天棚，吃饭就在这里。这个天棚连风都遮不住，遑论寒气！饭菜本来就不够热，一盛到冰冷的碗里，如果不用最快的速度狼吞虎咽地把饭菜扒拉到肚子里，饭碗周围就会结成冰碴。想当年苏武在北海牧羊，吃的恐怕就是这样带冰碴的饭。这样的生活苦不苦呢？说不苦，是违心之谈。但是，我的精神还是很振奋的，很愉快的。在第一次革命浪潮中，我没有被划为走资派，而今依然浪迹革命之内，滥竽人民之中，这真是天大的幸福，我应该感到满足了。

这样过了一些日子，外地来京串联的高潮渐渐过去，外地来京的"革命群众"渐渐都离开了北京。我们劝说的任务可以说是胜利完成，于是班师回校。

回到学校以后，仍然有让我忆念难忘，也颇值得高兴的事情。首先是海淀区人民代表的选举。在中国，人民代表大会是三级制，最下一级是区、县的人民代表大会，是由选民直接选举代表而组成的。再由区、县人民代表大会选出省、市人民代表大会的代表。最后由省、市人民代表大会选出代表，组成最高一级的全国人民代表大会。区、县代表名义上虽低，但是真正由选民选出的，最能体现真正的民主，竞争也最激烈。在"文化大革命"以前，我担任过几届全国政协委员，一届北京市人大代表。海淀区人大代表选举也参加过几次。当时，我可真是万万没有想到，能投上一票也并不容易！这一次选举是在"文化大革命"初期风暴过后举行的。很多以前有选举权的"人民"，现在成了走资派，相应被挤出"人民"的范围，丢掉了选票。我幸而还留在人民内部，从而保住了选举权。当我在红榜上看到自己的名字时，那三个字简直是熠熠生光，仿佛凸了出来一样。当年在帝王时代"金榜题名时"的快乐，恐怕也不会超过我现在的快乐，我现在才体会到，原来认为唾手可得的东西，也是来之不易啊！投票的那一天，我换上了新衣服，站在"人民"中，手里的红红的选票像千斤一般重。我真是欢喜欲狂了。我知道，自己还没有变成像印度的不可接触者那样。还没有人害怕我踩了他的影子。幸福的滋味溢满我的心中，供我仔细品尝，有好多天之久。

还有一件事情也带给我了极大的快乐，给我留下的回忆永世难忘。在一个麦收季节。东语系的"革命"师生奉派在军宣队率领下到南苑附近的一个村庄里去协助麦收。记得那一年雨比较多。在那里住了十多天，几乎天天下雨。雨下不长，几乎是转眼就过。可也制造了不少麻烦。我们白天从麦田里把捆好的麦子背回村里，摊在麦场上，等候晒干，再把麦粒打出来。一阵雨一来，我们就着了慌，用油布把麦子盖上。雨一过，太阳一出，再把油布掀掉。有时候，一天忙活好几阵子。特别是夜里下雨，我们立即起身，跑到场里盖油布，忙得浑身大汗，再被雨水一浇，全身成了落汤鸡，然而农民却没有一个出来的。那时他们正在通向天堂的人民公社里吃大锅饭，谁也不肯卖力。像我这样准备随时接受贫下中农再教育的"老九"，实在有点想不通。这样一些人拿什么来教育我们呢？再想到那些风行一时的把农民的觉悟程度拔到惊人高度的长篇小说，便觉得作者看风使舵，别有用心。从那时起，再也不读这样的小说了。

我混迹"人民"之中，积极性特别高。白天到麦田里去背捆好了的麦子，我是"韩信将兵，多多益善"，我背的捆数绝不低于年轻的小伙子。因此回校以后，受到系里的当众表扬，心里美滋滋的。但是，在南苑的生活却不能说是舒服的。白天劳动一天，身体十分疲惫。晚上睡在一间大仓库里。地上密密麻麻地布满了地铺，一个人所占的面积仅能容身。农村蚊子特多，别人都带了蚊帐，外加驱蚊油。我是孑然一身，什么都没有带。夜里别人都放下帐子，蚊子不得其门而入。独独我这里却是完全开放的，于是所有的蚊子都拥挤到我这里来，蚊声如雷，下袭如雨。我就成了旧故事中的孝子，代父母挨咬。早晨起来，伤痕遍体，我毫无怨言。而且生活并不单调，也时有兴味盎然的小插曲。比如有一天，正当我们在麦田里背麦捆时，忽然发现了一只小野兔。于是大家都放下自己手中的活，纷纷追赶兔子。不管兔子跳得多快，我们人多势众，终于把小兔的一条腿砸断，小兔束手被擒。另外，有的人喜欢吃蛇。一天捉住了一条，立即跑回村内，找了一个有火的地方，把蛇一烧，就地解决，吞下肚中。这样 些再小不过的小事，难道不也能给平板的生活涂上一点彩色，带来一点快乐吗？

我就是这样度过了快活半年。

自己跳出来

好景从来不长。我快活到了 1967 年的夏秋之交。

此时北大的革命小将，加上一些中将和老将，早已分了派。这是完全符合事物发展规律的。《三国演义》上说得好："夫天下大事，分久必合，合久必分。"现在是到了分的时候了。

在分裂之前的一个短时期之内，北大曾有过一个大一统的局面。此时群众革命组织只有一个，这就是新北大公社。公社的头子就是那位臭名昭著的所谓"第一张马列主义大字报"的作者之一的"老佛爷"。此人据说是"三八式"，也算是一个老干部了，老革命了。但是，调到北大来以后，却表现得并不怎么样。已经是一个老太婆了，却打扮得妖里妖气。她先在经济系担任副系主任。后来又调到哲学系，担任总支书记。她夤缘时会，在第一张马列主义大字报上签了一个名，得到了中央某一些人的大力支持，兼之又通风报信，这一个女人就飞黄腾达

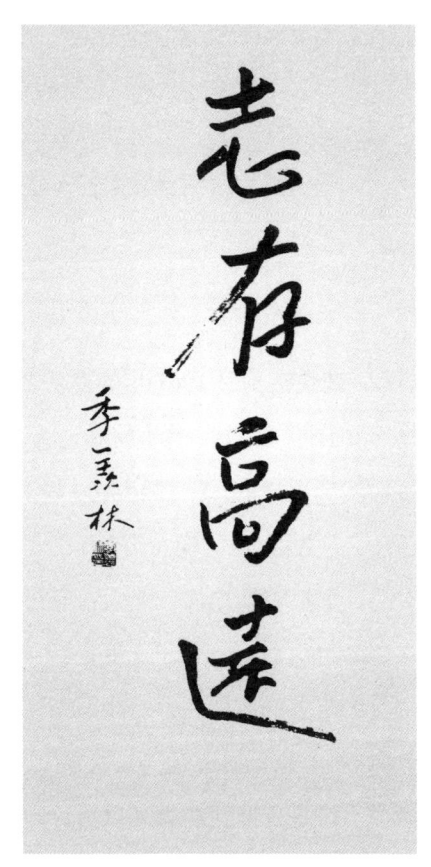

季羡林先生的书法作品

起来，一时成为全国的中心人物，炙手可热。但是，我同这个人有过来往，深知她是一点水平都没有的，蠢而诈，冥顽而又自大。每次讲话，多少总会出点漏子，闹点笑话。在每次开会前，她的忠实信徒都为她捏一把汗。可就是这样一个人，一时竟成了燕园的霸主，集党政大权于一身，为所欲为，骄横恣纵。

有压迫就有反抗，古今中外，概莫能外。对于这样一个女人，有的学生逐渐感到不能忍受。于是，在新北大公社之外，风起云涌，出现了大大小小的革命组织。大都自称为某某战斗队，命名几乎全取自毛泽东的诗词，什么"缚苍龙"战斗队，什么"九天揽月"战斗队，又是什么"跃上葱茏"战斗队，诗词中可以用来起名的词句，几乎都用光了，弄到新组成的战斗队没法起名的地步。至于战斗队的人数，则极为参差不齐，大的几十人、几百人；小的十几人，四五人；据说还有一个人组成的战斗队。成立手续异常简单，只要贴出一张大字报，写上几句："东风吹，战鼓擂，看看究竟谁战胜谁"，再喊上几句"万岁"，就算是成立了。不用登记，不用批准，决没有人来挑剔法律程序。当时究竟成立了多少战斗队，谁也不清楚。即使起有考据癖的胡适之先生于九泉，恐怕他也只能认输了。

这时，学校里大字报的数目有增无减。原来有的墙壁和搭的席棚早已不敷应用。于是，又有一大批席棚被搭了起来，专供贴大字报之用。大字报的内容，除了宣布某某战斗队成立之外，还有批判资产阶级学术权威的大字报。有的大字报只有四五张，五六张；有的则扩大到几十张，甚至百张，大有越来越长之势。

附近的居民有的靠捡揭下来的大字报卖钱为生。据说，有的学生则靠写大字报练习书法。据我个人的观察，大字报的书法水平确是越来越高，日新月异。这一个"文化大革命"的副产品，恐怕很多人会想不到吧。

用大字报来亮相的战斗队，五花八门，五光十色。最初各占山头，后来又逐渐合并。从由少变多，变为由多变少。终于汇成了两大流派：一个是正宗的、老牌的、掌权的新北大公社，一个是汇集众流、反抗新北大公社的井冈山。可以说是一个在朝，一个在野，有如英国的保守党和工党。两派当然要互相斗争，这斗争也多半利用大字报表现出来。英国的保守党和工党怎样斗争，我不大清楚。据说，他们是颇为讲究"费厄泼赖"的。在中国，则不大管那一套洋玩意儿。只管目的，不择手段；造谣诬蔑，人身攻击；平平常常，司空见惯。因此就产生了一种新的"物质"，叫作"派性"。这种新东西，一经产生，便表现出来了无比强大的力量。谁要是中了它的毒，则朋友割席，夫妻反目。一个和好美满的家庭，会因此搞得分崩离析。我实在不能理解，为什么对抗外敌时都没有这么大的劲头，而在两派之间会产生这样巨大的对抗力量？有人贴出大字报："老子铁了心，誓死保聂孙！"这是何等地惊人的决心！如果在建设"四化"中有这个劲头，我们中国早就成了亚洲第一条大龙，后来的四小龙瞠乎后矣。

现在时过境迁，怎样来评价这两大派呢？在当时，在派性猖狂的时候，客观评价根本上不可能的。现在，我觉得可以了。两派基本上都由年轻的教员和学生组成。由于种种原因，老头参加的是不多的。两派当然都有各自的政纲。但是，具体的内容我看谁也说不清楚。论路线，两派执行的都是一条极"左"的路线，打、砸、抢、抄，大家都干；不分彼此，难定高下。有时候，一个被诬蔑成有问题的教员或干部，两派都抓去批斗。批斗的方式也一模一样。两派都有点患迫害狂的样子，以打人为乐事。被打者头破血流，打人者则嘻嘻哈哈。打人的武器颇具匠心。自行车链条，外面包上胶皮，打得再重，也不会把皮肉打破，不给人留下口实。那一位"老佛爷"经常打出江青的旗号，拉大旗，作虎皮，借以吓唬别人。对立面井冈山也不示弱，他们照样打出江青的招牌。究竟谁是江青的最忠实的信徒，更是谁也说不清楚了。但是，两派之间有一个极大的区别：新北大公社掌握北大的大权，作威作福，不可一世；而井冈山则始终处在被压迫的地位。这很容易引起一般人的同情。

根据我个人的观察，两派的政纲既然是半斤八两，斗争的焦点只能是争夺领导权。"有了权，就有了一切"，这是两派共同的信条。为了争权，为了独霸天下，就必须搞垮对方。两派都努力拉拢教员和干部，特别是那一些在群众中有影响的教员和干部，以壮大自己的声势。这时，两派都各自占领了一些地盘。当权派的新北大公社占有整个北大，"率土之滨，莫非王土"。井冈山只在学生宿舍区占领了几座楼。每一座楼房都逐渐成为一个堡垒，守卫森严。两派逐渐自己制造一些土武器。掌权的新北大公社财大气粗，把昂贵钢管锯断，把一头磨尖，变成长矛。这种原始的武器虽"土"，但对付手无寸铁的井冈山，还是绰有余裕。井冈山当然不肯示弱，也拼凑了一些武器。据说两边都有研究炸药的人。在这剑拔弩张的情况下，两派交过几次手，械斗过几次。一名外边来的中学生就无缘无故地惨死在新北大公社长矛之下。

这真正是你死我活的搏斗，但中间也不缺少令人解颐的插曲。主斗者都是青年学生，他们还没有完全脱离孩子气。他们的一些举动亦近儿戏。比如有一次，两派正在大饭厅里召开大会进行辩论。唇枪舌剑，充满了火药气味。两派群众高呼助威，气氛十分紧张、严肃。正当辩论到紧急关头，忽然从大饭厅支撑住屋顶的大木梁上，嘭的一声，掉下来了一串破鞋。"破鞋"是什么意思，我国人民，至少是北方人民，都明白的。那一位"老佛爷"就有这样一个绰号。事实真伪，我们不去追究。然而正在这样一个十分严重的关键时刻，两派群众都瞪红了眼睛，恨不能喷出火焰焚毁对方。然而从天上降下来这样一个插曲来，群众先是惊愕，立刻转为哈哈大笑。这一场激烈无比的辩论还能继续下去吗？同样成串的破鞋，还出现在井冈山占领的学生宿舍的窗子外面。其用意完全相同。这些小小的插曲难道不能令人解颐吗？

我还在大饭厅参加了另一场两派的大辩论。两派的主要领导人坐在台上，群众坐在台下。领导人的官衔也全都改变了，不叫什么长，什么主任，而叫（也许只有井冈山这样叫）"勤务员"。真正让人感到一股革命的气氛，就好像法国大革命的那样，领导人的头衔也都平民化了。坐在台上的井冈山领导人中居然有一位老人。他是著名的流体力学专家、相对论专家，是一个富有正义感的人，在群众中有相当高的威信，是党中央明令要保护的少数几个人中之一。他是怎样参加群众性的革命组织井冈山的，我不十分清楚。只是从别人嘴中断断续续地听说，他不满那位"老佛爷"的所作所为，逐渐流露出偏袒井冈山的情绪。于是，新北大公社就组织群众，向他围攻；有的找上门去，有的打电话谩骂、恫吓。弄得这一位老先生心烦意乱。原来，他并没有参加井冈山的意思。但是，到了此时，实逼处此，他于是横下了一条心，干脆下海。立即被井冈山群众选为总勤务员之一。现在，他也到大饭厅来，坐在台上，参加这一场大辩论，成为坐在主席台上年龄最大的人。这时，大饭厅里挤得水泄不通，两派群众都有。辩论的题目很多，无非是自以为是，而对方为非。这让我立即想到美国总统选举的两派候选人在电视上面对面辩论的情况。辩论精彩时，台下的群众鼓掌欢呼。一时，大饭厅中剑拔弩张而又逸趣横生，热闹非凡。

当时整个学校的情况就是这样闹嚷嚷，乱哄哄（全国的情况也是这样）。那一句"乱了敌人"的名言，在这里无论如何也对不上号。谁能知道谁是敌人呢？当时全北京，全国的群众组织在分分合合了一阵以后，基本上形成了两大派，在北京这叫作天派与地派。每一派都认为对方是敌人，唯我独革，军队被派出来支"左"，也搞不清楚谁是"左"。结果有的地方连军队也分了派。这实际上是乱了自己。如果真有敌人的话，他们会站在旁边，站在暗中，拍手称快。

在这样的情况下，我自己怎样呢？

我滥竽人民之中，深知这实在是来之不易。所以我最初下定决心，不参加任何一派，做一个逍遥派是我唯一可选择的道路，这也是一条阳关大道。在全校乱糟糟的情况下，走这样一条路，可以不用操心，不用激动，简直是乱世的桃花源。反正学校里已经"停课闹革命"，我不用教书，不用写文章，有兴趣就看一看大字报，听一听辩论会，逍遥自在，无忧无虑，简直像一个活神仙。想到快意处，不禁一个人发出会心的微笑。

但是，人世间决没有世外桃源，燕园自不能例外。燕园天天发生的事情时时刻刻地刺激着我，我是一个有知觉有感情的人，故作麻木状对我来说是办不到的。我必须做出反应。我在北大当了二十年的系主任，担任过全校的工会主席，担任过一些比较重要的社会职务，其中有全国政协委员、北京市人大代表等等。俗话说："树大招风。"我这棵树虽然还不算大，但也达到了招风的高度。我这个人还有一些特点，说好听的就是，心还没有全死，还有一点正义感。说不好听的就是，我是天生的孽种，很不识相。在这样主客观的配合下，即使北大有一个避风港，我能钻得进去吗？我命定了必须站在暴风雨中。

不钻避风港，我究竟应该怎样做呢？我逐渐发现，那一位新北大公社的女头领有点不对头。她的所作所为违背了上面的革命路线。什么叫革命路线？我也并不全懂。学习了十多年的政治理论，天天听那一套东西。积之既久，我这冥顽的脑袋瓜似乎有点开了窍，知道干一切工作都必须走群众路线。我觉得，对待群众的态度如何，是判断一个领导人的重要的尺度，是判断他执行不执行上面的革命路线的重要标准。而偏偏在这个问题上，我认为——只是我认为——那个女人背离了正确道路。新北大公社是在北大执掌大权的机构，那个女人是北大的女皇。此时已经成立了"革命委员会"，这是完全遵照上面的指示的结果。"革命委员会好"，这个"最高指示"一经发出，全国风靡。北大自不能落后，于是那个女人摇身一变成了北大"合法"政权的头子，北京大学革命委员会主任。这真是锦上添花，岂不猗欤休哉！然而这更增加了这一位不学有术、智商实际上是低能的"老佛爷"的气焰。她更加目空一切，在一些"小李子"抬的轿子上舒舒服服，发号施令，对于胆敢反对她的人则采取残酷镇压的手段，停职停薪，给小鞋穿，是家常便饭。严重则任意宣布"打倒"，使对方立即成为敌人，可以格杀勿论。她也确实杀了几个无辜的人，那一个校外来的惨死在新北大公社长矛下的中学生，我在上面已经谈到。看了这一些情况，看了她对待群众的态度，我心里愤愤难平。我认为，她违反了上面的革命路线。我有点坐不稳钓鱼船了。

但是，我是深知这一位女首领的。她愚而多诈，心狠手辣。我不愿意冒同她为敌的风险。我只好暂时韬晦，依违两派之间，做出一个中立的态度。

在这期间，有几个重大的事件值得一提。第一件是到印尼驻华大使馆去游行示威。大概是因为印尼方面烧了我们驻雅加达的大使馆，为了报复，就去示威。这是一个深得人心的爱国行动。北大的两大派哪一个也不想丢掉这个机会来显示自己的力量，争取更多的群众。两派都可以说是"倾巢"出动。在学校南门里的林荫大道上，排上了几十辆租来的大汽车，供游行示威者乘坐之用。两派的群众当然分乘自己的车。可我哪一派都不是，想乘车就成了问题。两派认识我的几个干将看到有机可乘，都到我跟前来献殷勤，拉我上他们的车，井冈山的一位东语系的女干将，拉我特别积极。从内心里来说，我是愿意上他们的车的。但是，我还有顾虑，不愿意或者不敢贸然从事。新北大公社派来拉我的人也很积极。最后，经过了一阵不大不小的思想斗争，我还是上了公社的车。一路上，人声鼎沸，红旗招展。到了印尼大使馆，喊了一阵口号，又浩浩荡荡地回到燕园来，皆大欢喜。

另一件事情是到解放军一位高级将领家中去"闹革命"，或者是去"揪"他。他的家是在玉泉山的一个什么地方。我并没有听清楚，为什么单单到他家去"闹"。反正当时任何一个战斗队，可能在某某后台的支持下，都有权宣布打倒什么人，"揪"什么人。我连他住的确切地方都不知道。这一次因为路近，没有乘坐大车，绝大部分人是步行前往。我因为属于"有车阶级"，于是便骑车去了。由于两派群众混杂在一起，我没有像到印尼使馆去示威时那样受窘。没有人来拉我参加哪一派的游行。我成了骑车单干户。在分不清是哪一派的车队中随大流骑向前去。过了青龙桥，我看还有人骑车向西山奔去，我也就盲从起来，跟着那些车骑向前去。一直到了万安公墓，是玉泉山背后了。知道不对头，忙回转车头，又来到了青龙桥，却听群众中有人大声嚷嚷，说是已经"闹过革命"了。我只好随人流回到燕园。到底我也不知道，那一位将军究竟住在什么地方，我连大门都没有看到。我想，当时很多人闹革命就是这样闹法。

还有一件事情比较重要，必须提一提。北大两派为了拉拢干部，壮大声势，都组织了干部学习班。有一些在前一阶段被打成走资派的干部，批斗了一阵之后，不知是由于什么原因，虽然靠边站了，却也不再批斗，这些人有的也成了两派争取的对象。我也是被争取的对象之一。有不少东语系的教员动员我参加学习班。井冈山的人动员我参加他们的班，新北大公社的人动员我参加自己的学习班。虽然我经过长期的观察和考虑，决心慎重行事。我要是到井冈山学习班去"亮相"，其中隐含着极大的危险性。新北大公社毕竟是大权在握，人多势众，兵强马壮，而且又有那样一个心胸狭隘、派性十足的领袖。我得罪了他们，后患不堪设想。迟疑了很久，为了个人的安全，我还是参加了新北大公社的学习班。两派学习班的宗旨，从表面上来看，看不出什么差别，都拥护伟大领袖，都竭尽全力向领袖夫人表忠心。对后一位的吹捧，达到了惊人的程度。两派各自贴了不知道多少大字报，把她捧得像圣母一样。我水平低，对于这一点完全赞同。虽然我也曾通过小道消息听了不少对她十分不利的话；但我依然不改初衷。

随着时间的推移，由于我这个人不善于掩蔽自己的想法，有话必须说出来，心里才痛快，我对于两派的看法，大家一清二楚，这就给我招来了麻烦。两派的信徒，特别是学生，采用了车轮战术来拉我。新北大公社的学生找到我家，找到我的办公室（我怎能还有什么办公室呢？但是，在我记忆中，确实是在办公室中会见了她们。我现在一时还想不清楚，以后或许能回忆起来）来，明白无误地告诉我说："你不能参加○派（井冈山）！"这还是比较客气的。不客气的就直截了当地对我提出警告："当心你的脑袋！"有的也向我家打电话，劝说我，警告我；有甜言蜜语，也有大声怒斥，花样繁多，频率很高。我发现，我现在的处境几乎同我上面提到的那一位老教授完全一样。我有点不耐烦了。我曾说过，我是天生的犟种，有点牛脾气。你越来逼我，我就越不买账。经过了激烈的思想斗争，我决心干脆下海。其中的危险性我是知道的。我在日记中写道："为了保卫毛主席的革命路线，虽粉身碎骨，在所不辞！"可见我当时心情之一斑。

我就这样上了山（井冈山）。

反公社派的学生高兴了，立即选我为井冈山九纵（东语系）的勤务员。这在当时还是非常少见的。

海下了，山上了。这个举动有双重性。好处是，它给我的内心带来了宁静，带来了平衡，不必再为参加或不参加这样的问题而大伤脑筋了。坏处是，它给我带来了恶性发作的派性。派性我本来就有的。但过去必须加以隐蔽。现在，既然一锤定音，再也用不着躲躲闪闪了。我于是同一些同派的青年学生贴大字报，发表演说，攻击新北大公社，讲的也不可能全是真话，谩骂成分也是不可避免的。

我心中也不是没有侥幸心理。我自恃即使自己过去对共产党不了解，但我从来没有参加过国民党或任何其他反动组织，我的历史是清白的。新北大公社不一定敢"揪"我。

但这只是我的想法的一面。此时，新北大公社那位女头领肯定已视我如眼中钉。她心狠手辣，我所深知。况且她此时正如日中天，成为中共中央候补委员，北京市革命委员会的副主任，趾高气扬，炙手可热。我季某竟敢在太岁头上动土，她能善罢甘休、饶过我吗？而且此时形而上学猖獗，在对立面成员的言谈中，文章中，抓住片言只语，加以曲解，诬陷罗织，无限上纲，就可以把对方打成反革命或现行反革命。比如"资本主义"与"社会主义"在大脑中管语言的那一部分里可能是放在一个卡片柜里面的，稍一不慎，就容易拿错。一旦拿错，让对方抓住小辫儿，"现行反革命"的帽子必能戴上。那一位弱智的女头领就常常出现这个问题，她的徒子徒孙经常为此而为她捏一把汗。这样的形而上学再加上派性，就能杀人而且绰有余裕。这一点我是清清楚楚的。

因此，我自己的侥幸心理并不可靠。我怀着这种侥幸心理，在走钢丝，随时都能够跌下来，跌入深渊。这一点我也是清清楚楚的。在1967年的夏天到秋天，我都在走钢丝。我心里像揣着十五只小鹿，七上八下，惴惴不安。此时，流言极多。一会儿说要揪我了；一会儿又说要抄我的家了。我听也不是，不听也不是。在我的日记里，我几乎每一周都要写上一句："暴风雨在我头上盘旋。"这暴风雨说不定什么时候就会压了下来，把我压垮、压碎。这时候反公社的北大教员恐怕都有我这种感觉，而我最甚。炎炎的长夏，惨淡的金秋，我就是在这种惴惴不安中度过的。

抄家

随着天气的转凉，风声越来越紧。我头上的风暴已经凝聚了起来：那一位女头领要对我下手了。

此时，我是否还有侥幸心理呢？

还是有的。我自恃头上没有辫子，屁股上没有尾巴，不怕你抓。

然而，我错了。

1967 年 11 月 30 日深夜。我服了安眠药正在沉睡，忽然听到门外有汽车声，接着是一阵异常激烈的打门声。连忙披衣起来，门开处闯进来大汉六七条，都是东语系的学生，都是女头领的铁杆信徒，人人手持大木棒，威风凛凛，面如寒霜。我知道发生了什么事，我早有思想准备，因此我并不吃惊。俗话说："英雄不吃眼前亏。"我决非英雄，眼前亏却是不愿意吃的。我毫无抵抗之意，他们的大棒可惜无用武之地了。这叫作"革命行动"，我天天听到叫嚷"革命无罪，造反有理！"我知道，这话是有来头的。我只感到，这实在是一桩非常离奇古怪的事情。什么"革命"，什么"造反"，谁一听都明白；但是却没有人真正懂得是什么意思。什么样的坏事，什么样的罪恶行为，都能在"革命"、"造反"等堂而皇之地伟大的名词掩护下，在光天化日之下公然去干。我自己也是一个非常离奇古怪的人物，我要拼命维护什么人的"革命路线"，现在革命革到自己头上来了。然而我却丝毫也不清醒，仍然要维护这一条革命路线。

我没有来得及穿衣服，就被赶到厨房里去。我那年近古稀的婶母和我的老伴，也被赶到那里，一家三人做了楚囚。此时正是深夜风寒，厨房里吹着刺骨的过堂风，"全家都在风声里"，人人浑身打战。两位老妇人心里想些什么，我不得而知。我们被禁止说话，大棒的影子就在我们眼前晃。我此时脑筋还是清楚的。我并没有想到什么人道主义，因为人道主义早已批倒批臭，谁提人道主义，谁就是"修正主义分子"。一直到今天，我还是不明白，难道人就不许有一点人性，讲一点人道吗？中国八千年的哲学史上有性善、性恶之争，迄今仍是众说纷纭莫衷一是。我原来是相信性善说的，我相信，恻隐之心人皆有之的。从被抄家的一刻起，我改变了信仰，改宗性恶说。"人性本恶，其善者人为也。"从抄家的行动来看，你能说这些人的性还是善的吗？你能说他们所具有的不是兽性吗？今天社会风气，稍有良知者都不能不为之担忧。始作俑者究竟是谁呢？这种不良的社会风气究竟是从什么时候开始的呢？

季羡林先生于"文化大革命"前夕

这话扯得太远了。有些想法绝不是被抄家时有的,而是后来陆续出现的。我当时既不敢顽强抵抗,也不卑躬屈膝请求高抬贵手。同禽兽打交道是不能讲人话谈人情的。我只是蜷缩在厨房里冰冷的洋灰地上,冷眼旁观,倾耳细听。我很奇怪,杀鸡焉用牛刀?对付三个手无寸铁的老人,何必这样惊师动众!只派一个小伙子来,就绰绰有余了。然而只是站厨房门口的就是两个彪形大汉,其中一个是姓谷的朝鲜语科的学生。过去师生,今朝敌我。我知道,我们的性命就掌握在他们手中。当时,打死人是可以不受法律制裁的。他们的木棒中,他们的长矛中,就出法律。

我的眼睛看不到外面的情况,但耳朵是能听到的。这些小将究竟年纪还小,旧社会土匪绑票时,是把被绑的人眼睛上贴上膏药,耳朵里灌上烛油的。我这为师的没有把这一套东西教给自己的学生,是我的失职。由于失职,今天我得到了点好处:我还能听到外面的情况。外面的情况并不美妙。只听到我一大一小两间屋子里乒乓作响,声震屋瓦。我此时仿佛得到了佛经上所说的天眼通,透过几层墙壁,就能看到"小将们"正在挪动床桌,翻箱倒柜。他们所向无前,顺我者昌,逆我者亡。他们愿意砸烂什么,就砸烂什么;他们愿意踢碎什么,就踢碎什么。遇到锁着的东西,他们把开启的手段一律简化,不用钥匙,而用斧凿。管你书箱衣箱,管你木柜铁柜,咔嚓一声,铁断木飞。我多年来省吃俭用,积累了一些小古董、小摆设,都灌注着我的心血;来之不易,又多有纪念意义。在他们眼中,却视若草芥;

手下无情，顷刻被毁。看来对抄家这一行，他们已经非常熟练，这是"文化大革命"中集中强化实践的结果。他们手足麻利，"横扫千军如卷席"。然而我的心在流血。

楼上横扫完毕，一位姓王的学泰语的学生找我来要楼下的钥匙。原来他到我家来过，知道我书都藏在楼下。我搬过来以后，住在楼上。学校有关单位，怕书籍过多过重，可能把楼压坏，劝我把书移到楼下车库里去。车库原来准备放自行车的。如果全楼只有几辆车的话，车库是够用的。但是自行车激剧增加，车库反而失去作用，空在那里。于是，征求全楼同意，我把楼上的书搬了进去。小将们深谋远虑，涓滴不漏。他伸手向我要钥匙，我知道他是内行，敬谨从命。车库里我心爱的书籍遭殃的情况，我既看不见，也听不到。然而此时我既得了天眼通，又得了天耳通。库里一切破坏情况，朗朗如在眼前。我的心在流血。

这一批小将，东方语文学得不一定怎样有成绩，对中国历史上那一套诬陷罗织却是了解的。古代有所谓"瓜蔓抄"的做法，就是顺藤摸瓜，把与被抄家者的三亲六友有关的线索都摸清楚，然后再夷九族。他们逼我交出记载着朋友们地址的小本本，以便进行"瓜蔓抄"。我此时又多了一层担心：我那些无辜的亲戚朋友不幸同我有了关系，把足迹留在我的小本本上。他们哪里知道，自己也都要跟着我倒霉了。我的心在流血。

我蜷曲在厨房里，心里面思潮翻滚，宛如大海波涛。我心里是什么滋味呢？"只是当时已惘然"，现在更说不清楚了，好像是打翻了酱缸，酸甜苦辣，一时俱陈。说我悲哀吗？是的，但不全是。说我愤怒吗？是的，但不全是。说我恐惧吗？是的，也不全是。说我坦然吗？是的，更不全是。总之，我是又清楚，又糊涂；又清醒，又迷离。此时我们全家三位老人的性命，掌握在别人手中。我们像是几只蚂蚁，别人手指一动，我们立即变为齑粉。我们呼天天不应，呼地地不答。我不知道，我们是置身于人的世界，还是鬼的世界，抑或是牲畜的世界。茫茫大地，竟无三个老人的容身之地了。"椎胸直欲依坤母"。我真想像印度古典名剧《沙恭达罗》中的沙恭达罗那样，在走投无路的情况下，生母天上仙女突然下凡，把女儿接回天宫去了。我知道，这只是神话中的故事，人世间是不会有的。那么，我的出路在什么地方呢？

　　暗夜在窗外流逝。大自然根本不管人间有喜剧，还是有悲剧，或是既喜且悲的剧。对于这些，它是无动于衷的，我行我素，照常运行。"英雄"们在革过命以后，"兴阑啼鸟尽"，他们的兴已经"阑"了。我听到门外忽然静了下来，两个手持大棒的彪形大汉，一转瞬间消逝不见。楼外响起了一阵汽车开动的声音：英雄们得胜回朝了。汽车声音刺破夜空，越响越远。此时正值朔日，天昏地暗。一片宁静弥漫天地之间，仿佛刚才什么事情也没有发生，只留下三个孤苦无告的老人，从棒影下解脱出来，呆对英雄们革过命的战场。

　　屋子里成了一堆垃圾。桌子、椅子，只要能打翻的东西，都打翻了。那一些小摆设、小古董，只要能打碎的，都打碎了。地面堆满了书架子上掉下来的书和从抽屉里丢出来的文件。我辛辛苦苦几十年积累起来的科研资料，一半被掳走，一半散落在地上。睡觉的床被彻底翻过，被子里非常结实的暖水袋，被什么人踏破，水流满了一床。看着这样被洗劫的情况，我们三个人谁都不说话——我们还有什么话可说呢？人生到此，天道宁论！我们哪里还能有一丝一毫的睡意呢？我们都变成了木雕泥塑，我们变成了失去语言、失去情感的人，我们都变成了植物人！

但是，我的潜意识还能活动，还在活动。我想到当时极为流行的一种说法：好人打好人是误会；坏人打好人是锻炼；好人打坏人是应该；坏人打坏人是内讧。如果把芸芸众生按照小孩子的逻辑分为好人与坏人两大类的话，我自己属于哪一类呢？不管我自己有多少缺点，也不管我干过多少错事，我坚决认为自己应该归入好人一类。我除了考虑自己以外，也还考虑别人，我不是"宁教我负天下人，不能教天下人负我"的曹孟德。这就是天公地道的好人的标准。来到我家抄家打砸抢的小将们是什么人呢？他们之中肯定有好人，一时受到蒙蔽干了坏事，这是可以原谅的。但是，大部分人恐怕都是乘人之危，借此发泄兽性的迫害狂，以达到不可告人的目的。如果说这样的人不是坏人，世界上还有坏人吗？他们在上面那种说法的掩护下，放心大胆地做起恶来。事情不是很明显吗？那几句话，我曾五体投地地崇拜过。及今视之，那不过是不讲是非、不分皂白、不讲原则、不讲正义的最低级的形而上学的诡辩。可惜受它毒害的年轻人上十万，上百万，到了后来，他们已经是四五十岁的成年人了。在他们中，有的飞黄腾达；有的找到一个阔丈人，成了东床快婿；有的发了大财，官居高品，他们中有的人对自己过去的所作所为没有感到一点悔恨，岂非咄咄怪事！难道这些人都那么健忘？难道这一些人连人类起码的良知都泯灭净尽了吗？

好不容易才熬到了天明。"长夜漫漫何时旦？"这一夜是我毕生最长的一夜，也是最难忘的一夜，用任何语言也无法形容的一夜。天一明，我就骑上了自行车到井冈山总部去。我痴心妄想，要从"自己的组织"这里来捞一根稻草。走在路上，北大所有的高音喇叭都放开了，一遍又一遍地高呼"打倒季羡林！"历数我的"罪行"。我这个人大概还有一点影响，所以新北大公社才这样兴师动众，大张旗鼓。一个渺小的季羡林骑在自行车上，天空弥漫着"打倒季羡林"的声音。我此时几疑置身于神话世界，妖魅之国。这种滋味连今天回忆起来，都觉得又是可笑，又是可怕。从今天起，我已经变成了一只飞鸟，人人可以得而诛之了。

到了井冈山总部，说明了情况。他们早已知道了。一方面派摄影师到我家进行现场拍摄；另一方面——多可怕呀！——他们已经决定调查我的历史，必要时把我抛出来，甩掉这个包袱，免得受到连累，不利于同新北大公社的斗争。这是后来才知道的，当时，我还是一片痴心。走出大门，我那辆倚在树上的自行车已经被人——当然是新北大公社的——用锁锁死。没有别的办法，我只好步行回家。从此，便同我那辆伴随我将近二十年的车永远"拜拜"了。

回到家中，那一位井冈山的摄影师，在一堆垃圾中左看右看，寻找什么。我知道，在这里有决定意义的不是美，而是政治。他主要寻找公社抄家时在对待伟大领袖方面有没有留下可抓的小辫子，比如说领袖像，他们撕了或者污染了没有？有领袖像的报纸，他们用脚踩了没有？如此等等。如果有一条被他抓住，拍摄下来，这就是对领袖的大不敬，可以上纲上到骇人的高度，是对敌斗争的一颗重型炮弹。但是，要知道新北大公社的抄家专家也是有水平的，是训练有素的，那样的"错误"或者"罪行"他们是决不会犯的。摄影师找了半天，发现公社的抄家术真正是无懈可击，怆然离去。

我的处境，井冈山领导表面上表示同情。我当时有一个后来想起来令我感到后怕的想法：我想留在井冈山总部里。我害怕，公社随时都可能派人来，把我抓走，关在什么秘密的地方。这是当时屡次出现过的事，并不新鲜。井冈山总部是比较安全的，那里几乎是一个武装堡垒。可是我有点迟疑。我虽然还不知道他们准备同公社一样派人到处去调查我的历史。但是，在几天前我在井冈山总部里听到派人调查我在上面提到的那一位身为井冈山总勤务员之一的老教授的历史。他们认为，老知识分子，特别是留过洋的老知识分子的历史复杂；不如自己先下手调查，然后采取措施，以免被动。既然他们能调查那位老教授的历史，为什么就不能调查我的历史呢？我当时确曾感到寒心。现在，我已经被公社"打倒"了。为了摆脱我这个包袱，他们会采取什么措施呢？我的历史，我最清楚。但是，那种两派共有的可怕的形而上学和派性，确实是能杀人的。用那种形而上学的方式调查出来的东西能准确吗？能公正吗？与其将来陷入极端尴尬的境地，被"自己人"抛了出去，还不如索性横下一条心，任敌人宰割吧。我毅然离开那里，回到自己家中。现在的家就成了我的囚笼。我在上面谈到，那年夏秋两季我时时感到有风暴在我头上凝聚，随时可以劈了下来。现在，我仿佛成了躺在砍头架下的死囚，时时刻刻等待利刃从架上砍向我的脖颈。原来我认为，天地是又宽又大的。现在才觉得，天地是极小极小的，小得容不下我这一身单薄的躯体。从前，读一篇笔记文章。记载金圣叹临刑时说的话："杀头，至痛也。我于无意得之，不亦快哉！"我这个"反革命"帽子，也是于无意中得之，我却无论如何也说不出："不亦快哉！"我只能说：奈何！奈何！

　　不管怎样，一夜之间，我身上发生了质变：由人民变成了"反革命分子"。没有任何手续，公社一声"打倒！"我就被打倒了。东语系的公社命令我：必须待在家里！只许规规矩矩，不许乱说乱动！要随时听候传讯！但是，在最初几天，我等呀，等呀；然而没有人来。原因何在呢？"十年浩劫"过了以后，有人告诉我：当时公社视我如眼中钉，必欲拔之而后快。但是，他们也感到，"罪证"尚嫌不足。于是，便采用了先打倒、后取证的战略，希望从抄家抄出的材料中取得"可靠的"证据，证明打倒是正确的。结果他们"胜利"了。他们用诬陷罗织的手段，深文周纳，移花接木，加深了我的罪名。到了抄家后的第三天或第四天，来了，来了，两个臂缠红袖章的公社红卫兵，雄赳赳，气昂昂，闯进我家，把我押解到外文楼去受审。以前我走进外文楼是以主人的身份，今天则是阶下囚了。可怜我在外文楼当了二十多年的系主任，晨晨昏昏，风风雨雨，呕心沥血，努力工作，今天竟落到这般地步。世事真如白云苍狗了！

第一次审讯，还让我坐下。我有点不识抬举，态度非常"恶劣"。我憋了一肚子气，又自恃没有辫子和尾巴，同审讯者硬顶。我心里还在想：俗话说，捉虎容易放虎难，我看你们将来怎样放我？我说话有时候声音很大，极为激烈。结果审讯不出什么。如是一次，两次，三次。最初审讯我的人——其中有几个就是我的学生——有时候还微露窘相。可是他们的态度变得强硬了。可能是由于他们掌握的关于我的材料多起来了，他们心中有"底"了。——我禁不住要在这里提出一个问题：当年审讯我的朋友们！你们当时对这些"底"是怎样想的呀？你们是不是真相信，这一切全是真的呢？

这话扯远了，还是回来谈他们的"底"。第一个底是一只竹篮子，里面装着烧掉一半的一些信件。他们说这是我想焚信灭迹的铁证。说我烧的全是一些极端重要的、含有重大机密的信件。事实是，我原来住四间房子，"文化大革命"起来后，我看形势不对，赶忙退出两大间，让楼下住的我的一位老友上来住，楼下的房子被迫交给一个无巧不沾的自命"出身"很好的西语系公社的一位女职员。房子减了一多半，积存的信件太多，因此想烧掉一些，减轻空间的负担。我在光天化日之下公然焚烧，心中并没有鬼。然而被一个革命小将劝阻，把没有烧完的装在一只竹篮中。今天竟成了我的"罪证"。我对审讯我的人说明真相，结果对方说我态度极端恶劣。第二个"罪证"是一把菜刀，是抄家时从住在另一间小房间里我婶母枕头下搜出来的。原来在"文化大革命"兴起以后，社会治安极坏，传说坏人闯入人家抢劫，进门先奔厨房搜寻菜刀，威胁主人。我婶母年老胆小，每夜都把菜刀藏在自己枕下，以免被坏人搜到。现在，审讯者却说是在我的房里我的枕头下搜出来的，是准备杀红卫兵的。我把真相说明，结果对方又说我态度更加极端恶劣。第三个"罪证"是一张石印的蒋介石和宋美龄的照片。这是我在德国哥廷根时一个可能是三青团员或蓝衣社分子的姓张的"留学生"送给我的。我对蒋介石的态度，除了一段时间不明真相以外，从1932年南京请愿一直到今天，从来没有好过。我认为他是一个流氓。我也从来没有幻想过他真会反攻大陆。历史的规律是，一个坏统治者，一旦被人民赶走，绝不可能再复辟成功的。可是我有一个坏毛病，别人给我的信件，甚至片纸只字，我都保留起来，同我在上面提到的那一位公安总队的陈同志正相反，他是把所有的收到的信件都烧掉的。结果我果然由这一张照片而碰到点子上了。审讯者硬说，我保留这一张照片是想在国民党反攻大陆成功后邀功请赏。他们还没有好意思给我戴上"国民党潜伏特务"的帽子，但已间不容发了。我向他们解释。结果是对方认为我的态度更加极端恶劣。

我百喙莫明。我还有什么办法呢？

在『自绝于人民』的边缘上

现在，我真正紧张了。我原以为，自己既无辫子也无尾巴。可人家"革命家"一抓就是一大把，而且看上去都是十分可怕的，有的简直是鲜血淋淋的"铁证"。尽管我对自己没有失去信心，但是对这些"革命家"我却是完全没有办法了。在派性加形而上学的控制之下，我能有什么办法说服他们呢？

这是绝不可能的。

我于是连夜失眠。白天神经紧张到最高限度，恭候提审，晚上躺在枕头上，辗转反侧，睁大眼睛，等候天明。我茶不思，饭不想，眼前一片漆黑，而且也不知道，什么时候黑暗才会过去。能不能过去？我也完全失掉了信心。我白天好像都在做梦。夜里，在乱梦迷离中，我一会儿看到那一把菜刀，觉得有什么人正用那一把刀砍我，而不是我砍别人。我不禁出一身冷汗，蓦然醒来。我一会儿又看到那一只装满了烧掉一半的信件的篮子。

那篮子忽然着起火来，火光熊熊，正在燃向我的身边。我又出了一身冷汗，蓦地醒来。我一会儿又看见了蒋介石和宋美龄的照片，蒋介石张开血盆大口，露出了满嘴的朱齿獠牙，正想咬我。宋美龄则变成了一个美女蛇。我又出了一身更大的冷汗，霍地从梦中跳了出来。

这难道是一个人过的日子吗？

最可怕的还不是这一些东西。

最可怕的是环顾眼前，瞻望未来。

环顾眼前，我已经坠入陷阱，地上布满了蒺藜和铁刺，让我寸步难挪。我反对那一位"老佛爷"，这一下子可真捅了马蜂窝。站在我对立面的不都是坏人，我相信绝大部分是好人。可是一旦中了派毒，则不可以理喻。他们必欲置我于死地而后快。我自谓二十多年以来，担任东语系的系主任，所有的教员，不管老中青，都是直接或间接由我聘请的。我虽有不少缺点，但从不敢作威作福，总以诚待人。如今一旦分派，就视若仇人，怒目相向，我无论如何也难以理解。原来我认为是自己的一派，态度与敌对的一派毫无二致。我被公社"打倒"了，井冈山的人也争先恐后，落井下石。他们也派自己的红卫兵到我家来，押解我到属于井冈山的什么地方去审讯。他们是一丘之貉，难兄难弟。到了此时，我恍如大梦初觉，彻底悟透了人生。然而，晚矣。

最让我难以理解也难以忍受的是我的两个"及门弟子"。其中之一是贫下中农出身又是"烈属"的人，简直红得不能再红了。学习得并不怎样。我为了贯彻所谓"阶级路线"，硬是把他留下当了我的助教。还有一个同他像是"枣木球一对"的资质低劣，一直到毕业也没有进入梵文之门。他也是出身非常好的。为了"不让一个阶级弟兄掉队"，我在课堂上给他吃偏饭，多向他提问。"可怜天下老师心"，到了此时，我成了"阶级报复"者。就是这两个在山（井冈山）上的人，把我揪去审讯，口出恶言，还在其次。他们竟动手动脚，拧我的耳朵。我真是哭笑不得，自己酿的苦酒只能自己喝，奈之何哉！这一位姓马的"烈属"屡次扬言："不做资产阶级知识分了的金童玉女！"然而狐狸尾巴是不能够永远掩盖的。到了今天，这一位最理想的革命接班人，已经背叛了祖国，跑到欧洲的一个小国，当"白华"去了。"天网恢恢，疏而不漏"，自己吐出的吐沫最后还是落在自己脸上！我脑袋里还有不少封建思想，虽然我不相信"一日师徒，终身父子"这样的说法。但是对自己有恩无怨的老师，至少还应该有那么一点敬意吧！

总之，我在思想感情中，也在实际上，完全陷入一条深沟之内，左右无路，后退不能，向前进又是刀山火海。我何去何从呢？

一年多以来，我看够了斗争走资派的场面：语录盈耳，口号震天；拳打脚踢，耳光相间；谩骂凌辱，背曲腰弯；批斗完了，一声"滚蛋！"踢下斗台，汗流满面。到了此时，被批斗者往往是躺在地上，站不起来。我作为旁观者，胆战心颤。古人说："士可杀，不可辱。"现在，岂但辱而已哉！早已超过了这个界限。我们中华古国，礼仪之邦，竟有一些人沦落到这种程度，岂不大可哀哉！原来我还可以逍遥旁观，而今自己已成瓮中之鳖，阱中之兽，任人宰割，那些惊心动魄的场面就要降临到自己头上了！何况还有别人都没有的装满半焚信件的篮子、一把菜刀和蒋介石的照片。我就是长出一万张嘴，也是说不清了，我已是"罪大恶极，罪在不赦"。但是要我承认"天王圣明，臣罪当诛"，那是绝对办不到的。我知道，我的前途要比我看到的被批斗的走资派更无希望。血淋淋的斗争场面，摆在我眼前。我眼前一片漆黑……

我何去何从呢？

我必须做出抉择。

抉择的道路只有两条：一是忍受一切，一是离开这一切，离开这个世界。第一条我是绝对办不到的；看来只有走第二条道路一途了。

这是一个万分难做的决定。人们常说：蝼蚁尚且贪生，何况人乎？倘有万分之一的生机，一个人是决不会做出这样的决定的。况且还有一个紧箍咒：谁要走这一条路，不管出于什么原因，都是"自绝于人民"。一个人被逼得走投无路，手中还剩下唯一的一点权利，就是取掉自己的性命。如果这是"自绝于人民"的话，我就自绝于人民一下吧。一个人到了死都不怕的地步，还怕什么呢？"身后是非谁管得？"我眼睛一闭，让世人去说三道四吧。

决定一旦做出，我的心情倒平静下来了，而且异常的平静，异常的清醒。

我平静地、清醒地、科学地考虑实现这个决定的手段和步骤。

我想了很多，我想得很细致，很具体，很周到，很全面。

我首先想到的是"文化大革命"开始以来北大自杀的教授和干部。第一个就是历史系教授汪某人。"文化大革命"开始没有几天，革命小将大概找上门去，问了他若干问题，不知道是否动手动脚了。我猜想，这还不大可能。因为"造反"经验是逐步总结、完善起来的。折磨人的手段也是逐步"去粗取精"地"完善"起来的。我总的印象是，开始时"革命者"的思想还没有完全开放，一般是比较温和的。然而我们这 位江教授脸皮太薄，太遵守"士可杀，不可辱"的教条，连温和的手段也不能忍受，服安眠药，离开人间了。他一死就被定为"反革命分子"。"打倒反革命分子汪某"的大标语，赫然贴在大饭厅的东墙上，引起了极大震惊和震动。汪教授我是非常熟悉的。他在新中国成立前夕冒着生命危险加入了地下党，为人治学都是好的。然而一下子就成了"反革命"。我实在不理解。但是我同情他。

第二个我想到的人是中文系总支书记程某某。对他我也是非常熟悉的。他是新中国成立前夕地下学生运动的领导人之一，后来担任过北大学生会的主席。年纪虽不大，也算是一个老革命了。然而他也自杀了。他的罪名按逻辑推断应该是"走资派"，他够不上"反动学术权威"这个杠杠。他挨过批斗，"六一八"斗"鬼"时当过"鬼"，在校园里颈悬木牌劳动也有他的份。大概所有这些"待遇"他实在无法忍受，一时想不开，听说是带着一瓶白酒和一瓶敌敌畏，离家到了西山一个树林子里。恐怕是先喝了白酒，麻痹了一下自己的神志，然后再把敌敌畏灌下去，结束了自己的一生。我一想到他喝了毒药以后，胃内像火烧一般，一定是满地乱滚的情况，浑身就汗毛直竖，不寒而栗。

我还想到了一些别的人，他们有的从很高的楼上跳下来，粉身碎骨而死；有的到铁道上去卧轨，身首异处而死。这都是听说的，没有亲眼见到。类似的事情还听到不少，人数太多，我无法一一想到了。每个人在自杀前，都会有极其剧烈的思想斗争，这是血淋淋的思想斗争，我无法想下去了。

我的思绪在时间上又转了回去。我想到了很多年前的五十年代，当时有两位教授投未名湖自尽。湖水是并不深的。他们是怎样淹死的呢？现在想来，莫非是他们志在必死，在水深只达到腰部的水中，把自己的头硬埋入水里生生地憋死的吗？差不多同时，一位哲学系姓方的教授用刮胡刀切断了自己的动脉，血流如注，无论怎样抢救也无济于事，人们只能眼睁睁地看着他慢慢地痛苦地死去。

我的思绪在时间上更向后回转，一转转到了古代，我想到了屈原，他是投水死的。比屈原稍晚一点的是项羽，他是在四面楚歌声中自刎死的。对自刎这玩意儿我实在非常担心。一个人能有多大劲能把自己的首级砍下来呢？这比用手枪自杀原始得多了。我想，如果当年项羽有一把手枪的话，他决不会选择刀剑。

我的思绪不但上下数千年，而且纵横几万里，我想到了以希特勒为首的德国法西斯头子们。据说，他们自知罪恶多端，每个人都准备了一点氰化钾，必要时只要用牙齿一咬，便可以上天堂或入地狱了。德国化学工业名震寰宇，他们便把化学技术应用到自杀上，非其他国家所能望其项背。日本人则以剖腹自杀闻名于世，这是日本人的专利，没听说其他国家向日本学习的。不过这种方式一个人还实行不了，因为剖了腹一个人也是不会立即死去的，必须有一个助手在旁，自杀者一经剖腹，助手立刻砍下他的脑袋，日文叫作"介错"。我还听说，日本青年男女在热恋最高潮时往往双双跳入火山口中。这也不能普遍实行，没有火山的地方，就绝对行不通的。

就这样，我浮想联翩，想入非非。有时候，我想得非常具体，非常生动，我把死人想象得就像在自己眼前一样。我仿佛看到了鲜红的血流满尸体，可怕而又具有吸引力。我知道，这决不会给我带来愉快，然而却是欲罢不能，难道上苍就真不给我留一条活路了吗？

我从来没有研究过自杀学，可现在非考虑不行了。我原以为离开自己很远很远、与自己毫不相干的事情，现在就出现在自己眼前了。我决无意于创建一门新的"边缘科学"，自杀学或比较自杀学。现在是箭在弦上，非创建不行了。凡是一门新兴学科，必有自己的理论基础。我在别的方面理论水平也很低，对于这一门新兴的比较自杀学，我更没有高深的理论。但是想法当然是有一点的。我不敢敝帚自珍，现在就公开出来。

我用不着把历史上和当前的自杀案例一一都搜集齐全，然后再从中抽绎出理论来。仅就我上面提到的一些案例，就能抽绎出不少的理论来了。使用历史唯物主义阶级分析的方法，我能够把历史上出现的自杀方式按社会发展的程序分成不同的类型。悬梁、跳井，大概是最古老的方式，也是生命力最强的方式，从原始社会，经过封建社会和资本主义社会，都能使用。今天也还没有绝迹。可谓数千年一贯制了。氰化钾是科学发达国家法西斯头子的专用品。剖腹和跳入火山口恐怕只限于日本，别国人是学不来的。这方式在封建社会和资本主义社会都同样可以使用。至于切开动脉仅限于懂点生理学的知识分子，一般老百姓是不懂得的。服安眠药则是典型的资本主义方式，是世界上颇为流行的方式，无论姓"资"还是姓"社"，都能懂得的。不过，我想，这也恐怕仅限于由于脑力劳动过度而患神经衰弱的知识分子，终日锄地的农民是不懂得服安眠药的。我为什么说它是资本主义方式呢？中药也有镇静剂；但药力微弱，催眠则可，自杀不行。现在世界上流行的安眠药多半出自资本主义国家。所以我说它是资本主义方式。服安眠药自杀最保险，最无痛苦。这可以说是资本主义优越性表现之一吧。

我的理论基础大抵如此。

理论必须联系实际：我究竟要采用什么方式呢？不用细说，大家一定都能猜到：资本主义方式。好在我已经被打倒，成了"反革命分子"，这一点嫌疑我也无须避讳了。

在自杀行动中，决心下定以后，最重要的问题就是决定用什么方式。现在，我的方式既已选定，大功告成就在眼前。我可以考虑行动的时间和地点了。时间问题很容易解决：立即实行，越快越好。至于地点问题则颇费周折。解决这个问题，首先——想我借用一个当时极为流行的词儿——要考虑大方向。

大方向无非是有两个：一近一远。近是就在家里，远则要走出家门。最方便当然是在家里。但我顾虑重重。我们家里只有一大间一小间房子。如果在家里实施我的计划，夜里服下安眠药，早晨一起床，两个老太太看到我直挺挺地躺在床上，她们即使不被吓死，也必然被吓昏。这是多么可怕的情景呀！我一生为别人考虑过多，此时更是不得不尔。把我的尸体抬出去以后，死过人而且是死过自己亲人的房间，她们敢住下去吗？不敢，又待如何？值此世态炎凉、人情如纸的时代，谁肯谁又敢向这两位孤苦无告的老太婆伸出援助之手呢？我现在已成为双料的"反革命分子"：新北大公社已经给我戴上了这样一顶帽子，如今又"自绝于人民"，是在反革命之上又加反革命了。总之，在家里不行。

那就在外面吧。在外面也有一个方向问题，而且方向的头绪更多。我首先是受了我上面提到的中文系那一位总支书记的启发，想到了西山。西山山深林密，风光秀丽。倘我能来到此处，猎猎松涛，琮琮泉声，头枕松针，仰视碧空，自己亲手消灭掉一生最可宝贵的生命，多么惬意，又是多么有诗意呀！简直是我一生中最后的一首最美妙的诗。但是，那地方太远，路上倘被红卫兵截获，那就要吃不了兜着走了。我否定掉这个想法，又想到颐和园。过去有不少名人到这里来寻短见，王国维是最著名的例子。可我不想学王老先生投水自尽。在山后找一个洞穴，吞下安眠药，把花花世界丢在身后，自己一走了之。但是我又怕惊吓了游兴正浓的游园的仕女君子。这个主意也不妥。

我想来想去，想到了后面只有一条马路之隔的圆明园。这里有极大的苇坑。时值初冬，芦花正茂。我倘能走到芦苇深处，只需往地上一躺，把安眠药一服，自己的目的立即达到。何等干净，又何等利索！想到这里，我对自己非常满意，我高兴得简直想手之舞之，足之蹈之。我认为，这简直是我的天才的火花的最后而又最光辉的一次闪烁。过此则广陵散矣。

我的心情异常的平静，平静得让自己都感到害怕。我没有研究过古今自杀人的死前心理学。屈原在泽畔行吟时的心情，从他的作品中得知一二，但也不够具体。按道理，一个人决定死是非常困难的，感情应该有极其剧烈的波动，甚至痛哭流涕，坐卧不宁，达到半疯的地步；然后横下一条心，慷慨死去。江淹说："自古皆有死，莫不饮恨而吞声。"我一没有饮恨，二没有吞声。我的心情很平静，平静得让我自己都感到异样，感到不可解。

但是，平静中也有不平静。我想到明天此时，我直挺挺地躺在圆明园荒凉寂寞的大苇坑中。那里几乎是人迹不至的地方。不知道会隔多少时候才会有人发现了我的尸体。此时我的尸体也许已经腐烂了，也许已经被什么鸟兽咬掉一只胳臂或一条腿；肚子也许已经被咬开，肠子、五脏都已被吃掉；浑身血肉模糊，惨不忍睹。眼下还是一个完整的我，到了那时候会变成什么样子呢？我浑身颤抖，我想不下去了。我仿佛能听到那时候新北大公社的广播台声嘶力竭地一遍又一遍播放："反革命分子季羡林自绝于人民，畏罪自杀，罪该万死！"井冈山的广播台也决不会自甘落伍，同新北大公社展开"打倒季羡林"的竞赛。

但是，不管这些幻想多么可怕，它仍然阻挡不住我那自杀的决心。决心一下，决不回头。我心情平静，我考虑我这五十多年的一生最后几个钟头必须做的事情。我有点对不起陪我担惊受怕的我那年迈的婶母，对不起风风雨雨，坎坎坷坷，伴我度过了四十年的老伴，对不起我那些儿女孙辈，对不起那恐怕数目不多的对我仍怀有深情厚谊的亲戚和朋友。我对不起的人恐怕还有很多很多，我只能说一句："到那边再会了。"我把仅有的几张存款单，平平淡淡地递给婶母和老伴，强抑制住自己，没有让眼泪滴在存款单上。我无言地说："可怜的老人！今后你们就靠这一点钱生活下去吧！不是我狠心，也不是我自私，茫茫宇宙，就只给我留下这样一条独木桥了，我有什么办法呢？"她们一定明白我的意思的，她们的感情也没有激动，眼泪也没有流下。我没有考虑立什么遗嘱，那毫无用处。伴我一生的那些珍贵的书籍，我现在管不了啦，这就是我生离死别的一幕。一切都平静得平淡得令我害怕。

我半生患神经衰弱失眠症。中西安眠药服用的成箩成筐，我深通安眠药之学。平日省吃俭用，节约下来不少，丸与水都有，中与西兼备。这时我搜集在一起，以丸打头，以水冲下，真可谓珠联璧合，相辅相成。我找了一个布袋子，把安眠药统统装在里面，准备走出门去，

在楼后爬过墙头，再过一条小河和一条马路，前面就是圆明园。

一切都准备就绪，只等我迈步出门——

千钧一发

　　然而门上响起了十分激烈的敲门声。我知道，红卫兵又光临了。果然，一开门便闯进来了三个学生，雄赳赳，气昂昂，臂章闪着耀眼的红光。他们是来押解我到什么地方去进行批斗的。

　　在这样的情况下，我深知自己毫无发言的权力。我只是一头被赶赴屠宰场的牲畜，任人宰割，任人驱使。我立即偷偷地放下那只装着安眠药的袋子，俯首帖耳，跟着出去。家里的两位老太太眼睁睁地看着自己的亲人被押走。她们也同我一样一言不发。当前是人为刀俎，我为鱼肉，生杀大权操在别人手中的时刻。走在路上，我被夹在中间，一边一个红卫兵，后面还有一个，像是后卫。他们边走边大声训斥，说我的态度恶劣至极，竟敢反唇相讥。今天要给我一点颜色看，杀杀我的威风。我只有洗耳恭听，一声不吭。我意识到，一场特大的风暴正在我头上盘旋。我以前看过的那一些残酷斗争的场面，不意今天竟临到自己头上了。原来只是一个旁观者，今天成了主角了。说心里不害怕，那不是真话。但是害怕又有什么用处呢？我脑袋里懵懵懂懂，又似清楚，又似糊涂，乱成一团。我想到被绑赴刑场的场面。我还没有被绑赴刑场去杀头或者枪毙的经验。我现在心里的滋味是不是同那件事有点相似呢？我说不清楚。事实上，我认为还不如杀头或者枪毙，那只是一秒钟的事儿，刀光一闪，枪声一响，我就渡过难关了。现在我却不知道，批斗要延长多久，也不知道，有些什么折磨人的花样……

一路之上，我不敢抬头，不敢看别人。我不知道，别人怎样看我。我想到鲁迅的小说：《示众》。我现在就是那个被示众者。我周围必然有一大群像小说中所说的观众。他们大概也是指指点点，议论纷纷。可惜我不可能也无心去聆听他们的议论了。

不知道是怎样一来，我就被押解到一个地方。我低头看到地面，我知道这是大饭厅，这是全校最大的室内聚会场所。我从后门走进去，走到一间小屋子里，那里已经有几个"囚犯"，都成了达摩老祖，面壁而立。我不敢看任何人，我不知道他们是谁。我也被命令面壁而立。我的耳朵还没有堵上，我还能听到说话的声音，有的声音我是熟悉的。我只觉得人影纷乱，我只听得人声嘈杂。到场的人一定都是新北大公社的，井冈山的人是不会来的。我平心静气地站在那里。蓦地听到一声清脆的耳光声，而自己脸上并没有什么感觉，知道是响在别的"囚犯"的脸上的。我心里得到了一点安慰。但是立刻又听到了一声更为清脆的耳光声，声音近在眼前，我脸上有点火辣辣的。我意识到，这一声是发生在自己脸上了。我心里有点紧张了。可是我的背上又是重重的一拳，腿上重重的一脚。我吃了老虎胆、豹子心，胆敢起来反对他们那一位女主人。他们把仇恨集中到我身上，这是很自然的。我自作自受，又何怪哉？除此以外，我想还有别的根由：有的人确实是从折磨别人中得到快感享受的。中国古代的哲人强调人禽之辨。他们的意见当然是，人高于禽兽。可是在这方面，我还是同意鲁迅的意见的。他说，动物在吃人或其他动物时，张嘴就吃，决不会像人这样，先讲上一通大道理，反复解释你为什么必须被吃，而吃人者又有多少伟大的道理，必须吃人。人禽之辨，也就是禽兽与人的区别，就在这里；换句话说，禽兽比人要好，它们爽直，肚子饿了就吃人或别的动物。新北大公社的"人"，同禽兽比一比，究竟怎样呢？

这些想法是后来才有的。当时我只是一头就要被吃的牲畜，我既紧张，又恐惧；既清醒，又糊涂。我面壁而立，浑身的神经都集到耳朵上，身体上的一切部位，随时都在准备着，承受拳打，承受脚踢。我知道，这些都只能算是序曲，大轴戏还在后面哩。

果然，大轴戏终于来了。我蓦地听到空中一声断喝，像一声霹雳："把季羡林押上来！"于是走上来了两个红卫兵。一个抓住我的右臂，拧在我的背上。一个抓住左臂，也拧在背上。同时，一个人腾出来一只手，重重地压在我的脖颈上，不让我抬头。我就这样被押上了批斗台，又跟跟跄跄地被推搡到台的左前方。"弯腰！"好，我就弯腰。"低头！"好，我就低头。但是脊梁上又重重挨了拳："往下弯！"好，我就往下弯。可腿上又凶猛地被踢了一脚："再往下弯！"好，我就再往下弯。我站不住了，双手扶在膝盖上。立刻又挨了一拳，还被踢了一脚："不许用手扶膝盖！"此时双手悬在空中，全身的重力都压到了双腿上，腿真有点承受不了啦。"革命小将"按照喷气式飞机的构造情况，要我变成那个样子。他们工作作风谨严至极。光是调整我的姿势，就用去了几分钟，可我的双腿已经又酸又痛。我真想索性跪在地上。但是，我知道那样一定会招来一阵拳打脚踢。我现在唯一的出路只有咬紧牙关忍受一切了。

忽然听到身后主席台上有人讲话了。台上究竟有多少人，我不清楚。有多少批斗者，又有多少被批斗者，我更不清楚。至于台下的情况，我当然不敢睁眼去看，只听得人声鼎沸，口号之声震天动地。那个讲话的人究竟讲了些什么，我根本没有心思去听。我影影绰绰地知道了，今天我不是主角，我只是押来"陪斗"的。被斗的主角是一个姓戈的老同志。论革命资历，他早于三八式。论行政经历，他担任过河北大学校长和北大副校长、党委副书记。这样一位老革命，只因反对了那一位"老佛爷"，也被新北大公社"打倒"，今天抓来批斗。我弄清楚了自己在这一次空前的大批斗中的地位，心里稍感安慰。在我的右面，大概是主席台的正中，是那位老同志待的地方。他是站着？是坐着？是跪着？还是坐喷气式？我都不清楚。我只听得清脆的耳光声，剧烈的脚踢声，沉重的拳头声，声声不绝。我知道他正在受难。也许有人（？）正用点着的香烟烧他的皮肤。可我自己正是泥菩萨过江，自身难保。况且我的双腿已经再没有力量支撑我的身体了，酸痛得简直无法形容。我眼前冒金星，满脸流汗。我咬紧了牙根，自己警告自己："要忍住！要忍住！你可无论如何也不能倒下去呀！否则那后果就不堪设想了！"忽然，完全出我意料，一口浓痰啪的一声吐在我的左脸上。我当然不知道是从哪里来的。我也只能"唾面自干"。想用手去擦，是绝对不可能的。我牙根咬了再咬，心里默默地数着数，希望时光赶快过去。此时闹哄哄的大饭厅里好像突然静了下来，好像整个大饭厅，整个北大，整个北京，整个中国，整个宇宙，只剩下了我一个人。

突然间，大饭厅里沸腾起来，一片震天的口号声，此伏彼起，如大海波涛：批斗大会原来结束了。我还没有来得及松一口气，又被人卡住脖子，反剪双手，押出了会场，押上了一辆敞篷车。我意识到我的戏还没演完，现在是要出去"示众"了。英雄们让我站在正中间，仍然是一边一个人，扭住我的胳臂。我什么也看不见，什么也不敢看。只觉得马路两旁挤满了人。有人用石头向我投掷，打到我的头上，打到我的脸上，打到我的身上。我觉得有一千只手挥动在我的头顶上，有一千只脚踢在我的腿上，有一千张嘴向我吐着唾沫。我招架不住，也不能招架。汽车只是向前开动。开到什么地方去？我完全不知道。我在这里住了将近二十年，每一寸土地我都是稔熟的。可我现在完全糊涂了。我现在像一只颠簸在惊涛骇浪中的小船，像一只四周被猎犬包围住的兔子或狐狸，像随风飘动的柳絮，像无家可归的飞鸟。路旁的喊叫声惊天动地，口号声震撼山岳，形成了雄壮无比的大合唱。我脑袋里糊里糊涂，昏昏沉沉。我知道，现在是生命掌握在别人手中，横下了一条心，听天由命吧。

过了不知多久，也不知道车开到了什么地方。车猛然停了。一个人——不是学生，就是工人——一脚把我踹下了汽车。我跌了一个筋斗，躺在地上，拼命爬了起来。一个老工人走上前来，对着我的脸，猛击一掌，我的鼻子和嘴里立即流出了鲜血。这个老工人，我是认识的。后来，当8341进校时，他居然代表北大的工人阶级举着牌子欢迎解放军。我心里真不是滋味。他够得上当一个工人吗？这是后话，暂且不提。我当时嘴里和鼻子里鲜血都往下滴，我仓皇不知所措。忽然听到头顶上工人阶级一声断喝："滚蛋！"我知道是放我回家了。我真好像是旧小说中在"刀下留人！"的高呼声中被释放了的死囚。此时我的灵魂仿佛才回到自己身上。我发现，头上的帽子早已经丢了，脚上的鞋也只剩下一只。我就这样一瘸一拐，走回家来。我的狼狈情况让家里的两位老太太大吃一惊，然而立即转惊为喜：我总算是活着回来了。

这是我活了五十多年第一次受到的批斗。它确实能令人惊心动魄，毕生难忘。它把人的残酷的本性暴露无遗。然而它却在千钧一发之际救了我一条命。"这样残酷的批斗原来也是可以忍受得住的呀！"我心里想。"有此一斗，以后还有什么可怕的呢？还是活下去吧！"我心里又想。可我心里真是充满了后怕。如果押解我的红卫兵晚来半个小时的话，我早就爬过了楼后的短墙，到了圆明园，服安眠药自尽了。如果我的态度稍微好一点的话，东语系新北大公社的头领们决不会想到要煞一煞我的威风，不让我来陪斗，我也早已横尸圆明园大苇塘中了。还能有比这更可怕的事情吗？我还得到了一个结论，一条人生经验：对待坏人有时候还是态度坏一点好。我因为态度坏，才捡了一条命。这次批斗又仿佛是做了一次实验，确定一个人在残酷的折磨下能够忍受程度的最低线。我所遭受的显然还是在这一条线上的。这些都是胡思乱想。反正性命是捡到了。可是捡到了性命，我是应该庆幸呢？还是应该后悔？我至今也还没有弄清楚。

　　既然决心活下去了，那就要准备迎接更残酷更激烈的批斗。这个思想准备我是有的。

　　我在这里想先研究一个问题：批斗问题。我不知道，这种形式是什么人发明的。大概也是集中了群众的智慧，去粗取精，去伪存真才发明出来的吧。如果对这种发明创造也有专利权的话，这个发明者是一个天才，他应当获得头等大奖。但是我认为他却是一个愚蠢的天才。这种批斗在形式上轰轰烈烈，声势浩大；实则什么问题也不能解决。在旧社会，县太爷或者什么法官，下令打屁股，上夹板，甚至用竹签刺入"犯人"的指甲中，目的是想屈打成招。现在的批斗想达到什么目的呢？如果只想让被批斗者承认自己是走资派，是资产阶级反动学术权威，罪名你不是已经用大喇叭、大字报昭告天下了吗？承认不承认又有什么用处呢？这个或这些发明者或许受了西方为艺术而艺术的影响，他或他们是为批斗而批斗。再想得坏一点，他或他们是为了满足人类折磨别人以取乐的劣根性而批斗。总之，我认为，批斗毫无用处。但是，在这里，我必须向发明者奉献出我最大的敬意，他们精通科学技术，懂得喷气式飞机的构造原理，才发明了喷气式批斗法。这种方法禽兽们是想不出来的。人为万物之灵，信矣夫！

闲言少叙，书归正传。命捡到了，很好。但是捡来是为了批斗的。隔了几天，东语系批斗开始了。原来只让我做配角，今天升级成了主角了。批斗程式，一切如仪。激烈的敲门声响过之后，进来了两个（比上次少了一个）红卫兵，雄赳赳，气昂昂，臂章闪着耀眼的红光，押解着我到了外文楼。进门先在楼道里面壁而立。我仍然是什么都不敢看。耳旁只听得人声嘈杂。我身旁站着两个面壁的人。我明白，这是陪斗者。我在东语系工作了二十多年，现在培养出来的教员和学生，工作起来，有条不紊，滴水不漏，心里暗暗地佩服。还没有等我思想转回到现场来，只听得屋里一声大喊："把季羡林押上来！"从门口到讲台也不过十几步。然而这十几步可真难走呀！四只手扭住了我的胳臂，反转到背上，还有几只手卡住脖子。我身上起码有七八只手，距离千手千眼佛虽还有一段差距，然而已经够可观的了。可是在这些手的缝里还不知伸进了多少手，要打我的什么地方。我就这样被推推搡搡押上了讲台。此处是我二十年来经常站的地方，那时候我是系主任，一系之长，是座上宾；今天我是"反革命分子"，是阶下囚。人生变幻不测，无以复加矣。此时，整个大教室里喊声震天。一位女士领唱。她喊一声："打倒××分子季羡林！"于是群声和之。这××是可以变换的，比如从"资产阶级反动学术权威"变为"走资派"，再变为"国民党残渣余孽"——我先声明一句：我从来没有参加过国民党——，再变为什么，我记不清了。每变换一次，"革命群众"

就跟着大喊一次。大概"文化大革命"所有的帽子都给我戴遍了。我成了北京大学集戴帽子之大成的显赫人物!

我斜眼看了看主席台的桌子上摆着三件东西:一是明晃晃一把菜刀;一是装着烧焦的旧信件的竹篮子;一是画了红×的蒋介石和宋美龄的照片。我心里一愣,几乎吓昏了过去。我想:"糟了!我今天性命休矣!"对不明真相的群众来说,三件东西的每一件都能形象地激发起群众的极大的仇恨,都能置我于死地。今天我这个挂头牌的主角看来是凶多吉少了。古人说过:"既来之,则安之。"地上没有缝,我是钻不进去的。我就"安之"吧。

"打倒"的口号喊过以后,主席恭读语录,什么"革命不是请客吃饭",什么"你不打他就不倒"之类。我也不知道,读语录会起什么作用。是对"革命群众"的鼓励呢?还是对"囚犯"的震慑?反正语录是读了,而且一条一条地读个没完。终于语录结束了。什么人做主旨发言——好像就是到我家去抄过家的学泰语的王某某——,历数我的"罪状",慷慨激昂,义形于色。我此时正坐着喷气式,两腿酸痛得要命。我全身精力都集中到腿上,只能腾出四分之一的耳朵聆听发言。发言百分之九十九是诬蔑、捏造、罗织、说谎。我的头脑还是清楚的,但是没有感到什么愤愤不平,——惯了。他说到激昂处,"打倒"之声震动屋瓦。宇宙间真仿佛充满了正气。这时逐渐有人围了过来,对我拳打脚踢,一直把我打倒在地。我在大饭厅陪斗时,只听到拳打脚踢的声音,这声音是发生在别人身上的。这次却发生在自己身上。我是否已经鼻青脸肿,没有镜子,我自己看不到。

不久有人把我从地上拖了起来，是更激烈的拳打脚踢。此时我想坐喷气式也不可能了。围攻者中我看清楚的有学印地语的郑某，学朝鲜语的谷某某，还有学越南语（？）的王某某。前一个能说会道，有"电门"之称，是"老佛爷"麾下的铁杆。后二者则都是彪形大汉，"两臂有千钧之力"。我忽然又有了被抄家时的想法：我这样一个糟老头子，手无缚鸡之力。你们只需出一个女的铁杆社员，就足能把我打倒在地，并且踏上一千只脚了。何必动用你们武斗时的大将来对付我呢？你别说，这些巨无霸还真克尽厥职，决不吝惜自己的力量。他们用牛刀来杀我这一只鸡。结果如何，读者自己可以想象了。

我不知道，批斗总共进行了多长的时间。真正批得淋漓尽致。我这个主角大概也"表演"（被动地表演）得不错。恐怕群众每个人都得到了自己那一份享受，满意了。我忽听得大喊一声："把季羡林押下去！"我又被反剪双手，在拳头之林中，在高呼的口号声中，被押出了外文楼。然而革命热情特高的群众，革命义愤还没有完全发泄出来，追在我的身后，仍然是拳打脚踢，我想抱头鼠窜，落荒而逃；然而却办不到，前后左右，都是追兵。好像一个姓罗的阿拉伯语教员说了几句话，追兵同仇敌忾的劲头稍有所缓和。这时候，我已经快逃到了民主楼。回头一看，后头没了追兵。心仿佛才回到自己的腔子里，喘了一口气。这时才觉得浑身上下又酸又痛，鼻下、嘴角、额上，有点黏糊糊的，大概是血和汗。我就这样走回了家。

我又经过了一场血的洗礼。

劳改的初级阶段

跟着来的是一个批斗的高潮期。

从 1967 年冬天到 1968 年春天，隔上几天，总有一次批斗。对此我已经颇能习以为常，"曾经沧海难为水"，我是在批斗方面见过大世面的人，我又珍惜我这一条像骆驼钻针眼似的捡来的性命，我再不想到圆明园了。

这一个高潮期大体上可以分成两个阶段：从开始直到次年的春初为批斗和审讯阶段；从春初到 1968 年 5 月 3 日为批斗、审讯加劳动阶段。

在第一个阶段中，批斗的单位很多，批斗的借口也不少。我曾长期在北大工会工作。我生平获得的第一个"积极分子"称号，就是"工会积极分子"。北京刚一解放，我就参加了教授会的组织和领导工作。后来进一步发展，组成了教职员联合会，最后才组成了工会。风闻北大工人认为自己已是领导阶级，羞与知识分子为伍组成工会。后经不知什么人解释、疏通，才勉强答应。工会组成后，我先后担任了北大工会组织部长，沙滩分会主席。在沙滩时，曾经学习过美国竞选的办法，到工、农、医学院和国会街北大出版社各分会，去做竞选演说，精神极为振奋。当时初经解放，看一切东西都是玫瑰色的。为了开会布置会场，我曾彻夜不眠，同几个年轻人共同劳动，并且以此为乐。当时我有一个问题，怎么也弄不清楚：我们这些知识分子同中华人民共和国的领导阶级工人阶级是什么关系呢？这个问题常常萦绕在我脑海中。后来听说一个权威人士解释说：知识分子不是工人，而是工人阶级。我的政治理论水平非常低。我不明白：为什么不是工人而能属于工人阶级？为了调和教授与工人之间的矛盾，我接受了这个说法，但是心里始终是糊里糊涂的。不管怎样，我仍然兴高采烈地参加工会的工作。1952年，北大迁到城外以后，我仍然是工会积极分子。我被选为北京大学工会主席。北大教授中，只有三四人得到了这个殊荣。

然而到了"文化大革命"中，这却成了我的特殊罪状。北大"工人阶级"的逻辑大概是：一个从旧社会过来的臭知识分子，得以滥竽工人阶级，已经证明了工人阶级的宽宏大量，现在竟成了工人阶级组织的头儿，实在是大逆不道，罪在不赦矣。对北大"工人阶级"的这种逻辑，我是能够理解的，有时甚至是同意的。我在上面已经谈到，我心悦诚服地承认自己是资产阶级知识分子，因为我有个人考虑。至于北大"工人阶级"是否都是大公无私，毫不利己，专门利人，我当时还没有考虑。但是对当时一个流行的说法：资产阶级知识分子统治我们学校的现象，再也不能继续下去了，我却大惑不解。我们资产阶级知识分子，虽然当了教授，当了系主任，甚至当了副校长和工会主席，可并没有真正统治学校呀！真正统治学校的是上级派来的久经考验的老革命。据我个人的观察，这些老革命个个都兢兢业业地执行上级的方针政策，勤勤恳恳地工作。他们不愧是国家的好干部。"文化大革命"中，他们都成了"走资派"，我觉得很不公平。现在又把我们这些知识分子拉进了"统治"学校的圈子。这简直是"城门失火，殃及池鱼"。

这个问题现在暂且不谈，先谈我这个工会主席。我被"打倒"批斗以后，北大的工人不甘落后。在对我大批斗的高潮中，他们也挤了进来。他们是工人，想法和做法都同教员和学生有所不同。

他们之间的区别是颇为明显的：工人比学生力气更大，行动更"革命"（野蛮）。他们平常多欣赏评剧，喜欢相声等等民间艺术。在"文化大革命"中，他们大概发现了大批斗比评剧和相声要好看、好听得多，批斗的积极性也就更高涨。批斗我的机会他们怎能放过呢？于是在一阵激烈的砸门声之后，闯进来了两个工人，要押解我到什么地方去批斗。他们是骑自行车来的。我早已无车可骑。这样我就走在中间，一边一个人推车"护驾"，大有国宾乘车左右有摩托车卫护之威风。可惜我此时心里正在打鼓，没有闲情逸致去装阿Q了。

听说，北大工人今天本来打算把当过北大工会主席的三位教授揪出来，一起批斗。如果真弄成的话，这是多么难得的一出戏呀！这要比杨小楼和梅兰芳合演什么戏还要好看得多。可惜三位中的一位已经调往中国社会科学院，另一位不知为什么也没有揪着，只剩下我孤身一人，实在是大煞风景。但是，"咱们工人有力量"，来一个就先斗一个吧。就这样，他们仍然一丝不苟；并没有因为只剩下一个人，就像平常劳动那样，偷工减料，敷衍了事。他们决不率由旧章，而是大大地发挥了创造性：把在室内斗争，改为"游斗"，也就是在室外大马路上，边游边斗。这样可以供更多的人观赏，满足自己的好奇心或者别的什么心。我糊里糊涂，不敢抬头，不敢说话，任人摆布，任人撮弄。我不知道沿途"观礼"者有多少人。从闹哄哄的声音来推测，大概人数不少。口号声响彻云霄，中间掺杂着哈哈大笑声。可见这一出戏是演得成功了。工人阶级有工人阶级的脾气：理论讲得少，拳头打得重，口号喊得响，石块投得多。耳光和脚踢，我已经习以为常，不以为忤。这一次不让我坐喷气式，这就是对我最大的安慰，我真是感恩戴德了。

工会的风暴还没有完全过去，北大亚非所的"革命群众"又来揪斗我了。人们干事总喜欢一窝蜂地方式，要么都不干，要么都抢着干。我现在又碰到了这一窝蜂。在"文化大革命"以前，北大根据教委（当时还叫教育部或者高教部）的意见，成立了亚非研究所。校长兼党委书记陆平亲自找我，要我担任所长。其实是挂名，我什么事情都不管。因此我同所里的工作人员没有任何利害冲突，我觉得关系还不错。可是一旦我被"打倒"，所里的人也要显示一下自己的"革命性"或者别的什么性，决不能放过批斗我的机会。这算不算"落井下石"呢？大家可以商量研究。总之，我被揪到了燕南园的所里，进行批斗。批斗是在室内进行的，屋子不大，参加的人数也不多。我现在在被批斗方面好比在老君八卦炉中锻炼过的孙大圣，大世面见得多了，小小不然的我还真看不上眼。这次批斗就是如此。规模不大，口号声不够响，也没有拳打脚踢，只坐了半个喷气式。对我来说，这简直只能算是一个"小品"，很不过瘾，我颇有失望之感。至于批斗发言，则依然是百分之九十是胡说八道，百分之九是罗织诬陷，大约只有百分之一说到点子上。总起来看，水平不高。批斗完了以后，我轻轻松松地走回家来。如果要我给这次批斗打一个分数的话，我只能给打二三十分，离开及格还有一大截子。

在一次东语系的批斗会上——顺便说一句，这样的批斗会还是比较多的；但是，根据生理和心理的原则，事情太多了，印象就逐渐淡化，我不能都一一记住了——，我瞥见主斗的人物中，除了新北大公社的熟悉的面孔以外，又有了对立面井冈山的面孔。这两派虽然斗争极其激烈，甚至动用了长矛和其他自制的武器，大有你死我活不共戴天之势。然而，从本质上来看，二者并没有区别，都搞那一套极"左"的东西，都以形而上学为思想基础，都争着向那一位"红色女皇"表忠心。现在是对"敌"斗争了——这个"敌"就是我——，大家同仇敌忾，联合起来对我进行批斗，这是完全可以理解的。有一次斗争的主题是从我被抄走的日记上找出的一句话："江青给新北大公社扎了一针吗啡，他们的气焰又高涨起来了。"这就犯了大忌，简直是大不敬。批斗者的理论水平极低——他们从来也没有高过——，说话简直是语无伦次。我坐在喷气式上，心里无端产生出卑夷之感。可见我被批斗的水平已经猛增，甚至能有闲情逸致来评断发言的水平了。从两派合流我想到了自己的派性。日记中关于江青的那一句话，证明我的派性有多么顽固。然而时过境迁，我认为对之忠贞不贰的那一派早已同对立面携起手来对付我了。我边坐喷气式，边有点忿忿不平了。

这样的批斗接二连三，我心中思潮起伏，片刻也不能平静。我想得很多，很多；很远，很远。我想到我的幼年。如果我留在乡下的话，我的文化水平至多也只是一个半文盲。我们家里大约只有一两亩地。我天天下地劳动。解放以后还能捞到一个贫农的地位，可以教育知识分子了。生活当然是清苦的，"人生识字忧患始"，我可以无忧无患，多么舒服惬意呀！如今自己成了大学教授，可谓风光已极。然而一旦转为"反动权威"，则天天挨批挨斗，胆战心惊，头顶上还不知道戴上了多少顶帽子，前途未卜。我真是多么后悔呀！造化小儿实在可恶之至！

这样的后悔药没有什么用处，这一点我自己知道。我下定决心，不再去想，还是专心致志地考虑眼前的处境为佳，这样可能有点实际的效益。我觉得，我在当时的首要任务是锻炼身体。这种锻炼不是一般的体育锻炼，而是特殊的锻炼。说明白一点就是专门锻炼双腿。我分析了当时的种种矛盾，认为最主要的矛盾是善于坐喷气式，能够坐上两三小时而仍然能坚持不倒。我在上面已经谈到过，倘若在批斗时坐喷气式受不住倒在地上，其后患简直是不堪设想。批斗者一定会认为我是故意捣乱，罪上加罪，拳打脚踢之外，还不知道用什么方法来惩罚我哩。我必须坚持下来，但是坚持下来又是万分不容易的。坐喷气式坐到半个小时以后，就感到腰酸腿痛，浑身出汗；到了后来，身子直晃悠，脑袋在发晕，眼前发黑，耳朵轰鸣。此时我只能咬紧牙关。我有时也背语录："下定决心，不怕牺牲，排除万难，去争取胜利！"我的潜台词是："下定决心，不怕苦痛，排除万难，去争取不要倒下！"你别说，有时还真有效。我坚持再坚持。到了此时，台上批斗者发言不管多么激昂慷慨，不管声音多么高，"打倒，打倒"的呼声不管多么惊天动地，在我听起来，只如隔山的轻雷，微弱悠远而已。

这样的经验，有过多次。自己觉得，并不保险。为了彻底解决，根本解决这个主要矛盾，我必须有点长久之计。我于是就想到锻炼双腿。我下定决心，每天站在阳台上进行锻炼。我低头弯腰，手不扶膝盖，完全是自觉自愿地坐喷气式。我心里数着数，来计算时间，必至眼花流汗而后止。这样的体育锻炼是古今中外所未有。如果我不讲出来，决不会有人相信，他们一定认为这是海外奇谈。今日回想起来，我真是欲哭无泪呀！

站在阳台上，还有另外一个作用。我能从远处看到来我家押解我去批斗或审讯的红卫兵。我脾气急，干什么事我都从来不晚到。对待批斗，我仍然如此。我希望批斗也能正点开始。至于何时结束，那就不是我的事了。

站在阳台上，还有意想不到的发现。有一天，我在"锻炼"之余，猛然抬头看到楼下小园内竹枝上坐着的麻雀。此时已是冬天，除了松柏翠竹外，万木枯黄，叶子掉得精光。几杆翠竹更显得苍翠欲滴。坐在竹竿上的几只小麻雀一动也不动。我的眼前一亮，立刻仿佛看到一幅宋画"寒雀图"之类。我大为吃惊，好像天老爷在显圣，送给我了一幅画，在苦难中得到点喜悦。但是，我稍一定神，顿时想到，这是什么时候我还有这样的闲情逸致。我的资产阶级修正主义思想真可谓顽固至极，说我"死不改悔"，我还有什么办法不承认呢？

类似这样的奇思怪想，我还有一些。每一次红卫兵押着我沿着湖边走向外文楼或其他批斗场所时，我一想到自己面临的局面，就不寒而栗。我是多么想逃避呀！但是茫茫天地，我可是往哪里逃呢？现在走在湖边上，想到过去自己常在这里看到湖中枯木上王八晒盖。一听到人声，通常是行动迟缓的王八，此时却异常麻利，身子一滚，坠入湖中，除了几圈水纹以外，什么痕迹都没有了。我自己为什么不能变成一只王八呢？我看到脚下乱爬的蚂蚁，自己又想到，我自己为什么不能变成一只蚂蚁呢？只要往草丛里一钻，任何人都找不到了。我看到天空中飞的小鸟，自己又想到，我自己为什么不能变成一只小鸟呢？天高任鸟飞，翅膀一展，立刻飞走，任何人都捉不到了。总之，是嫌自己身躯太大。堂堂五尺之躯，过去也曾骄傲过，到了现在，它却成了累赘，欲丢之而后快了。

这一些幻想毫无用处，自己知道。有用处的办法有没有呢？有的，那就是逃跑。我确实认真考虑过这一件事。关键是逃到什么地方去。逃到自己的家乡，这是最蠢的办法。听说有一些人这样做了。新北大公社认为这是犯了王法，大逆不道，派人到他的家乡，把他揪了回来，批斗得加倍的野蛮残酷。这一条路决不能走。那么逃到哪里去呢？我曾考虑过很多地方，别人也给我出过很多点子，或到朋友那里，或到亲戚那里。我确曾认真搜集过全国粮票，以免出门挨饿。最后，考虑来，考虑去，认为那些都只是幻想，有很大的危险，还是留在北大吧。这是一条最切实可走的路，然而也是最不舒服、最难忍受的路，天天时时提心吊胆，等候红卫兵来抓，押到什么地方去批斗。其中滋味，实不足为外人道也。

然而，忽然有一天，东语系公社的领导派人来下达命令：每天出去劳动。这才叫作"劳动改造"，简称"劳改"，没有劳动怎么能改造呢？这改变了我天天在家等的窘境，心中暂时略有喜意。

从今以后，我就同我在上面谈到的首先被批斗的老教授一起，天天出去劳动。仅在一年多以前"十年浩劫"初起时，在外文楼批斗这一位老教授，我当时还滥竽人民之内，曾几何时，我们竟成了"同志"。人世沧桑，风云变幻，往往有出人意料者，可不警惕哉！

我们这一对难兄难弟，东语系的创办人，今天同为阶下囚。每天八点到指定的地方去集合，在一个工人监督下去干杂活。十二点回家，下午两点再去，晚上六点回家。劳动的地方很多，工种也有变换，有时候一天换一个地方。我们二人就像是一对能思考会说话的牛马，在工人的鞭子下，让干什么干什么，半句话也不敢说，不敢问。据我从旁观察，从那时起，北大工人就变成了白领阶级，又好像是押解犯人的牢头禁子，自己什么活都不干，成了只动嘴不动手的"君子"。我颇有点腹诽之意。然而,工人是领导一切的阶级,我自己只不过一个阶下囚,我吃了老虎心豹子胆也不敢说三道四了。据我看,专就北京大学而论,这一场所谓"文化大革命",实际上是工人整知识分子的运动。在旧社会,教授与工人地位悬殊,经济收入差距也极大。有一些教授自命不凡,颇有些"教授架子",对工人不够尊重。工人心中难免蕴藏着那么一点怨气。在那时候他们也只能忍气吞声。新中国成立以后,情况变了。到了"十年浩劫",对某一些工人来说,机会终于来了。那一股潜伏的怨气,在某一些人鼓励煽动下,一股脑儿爆发出来了。在大饭厅批斗面壁而立时,许多响亮的耳光声,就来自某一些工人的巴掌与某一些教授的脸相接触中。我这些话,有一些工人师傅可能不肯接受。但我们是唯物主义者,要实事求是,事情是什么样子,就应该说它是什么样子。不接受也否认不了事实的存在。

我现在就是在一个工人监督下进行劳改。多脏多累的活,只要他的嘴一动,我就必须去干。这位工人站在旁边颐指气使。他横草不动,竖草不沾,就这样来"领导一切"。

这样劳动,我心里有安全感了没有?一点也没有。我并不怕劳动。但是这样的劳动,除了让我失掉锻炼双腿的机会而感到遗憾外,仍然要随时准备着,被揪去批斗,东语系或北大的某一个部门的头领们,一旦心血来潮,就会派人到我劳动的地方,不管这个地方多么远,多么偏僻,总能把我手到擒来。有时候,在批斗完了以后,仍然要回原地劳动。坐过一阵喷气式以后,劳动反而给我带来了乐趣,看来我真已成了不可雕的朽木了。

无论是走去劳动，还是劳动后回家，我绝不敢，也不愿意走阳关大道。在大道上最不安全。戴红袖章手持长矛的红卫兵，三五成群，或者几十成群，雄赳赳气昂昂地走在路上，大有"天上天下，唯我独尊"之概。像我这样的人，一看打扮，一看面色，就知道是"黑帮"分子。我们满脸晦气，目光呆滞，身上鹑衣百结，满是尘土，同叫花子差不多。况且此时我们早已成了空中飞鸟，任何人皆可得而打之。打我们一拳或一个耳光，不但不犯法，而且是"革命行动"，这能表现"革命"的义愤，会受到尊敬的。连十几岁的小孩都知道我们是"坏人"，是可以任意侮辱的。丢一块石头，吐几口吐沫，可以列入"优胜纪略"中的。有的小孩甚至拿着石灰向我们眼里撒。如果任其撒入，眼睛是能够瞎的。在这样的情况下，我们也不敢还口，更不敢还手。只有"夹着尾巴逃跑"一途。有一次，一个七八岁的小男孩手里拿着一块砖头，命令我："过来！我拍拍你！"我也只能快走几步，逃跑。我还不敢跑得太快，否则吓坏了我们"祖国的花朵"，我们的罪孽就更大了。我有时候想，如果我真成了瞎子，身上再被"踏上一千只脚"，那可真是如堕入十九层地狱，"永世不得翻身"了。

　　不敢走阳关大道怎么办呢？那就专拣偏僻的小路走。在"十年浩劫"期间，北大这样的小路要比现在多得多。这样的小路大都在老旧房屋的背后，阴沟旁边。这里垃圾成堆，粪便遍地，杂草丛生，臭气熏天。平常是绝对没有人来的。现在却成了我的天堂。这里气味虽然有点难闻，但是非常安静。野猫野狗是经常能够碰到的。猫狗的"政治觉悟"很低，完全不懂"阶级斗争"，它们不知道我是"黑帮"，只知道我是人，对人它们还是怕的。到了这个环境里，平常不敢抬的头敢抬起来了。平常不敢出的气现在敢出了，也还敢抬头看蔚蓝色的天空，心中异常的快乐。对这里的臭气，我不但不想掩鼻而过，还想尽量多留一会儿。这里真是我这类人的天堂。

但是，人生总是祸不单行的，天堂也决非能久留之地。有一天，我被押解着去拆席棚，倒在地上的木板上还有残留的钉子。我一不小心，脚踏到上面，一寸长的钉子直刺脚心，鞋底太薄，阻挡不住钉子。我只觉脚底下一阵剧痛，一拔脚，立即血流如注。此时，我们那个牢头禁子，不但对此毫不关心，而且勃然大怒，说："你们这些人简直是没用的废物！"所谓"无用的废物"，指的就是教授。这我和他心里都是明白的。我正准备着挨上几个耳光，他却出我意料大发慈悲，说了声："滚蛋吧！"我就乘机滚了蛋。我脚痛得无法走路，但又不能不走。我只能用一只脚正式走路，另一只是被拖着走的。就这样一瘸一拐地走回家来。我不敢进校医院，那里管事的都是公社派，见了我都会怒目而视，我哪里还敢自投罗网呢？看到我这一副狼狈相，家里的两位老太太大吃一惊，也是一筹莫展，只能采用祖传的老办法，用开水把伤口烫上一烫，抹点红药水，用纱布包了起来。下午还要去劳动。否则上边怪罪下来，不但我吃不消，连那位工人也会受到牵连。我现在不期望有什么人对我讲革命的人道主义，对国民党俘虏是可以讲的，对我则不行，我已经被开除了"人籍"，人道主义与我无干了。

此时，北大的两派早已开始了武斗。两派都创建了自己的兵工厂，都有自己的武斗队。兵器我在上面已经提到一点。掌权的公社派当然会阔气非凡。他们把好好的价值昂贵的钢管锯断，磨尖，形成了长矛，拿在手里，威风凛凛。井冈山物质条件差一点，但也拼凑了一些武器。每一派各据几座楼，相互斗争。每一座楼都像一座堡垒，警卫森严。我没有资格亲眼看到两派的武斗场面。我想，武斗之事性命交关，似乎应该十分严肃。但是，我被监工头领到学生宿舍区去清理一场激烈的武斗留下的战场。附近楼上的玻璃全被打碎，地上堆满了砖头石块，是两派交战时所使用的武器。我们的任务就是来清除这些垃圾。但是，我猛一抬头，瞥见一座楼的窗子外面挂满了成串的破鞋。我大吃一惊，继而在心里莞尔一笑。关于破鞋的故事，我上面已经谈过。老北大都知道破鞋象征着什么，它象征的就是那一位"老佛爷"。我真觉得这些年轻的大孩子顽皮到可爱的程度。把这兵戎大事变成一幕小小的喜剧。我脸上没有笑意已经很久很久，笑这个本能我好像已经忘掉了。不意今天竟有了想笑的意思。这在囚徒生活中是一个轻松的插曲。

但是，真正的武斗，只要有可能，我还是尽量躲开的。这种会心的微笑于无意中得之，不足为训。我现在是"猪八戒照镜子，里外不是人"。两派中哪一派都把我看作敌人。我若遇到武斗而躲不开的话，谁不想拿我来撒气呢？我既然凭空捡了一条命，我现在想尽力保护它。我虽然研究过比较自杀学，但是，我现在既不想自杀，也不想他杀。我还想活下去哩。

劳改初级阶段的情况，大体如此。

大批斗

日子就这样一天天地过去，时光流逝得平平静静。

但是我却一点平静都没有。我一天二十四小时都在提心吊胆中。不管是什么时候，也不管是什么地方，在家里，在劳动的地方，红卫兵一到，我立刻就被押解着到什么地方去接受批斗，同劳改前一模一样。因此，即使在一个非常僻远几乎是人迹不到的地方，只要远处红卫兵的红袖章红光一闪，我就知道，自己的灾星又到了。我现在已经变成了不会说话的牲畜，一言不发，一句不问，乖乖地被押解着走。走到什么地方去，只有天晓得。这种批斗同劳改前没有任何差别，都是"行礼如仪"，没有任何的花样翻新。喷气式我已经坐得非常熟练，再也不劳红卫兵用拳打脚踹来纠正我的姿势了。我在阳台上争分夺秒的锻炼也已取得出乎意料的成功，我坐喷气式姿势优美，无懈可击；双腿微感不适，再也没有酸痛得难忍难受之感了。对那些比八

……来没有研究过比较自然学。但是，我现在改入现自己，也不想改革。我还想活下去哩。

　　劳改初级阶段的情况，大体如此。

十一

大批斗

　　日子就这样一天天地过去，时走流逝得平平静静。

　　但是我却一点平静都没有。我一天二十四小时都在提心吊胆。不管是什么时候，也不管是什么地方，在家里，在劳动的地方，红卫兵一到，我立刻把被押解到什么地方去挨批斗，同以前一模一样。因此，即使在一个非常偏远几乎是人迹不到的地方，只要这处红卫兵的红袖章红走一闪，我就知道，自己的末日又到了。我现在已经变成了不会说话的牲畜，一言不发，一句不问，乖乖地被押解走。走到什么去，三有天晚上。这种批斗同以前没有任何差别，都是"行礼如仪"，没有任何的花样翻新。喷气式我已经坐得非常熟练，麻也不等红卫兵用拳打脚踢来纠正我的姿式了。我在阳台上单分夺秒的锻炼也已成得上手竟耕的成为，我坐喷气式姿势优美，无懈可击；对那一股风不适，身也稍有酸痛但难见难受之感了。对那

《牛棚杂忆·大批斗》手稿

股都不如的老一套胡说八道谎话连篇的所谓批判发言，我过去听得就不多，现在更是根本不去听，"只等秋风过耳边"了。总之，批斗一次，减少劳动一次，等于休息一次。我在批斗的炼狱中已经接近毕业，应该拿到批斗实践学的学士证书了。

可是，有时候红卫兵押着我不是去批斗，而是去审讯，地方都在外文楼，但不总是在一间屋子里。其中奥秘我不得而知。一进屋子，东语系公社的领导——恕我不知道他们是什么官职——一排坐在那里，面色严肃，不露一丝笑容，像法庭上的法官。我走进去，以为也要坐喷气式，但是，天恩高厚，只让我站在那里，而且允许抬头看人。我实在感到异常别扭。我现在已经成为《法门寺》的贾桂了。原来我在这种场合，态度很不好。自从由于态度不好而捡回一条命以后，我的态度好多了。我觉得，态度不好，一点用处也没有。他们审讯的主题往往是在抄走了我的几百万字的日记中，捕风捉影，挖出几句话，断章取义，有时还难免有点歪曲。我在洗耳恭听之余，有时候觉得他们罗织得过于荒谬，心中未免有点发火。这当然会影响我的态度，但是我尽量把心中的火压下去。在被抄走的几百万字的手稿和日记中，想用当时十分流行的形而上学的诬陷的方法挖出片言只字，进行歪曲是非常容易的。他们还一定要强迫我回答。不说不行，说又憋着一肚子气，而这气又必须硬压下去。这种滋味真难受呀！有时候我想，还不如坐在喷气式上，发言者的胡说八道可以不听，即使挨上几个耳光，也比现在这样憋气强。俗话说："这山望着那山高。"我难道说也是望着被批斗的那一座山高吗？

审讯我的人，不是东语系原来的学生，就是我亲手请进来的教员。我此时根本没有什么"忘恩负义"的想法。这想法太陈腐了。我能原谅他们中的大部分。他们同我一样，也是受了派性的毒害，以致失去评断是非的理智。但是，其中个别的人，比如一位朝鲜语教员，是公社的铁杆，对审讯我表现出反常的积极性，难道是想用别人的血染红自己的顶子，期望他的"女皇"对他格外垂青，飞黄腾达吗？还有一位印尼语教员，平常对我毕恭毕敬，此时也一反常态，积极得令人吃惊。原来他的屁股并不干净，解放前同进步学生为敌，参加过反苏游行。想以此来掩盖自己的过去。但狐狸尾巴是掩藏不住的，后来终于被人揭发，用资本主义的自杀方式去见上帝去了。

最令我感到不安，甚至感到非常遗憾的是一位阿拉伯语教员。这是一位很老实很正派的人，我们平常无恩无怨，关系还算是过得去的。现在他大概在东语系公社中并不是什么主要人物，被分配来仔细阅读我被抄的那一些日记和手稿。我比谁知道得都清楚，这是一件万分困难、万分无聊的工作。在摞起来可以高到一米多的日记和手稿中，寻求我的"反革命"的罪证，一方面很容易，可以任意摘出几句话来，就有了足够批斗我一次的资料。但在另一方面，如果一个字一个字地细读，那就需要有极大的耐心，既伤眼力，又伤脑筋。让我再读一遍，我都难以做到。然而这一位先生——我没有资格称他为"同志"——却竟然焚膏继晷，把全部资料都读完了，提供了不少批斗的资料。如果我是大人物，值得研究；如果他真有兴趣来研究"季羡林学"，那还值得。但我只是一个很平凡的人。读了那样多的资料，费了那么大的力量，对他来说不是白白浪费自己的生命吗？反过来说，如果他用同样大的力量和同样多的时间，读点阿拉伯语言、文学或文化的资料，他至少能写成一篇像样的论文，说不定还能拿到硕士学位，被提升一级哩。因此，我从内心深处同情他，觉得对他不起。可这是我能力以外的事，我有什么办法呢？

东语系对我的审讯，并不总是心平气和的，有时候也难免有点剑拔弩张。但是没有人打我耳光，我实在是非常感恩戴德了。

即使是这样，这种劳改、批斗和审讯三结合的生活，确也让我感到厌烦。我又有了幻想。我幻想能有一个救世主，大慈大悲，忽然大发善心，结束这一场浩劫，至少对像我这样无辜的人加恩，把我解放。我从来没有相信过任何教门，上帝，天老爷，佛爷，菩萨，我都不去祈祷。我想到的是我们国家领导人。在劳改、批斗之余，夜里在暗淡的灯光下，在十分不友好的气氛中——同一个单元住的一位太太早已把我看作"敌人，反革命分子"，不但不正眼看我一眼，而且还鼓动我们家两位老太太，同我划清界限。我们的老祖直截了当地告诉她说："我们还靠他吃饭哩！"——我伏案给我们的国家领导人写信，妄想世间真会出现奇迹。但是世间怎会出现奇迹呢？世间流传的是："'文化大革命'七八年一次，一次七八年"。我写这些信，等于瞎子点灯，白费一支蜡。我却一厢情愿，痴心妄想，妄想有一天一睁眼，"文化大革命"结束，我这个鬼再转变成人。那该有多么好呀！在弥漫宇宙仿佛凝固起来的黑暗中我隐隐约约从"最高楼"（陈寅恪先生有诗曰："看花愁近最高楼"）上看到流出来的一线光明。然而最终证明，这只是一片海市蜃楼，转瞬即逝。我每天仍然是劳改、批斗、审讯。

就是在家里，不劳改，不批斗，不审讯，日子也过得不得安生。同住一单元的要同我划清界限的那一位太太，我在上面已经谈过几句了。但是麻烦还不止这一些。她逼我把存在他们屋中的据说北京只有一张的红木七巧桌和大沙发搬出来。我真是进退两难。我现在只剩下堆满了东西的一大间和一小间房子。这些大家伙往哪里放呢？楼下存书的车库，抄家之后，一片狼藉，成了垃圾堆，我看都不忍看。沙发和七巧桌无论如何也是搬不进去的。火上加油，楼下住的一位女教员还贴出小字报，要我把书搬出车库。我此时一个朋友也没有，谁都视我如瘟神，我向谁求援呢？我敢走出去吗？我好像是乌江边上四面楚歌的项羽。幸亏我已经研究过比较自杀学，我决不自刎。我还要活下去。但是活下去又怎样呢？我真已经走到了山穷水尽了。

但是来的却不是"柳暗花明又一村"，而是更大的灾难。

我劳改了整整 1968 年的一个春天。此时大地重又回春。大自然根本不理会什么"文化大革命"，依旧繁花似锦，姹紫嫣红，燕园成了一片花海。人人都喜欢春天，而我又爱花如命。但是，到了此时，我却变成了一个色盲，红红绿绿，在我眼睛里统统都成了灰色。

但是，在另一方面，烂漫的春光却唤醒了"革命家"的"革命"热情。新北大公社的头子们谨遵"一年之计在于春"的古训，决定使自己的工作水平再提高一步，着重发明创造，避免故步自封，想出了一套崭新的花样。对象当然还是这百十口子囚徒。他们之中是否有真正想"革命"的，我说不准。但是，绝大多数，如果不是全体的话，却绝对是以虐待别人来取乐的。人类的劣根性，过去被掩盖住，现在完全"解放"了。他们可以为所欲为了。我在这里顺便着声明几句：在北大几千名工人中，在北大上万名学生中，参加这个活动的只是极少数。他们平常就是一些调皮捣蛋、耍奸卖滑、好吃懒做、无巧不沾的类似地痞流氓的人物。现在天赐良缘，得到了空前的千金难买的好机会，可以施展自己的本领了。

1968 年 5 月 4 日，五四运动的纪念日，中国规定的青年节，我们这一批囚徒一个个从家中被押解到了煤厂。提起煤厂，真正是大大的有名。顾名思义，这里是贮存煤炭的地方，由一群工人管理。在"文化大革命"分派时期，里面的工人碰巧都是拥护"老佛爷"的。运煤工人当然个个都是身强体壮的彪形大汉，对付煤块他们有劲；对付我们这一批文弱书生，他们的劲有极大的剩余。他们打一个耳光或踢上一脚，少说也抵得上《水浒传》里的黑旋风和花和尚。具体的感受不可言宣，只有我们这些人的骨肉才说得清楚。特别是浩劫第一阶段重点在批走资派的那一阶段在煤厂劳改过的"走资派"，一提到煤厂，无不不寒而栗，谈虎色变，简直像谈到国民党的渣滓洞一样。

现在我们这一批囚徒又被押到这里来了。我仔细看了一下，不是所有的囚徒，而是"择优录取"，或是"优化组合"，选了一批特别"罪大恶极"的。其中有"第一张马列主义大字报"点了名的陆平和彭珮云等等。我们每一个人的脖子上都被戴上了一块十几斤重的大木板，上面写着自己的名字。我们被命令坐在地上，谁也不敢出声。我估计批斗的时间不会短的。为了保险起见，先请求允许到便所去一趟。路颇远，我仍然挂着木牌，嘀里当啷，跟跟跄跄，艰难跋涉，到了目的地，赶快用超人的速度完成任务，回去坐在地上待命。我心里直打鼓，谁知道，这是一阵什么样的风暴呢？

　　时间终于到了，虽然不是午时三刻，然而滋味也差不多。只听到远处一声大喝："把他们押走！"于是上来了一大堆壮士，每两个对付一个囚犯，方式没有改变，双臂被拧到背后，脖子上还有两只粗壮的手。走了很长的路，才到了我依稀认出的当时的学三食堂。从左边的门进去，排成一行，坐上了喷气式。这里没有讲台，主持人和发言者也都站在平地上一张桌子的后面。我只瞥见我的右手是彭珮云。其余的人的排列顺序就看不清了。行礼一切如仪。先是声震屋瓦的"打倒"声，大概每一个囚犯都打倒一遍。然后恭读语录，反正仍然是那一套"革命不是请客吃饭"等等。接着是批判发言。说老实话，我一个字都没有听见，我一个字也不想听到，那一套胡说八道，我已经听够了，听腻了。我只听到发言者为了对什么人表示忠诚，发言时声嘶力竭，简直成了号叫。这对我毫无影响，对这些东西我的神经已经麻木了。我最关心的是希望批斗赶快结束。我无法看表，大概当时手表是没有戴的。我在心里默默地数着数：一二三四五六七八，一直数下去，数到了二三千了，耳边狼嚎之声仍然不断。可我这双经过锻炼的腿实在有点吃不消了，眼里也冒出了金星，脑袋里昏昏沉沉，数也数不下去了。斜眼一看，彭珮云面前的地上已经被头上流下来的汗水滴湿。我自己面前怎样，我反而没有注意。此时，只觉得脖子上的木牌越来越重，挂牌子的铁丝越来越往肉里面扎。我处于半昏迷的状态之中。

又过了不知多久，耳边只听得一声断喝："把他们都押出去！"我知道，仪式结束了。但是同上一次大饭厅的批斗一样，仪式并没有完全结束。"老鼠拉木锨，大头还在后面"。我被押出了学三食堂，至少有三个学生或工人在"服事"我。双臂被弯到背上，脖子上不知道有几只手在卡住，头当然抬不起，连身子也站不直。就这样被拖到马路上。两旁有多少人在"欣赏"，我说不出来，至少比在大饭厅批斗时还要多。只听得人声嘈杂，如夏夜的蚊声。这又是一次游斗；但是比上次的速度可要快多了。我身上有那么多累赘，又刚坐过喷气式。要让我自己走路，我是走不这么快的。于是我身旁的年轻人就拖着我走，不是架着，好像拖一只死狗。我的鞋在水泥马路和石头上同地面磨擦。鞋的前头已经磨破，磨透，保护脚趾的袜子当然更不值得一磨，于是脚趾只好自己出马。这样一来，其结果如何，概可想见。当时是否流了血，自己根本无法知道，连痛的感觉都一点也没有。小石块又经常打在头上。我好像已经失去知觉，不知道自己是在人间,还是在梦中。自己被拖到什么地方,走的哪一条路,根本不知道。看样子好像已经拖到了大饭厅。不知道怎样一来,又被拖了回来。几个人把我往地上一丢。我稍一清醒,才知道自己躺在煤厂门外。

这一次行动真是非同小可。比上几次的批斗和游斗都不一样。我已经完全筋疲力尽,躺在地上再也爬不起来。头脑发昏,眼睛发花,耳朵里嗡嗡作响,心里怦怦直跳。在蒙眬中感觉到脚指头流出了血,刺心的痛。我完全垮了。此时,周围一下子静了下来,批斗的人走了,欣赏者也兴尽到什么地方去吃饭了。抬眼看到身旁还有两个人:一个是张学书,一个是王恩涌。宇宙间好像只剩下我们三个被批斗者。他俩比我年轻,身体也结实。是他们俩把我扶了起来,把我扶回了家。这种在苦难中相濡以沫的行动,我三生难忘。

太平庄

　　我原以为，或者毋宁说是希望，在大批斗以后，能恩赐两天的休息时间。我实在支持不住了。

　　然而"造反派"的脾气却不是这样。

　　他们要趁热打铁。

　　就在大批斗的第二天，我们一百多号"黑帮分子"接到命令，到煤厂去集合，而且要带上行李。我知道又出了新花样，还不晓得要把我们带到什么地方去哩。我心里真不是滋味，觉得非常凄凉。当我扛着行李走在那一条倚山傍湖的曲径上时，迎面遇到前一阵被当作走资派批斗过的姓胡的经济系教授。他虽然还没有"解放"，仍然是一脸晦气；但他毕竟用不着到煤厂去集合了。在我当时的眼中，他已是神仙中人，真让我羡煞。

　　我战战兢兢地走进了煤厂。对我们"反革命分子"来说，这里是非常令人发怵的地方，无异于阎王殿。昨天的记忆犹新，更增加了我的恐怖感。我走了进去，先被领到一个墙外的木牌子下面，低头弯腰，站在那里。这是第一个下马威。我随时准备着脸上、头上、肩上、背上、脚上，被打上几个耳光，挨上几拳，被踢上几脚。然而，这些都没有发生。我觉得这十分反常，心里很不踏实，很不舒服。觉得这不一定是吉兆，其中暗藏着杀机。然而我又不能虔心请求，恩赐几个耳光，那样我才会觉得正常，觉得舒服。我只有把这痛苦的不安埋在自己心中。

　　过了一会儿，我们这一群"黑帮"被命令排成两列纵队。一个新北大公社学生模样的人，大模大样，右手执钢管制成的长矛一根。开口训话，讲了一大篇歪理。我们现在没有坐喷气式，能够清清楚楚地听懂他说的话。其中警句颇为不少，比如："你们这一群王八蛋，你们的罪恶，铁证如山，谁也别梦想翻案！"他几次抖动手里的长矛，提高声音说："老子的长矛是不吃素的！"这一点我最清楚，而且完全相信。因为他们的长矛确实曾吃过几次人肉了，其中包括校外一个中学生的肉。我现在只希望，他们这吃肉的长矛不要吃到我身上来。当时杀死一个"黑帮"等于杀死一只苍蝇，不但不会受到法律制裁——哪里还有什么法律！——反而会成为"革命行动"。在训话的同时，有人就从我们黑帮队伍中拖出几个人去，一个耳光或用脚一踹，打倒在地，然后几个人上去猛揍一顿，鼻青脸肿，一声不敢吭，再回到队伍中。这是杀鸡给猴看的把戏，我是懂得的。我只是不知道他们拖人的原则，生怕自己也被拖出去，心里吓得直打哆嗦。我幸而只是猴子，没有成鸡。

杀鸡的把戏要完，"黑帮"们在长矛队的押解下，排队登上了几辆敞篷车，开往十三陵附近的北大分校，俗称二百号。路上大约走了一个小时。到了以后，又下车整队，只能有一辆车开往我们此行的目的地，也就是我们劳改的地方太平庄。从二百号到太平庄，还有四五里路是要步行的。可是在列队时，我们几个年老的"黑帮"被叫出队列。这次不是要杀鸡给猴看了，而是对我们加以优待。我们可以乘车到太平庄，其余的人都要步行。这次天恩高厚，实在出我意外。你能说人家一点人道主义也没有吗？我实在真是受宠若惊了。

　　到了太平庄以后，我们被安排在一些平房里住下。我不知道，这些平房是干吗用的。现在早已荒废不用。门窗几乎没有一扇是完整的。屋里到处布满尘土，木板床上也积了很厚的土。好在我们此时已经不再像人。什么卫生不卫生，已经同我们无关了。每屋住四个"黑帮"，与我同屋的有东语系那一位老教授，还有我非常熟悉的国政系的一位姓赵的教授。他好像是从走资派起一直到资产阶级反动学术权威，"全程陪同"，一步没缺。我们都是熟人；但没有一个人敢吭上一声，敢笑上一笑。我们都变成了失掉笑容不会表情的木雕泥塑。我们都从"人"变成了"非人"。这也算是一种"异化"吧。

　　我此时关心的绝不是这样的哲学问题，就只是想喝一点水。我从早晨到现在滴水没有入口。天气又热，又经过长途跋涉，渴得难以忍受。我木然坐在床板上，心里想的只是

　　水　水　水。

如果我眼前有一点水的话，不管是河水、湖水，还是海里的水、坑里的水，甚至臭沟里的水，我一定会埋头狂饮。我感觉到，人生最大的幸福就是能有水喝。我梦想，"时来运转风雷动"，我一旦被"解放"，首先要痛痛快快地喝一通水。如果能有一瓶冰镇啤酒，那就会赛过玉液琼浆了。

　　"水，水，水"，我心里想。

　　但是一滴水也看不到。

　　我忽然想到在大学念书时读过的英国浪漫诗人柯勒律治（Coleridge）的《古舟子咏》（Ancient marines），其中有一行是：

Water，water，everywhere（水，水，到处都有）。

　　这里指的是海水。到处有水，却是咸的，根本没法子喝。我此时连咸水也看不到，我眼前只有一片干黄的尘土。同古舟子正相反，我是：

Water，water，nowhere（水，水，无处有水）。

　　我坐在那里，患了思水狂。恍恍惚惚，不知待了多久。

　　此地处在燕山脚下，北倚大山，南面是纵横交错的田畴。距离居民聚居的太平庄，还有一段路。实际上它孤立在旷野之中。然而押解我们到这里来的革命小将和中将，对于这个风景宜人宛如世外桃源的地方，却怕得要命。他们大概害怕，人数远远

125

超过他们的黑帮会团结起来举行暴动。所以在任何时候，在任何地方，他们都是手持长矛。他们内心是胆怯的。其实我们这一群手无缚鸡之力的中老年知识分子，哪里还能有什么暴动的能力和勇气呢？我们只是虔心默祷上苍，愿不吃素的长矛不要刺到我们身上，我们别无所求，别无所图。看了他们这种战战兢兢的神气，心里觉得非常可笑。

到了夜里，更是戒备森严，大概是怕我们逃跑，试问在旷野荒郊中我们有逃跑的能力和勇气吗？也许是押解人员真正心慌。他们传下命令：夜里谁也不许出门，否则小心长矛！如果非到厕所去不行，则必须大声喊："报告！"得到允许，才能行动。有一天夜里，我要小便，走出门来，万籁俱寂，皓月当空。我什么人都看不到，只好对空高呼："报告！"在黑影里果然有了人声："去吧！"此人必然是长矛在手，但是我没有见到人影。

我们是来劳动改造的。劳动是我们的主课。第二天早晨，我们就上了半山，课程是栽白薯秧。按说这不是什么累活。可是我拖着带伤的身体，跪在地上，用手栽秧，感到并不轻松。但是我仍然卖劲地干，一点不敢懈怠。可是我头上猛然挨了一棒，抬头看到一个一手执长矛一手执棒的押解人员，他厉声高喊："季羡林！你想挨揍吗？！"我不想挨揍，只好低下头，用出吃奶的力气来干活，手指头磨出了血。

此地风光真是秀美。当时是初夏，桃花、杏花早已零落；但是周围全是树林，绿树成荫，地上开满了各种颜色的小花。

如锦绣一般。再往上看，是高耸入云的山峰。在平常时候，这样美妙的大自然风光，必然会引起我的兴趣，大大地欣赏一番。但是此时，我只防备头上的棒子，欣赏山水的闲情逸致连影儿都没有了。也许真是积习难除，在满身泥污、汗流浃背的情况下，我偶一斜眼，瞥见苍翠欲滴的树林，心里涌起了两句诗：

栽秧燕山下

慊然见绿林

当年陶渊明是"悠然见南山"。我此时却是"悠然"不起来的，我只能"慊然"。大自然不关心人间的阶级斗争，不管人间怎样"黄钟毁弃，瓦釜雷鸣"，它依然显示自己的美妙。我不"慊然"能行吗？

我干了几天活以后，心理的负担，身体的疲劳，再加上在学校大批斗时的伤痕，我身心完全垮了。睾丸忽然肿了起来，而且来势迅猛，直肿得像小皮球那样大，两腿不能并拢起来，连站都困难，更不用说走路。我不但不能劳动，连走出去吃饭都不行了。押解人员大发慈悲，命令与我同住的那一位东语系的老教授给我打饭，不让我去栽秧，但是不干活是不行的，安排我在院子里捡砖头石块，扔到院子外面去。我就裂开双腿，爬在地上，把砖石捡到一起，然后再爬着扔到院子外面。此时，大队人马都上了山，只有个别的押解人员留下。不但院子里寂静无声，连院子外面，山脚下，树林边，田畴上，小村中也都是一片静寂。静寂铺天盖地压了下来，连几里外两人说话的声音都能听到。久住城市的人无法领会这种情景。我在仿佛凝结了起来的大寂静中，一个人孤独地在地上爬来爬去。我不禁"念天地之悠悠，独怆然而泪下"了。

又过了两天，押解人员看到我实在难熬，睾丸的肿始终不消，便命令我到几里外的二百号去找大夫。那里驻有部队，部队里有医生。但是郑重告诫我：到了那里一定要声明自己是"黑帮"。我敬谨遵命，裂开两腿，夹着一个像小球似的睾丸，蜗牛一般地爬了出去。路上碰到"黑帮"难友马士沂。他推着小车到昌平县去买菜。他看到我的情况，再三诚恳地要我上车，他想把我推到二百号。我吃了豹子心老虎胆也不敢上车呀！但是，他这一番在苦难中的真挚情意，我无论如何也是忘不了的。

我爬了两个小时，才爬到二百号。那里确实有一个解放军诊所。里面坐着一个穿军服的医生。他看到了我，连忙站起来，满面春风地要搀扶我。我看到他军服上的红领章，这红色特别鲜艳耀眼，闪出了异样的光彩。这红色就是希望，就是光明，就是我要求的一切。可是我必须执行押解人员的命令。我高声说："报告！我是'黑帮'！"这一下子坏了。医生脸上立刻晴转阴，连多云这个阶段都没有。我在他眼中仿佛是一个带艾滋病毒的人，连碰我一下都不敢，慌不迭地连声说："走吧！走吧！"我本来希望至少能把我的睾丸看上一眼，给我一点止痛药什么的。现在一切都完了，我眼前的红色也突然暗淡下来。我又爬上了艰难的回程。

人类忍受灾难和痛苦的能力，简直是没有底儿的，简直是神秘莫测的。过了几天，我一没有停止劳动，二没有服任何药，睾丸的肿竟然消了。我又能够上山干活了。此时，白薯秧已经栽完。押解人员命令我同东语系那一位老教授上山去平整桃树下的畦。我们俩大概算是一个劳动小分队，由一名押解人员率领，并加以监督。他是东语系阿拉伯语教员。论资排辈，他算是我们的学生。但现在是押解人员，我们是阶下囚，地位有天壤之别了。就我们这两个瘦老头子，他还要严加戒备，手执长矛，威风凛凛，宛如四大天王中的一个天王。这地方比下面栽白薯秧的地方，更为幽静，更为秀美。但是我哪里有心去欣赏呢？

我们的生活——如果还能算是"生"，还能算是"活"的话——简单到不能再简单。吃饭的地方在山脚下，同我们住的平房群隔一个干涸的沙滩。这里房子整洁，平常是有人住的。厨房就设在这里。押解人员吃饭坐在屋子里，有桌有椅，吃的东西也不一样。我们吃饭的地方是在房外的草地上，树根下；当然没有什么桌椅。吃的东西极为粗糙，粗米或窝头，开水煮白菜，炸油饼等算是珍馐，与我们绝对无缘。我们吃饭不过是为了维持性命。除了干活和吃饭睡觉外，别的任何活动都没有。

但是，我们也有特殊的幸福之感：这里用不着随时担心被批斗。批斗我们的单位都留在校内了。在这里，除了偶尔挨上一棒或一顿骂之外，没有喷气式可坐，没有胡说八道的批斗发言。这对我们来说已是最大的幸福。

我们真希望长期待下去。

自己亲手搭起牛棚

但是，我们的希望又落了空。

造反派的脾气我们还没有摸着。

有一天，接到命令：回到学校去。我们在太平庄待的时间并不长，反正不到一个月。

返校就返校吧。反正我们已是"瘸子掉在井里，扶起来也是坐"，到什么地方去都一样。太平庄这二十来天，我不知道，在虐待折磨计划中占什么地位。回来以后，我也不知道，他们还会想出什么花样来继续虐待和折磨我们。

到了学校，下车的地点仍然是渣滓洞阎罗殿煤厂。临走时给我们训话的那一个学生模样的公社头子，又手执长矛，大声训了一顿话。第二天，我们这一群黑帮就被召到外文楼和民主楼后面的三排平房那里去，自己动手，修建牛棚，然后再请君入瓮，自己住进去。

130

东西极为粗糙，糙米或窝头，开水煮白菜，炼油饼等算是珍馐，与我们绝的无缘。我们吃饭不过是为了维持生命。除了干活和吃饭睡觉外，别的任何活动都没有。

但是，我们也有特殊的幸福之感：这里面不用随时担心挨批斗。据说我们的单位都当在校内斗。在这里除了偶尔挨上一棒头一顿骂之外，揪的喷气式可坐，没有椿杖小将的批斗吓官，这对我们来说已是最大的幸福。

我们只希望能永蔓发期长下去。

十三

自己亲手搭起牛棚

但是，我们的希望又落了空。

这反派的脾气我们还没有摸着。

有一天，忽到命令：回到学校去。我们在大于庄呆的时间并不长，还达不到一个月。

这校欢返校吧。反正我们已是稀子挎在牛里，挟起来也是挎，到什么地方去都一样。大于庄还二十来天了，我不知道，在怎样折腾计划中占什么地位。回来以后，我也不知道。他们还会想出什么能样来糟蹋虐待折磨我们。

到了学校。大事还也不像概是搬到洞简罗锻事厂。临走时能我们训话的那一个学生模样的公社大干，又亲来导，大声训了一顿话。

这几排平房我是非常熟悉的。我从家里到外文楼办公室去，天天经过这里。我也曾在这里上过课。房子都是简陋到不能再简陋的程度。屋顶极薄，挡不住夏天的炎阳。窗子破旧，有的又缺少玻璃，阻不住冬天的寒风。根本没有暖气。安上一个炉子，也只能起"望梅止渴"的作用。地上是砖铺地，潮湿阴冷。总之，根据我在这里上课的经验，这个地方毫无可取之处。

然而今天北大公社的头子们却偏偏选中了这块地方当作牛棚，把我们关在这里。牛棚的规模是，东面以民主楼为屏障，南面以外文楼为屏障，西面空阔的地方，北面没有建筑的地方，都用苇席搭成墙壁，遮了起来。在外文楼与民主楼之间的空阔处，也用苇席围起，建成牛棚的大门。我们这一群"牛"们，被分配住在平房里，男女分居，每屋二十人左右，每个人只有躺下能容身之地。因为久已荒废，地上湿气霉味直冲鼻官。监改者们特别宣布："老佛爷"天恩，运来一批木板，可以铺在地上挡住潮气。意思是让我们感恩戴德。这样的地方监改者们当然是不能住的。他们在民主楼设了总部，办公室设在里面，有的人大概也住在那里。同过去一样，他们非常惧怕我们这一群多半是老弱的残兵。他们打开了民主楼的后门，直接通牛棚。后门内外设置了很多防护设施，还有铁蒺藜之类的东西，长矛当然也不会缺少。夜里重门紧闭，害怕我们这群"黑帮"会起来暴动。这情况令人感到又可笑又可叹。在西边紧靠女牢房的地方搭了一座席棚，原名叫外调室。后来他们觉得这不够"革命"，改名为审讯室。在这里确审讯过不少人，把受审者打得鼻青脸肿的事情，也经常发生。在外文楼后面搭了一座大席棚，后来供囚犯们吃饭之用。

"黑帮"大院的建筑规模大体上就是这样。这里由于年久失修，院子里坑坑洼洼，杂草丛生，荒芜不堪。现在既然有我们这一批"特殊"的新主人要迁入。必须大力清扫，斩草铺地。这工作当然要由我们自己来做。监改人员很有韬略，指挥若定。他们把我们中少数年富力强者调了出来，组成了类似修建队的小分队，专门负责这项工作。其余的老弱残兵以及一些女囚徒则被分配去干其他的活。工地上一派生气勃勃的劳动气氛。同任何工地不同之处则是，这里没有一个人敢说说笑笑，都是囚首丧面，是过去在任何时候、任何地方都没有见过的劳动大军。

我原来奉命在今天考古楼东侧的一排平房（平房现在已经拆掉）的前面埋柱子，搭席棚。先用铁锹挖土成坑，栽上木桩，再在桩与桩之间架上木柱，搭成架子，最后在架子上钉上苇席，有一丈多高，人们是无法爬出来的。原来是毫无阻拦的通道，现在则俨然成了铁壁铜墙，没有人胆敢跨越一步了。

席棚搭完，我又被调到审讯室去，用铁锹和木棍把地面捣固，使之平整。我们被调去的人，谁也不敢偷懒耍滑。我们都是鼓足干劲，力争上游。并不是因为我们的觉悟特别高。我们只害怕有意外的横祸飞临自己头上。这时候，监改人员手里都不拿着长矛了，同在太平庄时完全不同。也许是因为太平庄地处荒郊野外，而此处则是公社的大本营，用不着担心了。我们心里也清楚：虽然他们手里没有长矛，但大批的长矛就堆在他们在民主楼内的武器库中，不费吹灰之力就可以拿到手的。而且他们现在手中都执有木棒。他们的长矛是不吃素的，他们的木棒也不会忌荤的。

我的担心并没有错。西语系教法语的一位老教授，当时岁数总在古稀以上。他眼睛似乎有点毛病，神志好像也不那么清醒，平常时候就给我以痴呆的印象。他大概是没有到太平庄去经受大的洗礼；在被批斗方面，他也没有上过大的场面，有点闭目塞听，不知道天高地厚，没有长矛不吃素的感性认识。现在也被调来用铁锹捣地。在干活的时候，手中的铁锹停止活动了一会儿。他哪里知道，监改人员就手执木棒站在他身后。等到背上重重挨了一棒，他才如梦方醒，手里的铁锹又运转起来了。这可能算是一个小小的插曲。插曲一过，天下太平，小小的审讯室里响彻铁锹砸地的声音，激昂而又和谐，宛如某一个大师的交响乐了。

劳改大院终于就这样建成了。

落成之后，又画龙点睛，在大院子向南的一排平房子的墙上，用白色的颜料写上了八个大字：横扫一切牛鬼蛇神，每一个字比人还高，龙飞凤舞，极见功力。顿使满院生辉，而且对我们这一群牛鬼蛇神极有威慑力量，这比一百次手执长矛的训话威力还要大。我个人却非常欣赏这几个字，看了就心里高兴，窃以为此人可以入中国书谱的。我因此想到，在"文化大革命"中，写大字报锻炼了书法，打人锻炼了腕力，批斗发言锻炼了诡辩说谎，武斗锻炼了勇气。对什么事情都要一分为二。你能说"十年浩劫"一点好处都没有吗？

　　此外，我还想到，鲁迅先生的话是万分正确的，他说中国是文字之国。这种做法古已有之，于今为烈。汉朝有"霄寐匪祯，扎闼宏庥"，翻成明白的话就是"夜梦不祥，出门大吉"。只要把这几个字往门上一写，事情就"大吉"了。后来这种文字游戏花样繁多，用途极广，什么"进门见喜"、"吉祥如意"等等，到处可见。连中国的鬼都害怕文字，"泰山石敢当"是最好的例子。中国进入社会主义阶段以后，此风未息。"为人民服务"五个字，很多地方都能看到。好像只要写上这五个字，为人民服务的工作就已完成。至于服不服务，那是极其次要的事情了。现在我们面临的"横扫一切牛鬼蛇神"，也属于这种情况。八个字一写，我们这一群牛鬼蛇神，就仿佛都被横扫了。何其简洁！何其痛快！

　　从此以后，我们这一群囚徒就生活在这八个大字的威慑之下。

牛棚生活

我们亲手把牛棚建成了，我们被"请君入瓮"了。

牛棚里面也是有生活的。有一些文学家不是宣传过"到处有生活"吗？

但是，现在要来谈牛棚生活，却还非常不容易，"一部十七史，不知从何处说起"。我考虑了好久，忽然灵机一动，我想学一学过去很长时间内在中国史学界最受欢迎，几乎被认为是金科玉律的"以论带史"的办法，先讲一点理论。但是我这一套理论，一无经可引，二无典可据，完全是我自己通过亲身体验，亲眼观察，又经过深思熟虑，从众多的事实中抽绎出来的。难登大雅之堂，是可以肯定的。但我自己则深信不疑。现在我不敢自秘，公之于众，这难免厚黑之诮、老王卖瓜之讽，也在所不顾了。

我的理论是什么呢？一言以蔽之，可名之为"折磨论"。我觉得，"革命小将"在"文化大革命"中自始至终所搞的一切活动，不管他们表面上怎样表白，忠于什么什么人呀，维护什么什么路线呀。这些都是鬼话。要提纲挈领的话，纲只有一条，那就是：折磨人。这一条纲贯彻始终，无所不在，无时不在，左右一切。至于这一条纲的心理基础，思想基础，我在上面几个地方都有所涉及，这里不再谈了。从"打倒"抄家开始，一直到劳改，花样繁多，令人目迷五色，但是其精华所在则是折磨人。在这方面，他们也有一个进化的过程。最初对于折磨人，虽有志于斯，但经验很少，办法不多。主要是从中国过去的小说杂书中学到了一点。我在本书开头时讲到的《玉历至宝钞》，就是一个例子。此时折磨人的方式比较简单、原始、生硬、粗糙，并不精美、完整。比如打耳光，用脚踹之类，大概在原始社会就已有了。他们不学自通。但是，这一批年轻勤奋好学，接受力强，他们广采博取，互相学习，互相促进。正如在战争中武器改良迅速，在"文化大革命"中，折磨人的方式也是时新日异，无时不在改进、丰富中。往往是一个学校发明了什么折磨人的办法，比电光还快，立即流布全国，比如北大挂木牌的办法，就应该申请专利。结果是，全国的"革命造反派"共同努力，各尽所能，又集中了群众的智慧，由粗至精，由表及里，由近及远，由寡及众，折磨人的办法就成了体系，光被寰宇了。如果有机会下一次再使用时，那就方便多了。

我的"论"大体如此。

这个"论""带"出了什么样的"史"呢？

这个"史"头绪繁多。上面其实已经讲了一些。现在结合北大的"牛棚"再来分别谈上一谈。据我看，北大"黑帮"大院的创建就是理论联系实践的结果。

下面分门别类来谈。

正名

孔子曰："必也正名乎。名不正则言不顺。"我们这一群被抄家、被"打倒"的罪犯应该怎样命名呢？这是"革命"的首要任务。我们曾被命名为"黑帮"。但是，这是老百姓的说法，其名不雅驯。我们曾被叫作"王八蛋"；但是，此名较之"黑帮"，更是"斯下矣"。我们曾被命名为"反革命分子"。这确实是一个"法律语言"；不知为什么，也没有被普遍采用。此外还有几个名，也都没有流行起来。看来这个正名的问题，一直没有妥善地解决。现在"黑帮"大院已经建成了，算是正规化了，正名便成了当务之急。我们初搬进大院来的时候，每一间屋的墙上都贴着一则告示，名曰"劳改人员守则"。里面详细规定了我们必须遵守的规矩，具体而又严厉。样子是出自一个很有水平的秀才之手。当时还没有人敢提倡法治。我们的"革命"小将真正是得风气之先，居然订立出来了类似法律的条款，真不能不让我们这些被这种条款管制的人肃然起敬了。

但是，俗话说："智者千虑，必有一失"。我们这些小智者也有了"一失"，失就失在正名问题上。《劳改人员守则》贴出来大概只有一两天就不见了，换成了《劳改罪犯守则》。把"人员"改为"罪犯"，只更换了两个字，然而却是点铁成金。"罪犯"二字何等明确，又何等义正词严！让我们这些人一看到"罪犯"

二字，就能明确自己的法律地位，明确自己已被打倒，等待我们的只是身上被踏上一千只脚，永世不得翻身了。我们这一群从来也不敢造反的秀才们，从此以后，就戴着罪犯的帽子，小心翼翼，日日夜夜，都如临深渊，如履薄冰，把我们全身，特别是脑袋里的细胞，都万分紧张地调动到最高水平，这样来实行劳改。

我有四句歪诗：

大院建成，
乾坤底定。
言顺名正，
天下太平。

我们的住处

关于我们的住处，我在上面已经有所涉及。现在再简略地谈一谈。

"罪犯们"被分配到三排平房中去住。

这些平房，建筑十分潦草，大概当时是临时性的建筑，其规模比临时搭起的棚子略胜一筹。学校教室紧张的时候，这里曾用作临时教室。现在全国大学都停课闹革命已经快两年了。北大连富丽堂皇的大教室都投闲置散，何况这简陋的小屋？所以里面尘土累积，蛛网密集，而且低矮潮湿，霉气扑鼻。此地有老鼠、壁虎，大概也有蝎子。地上爬着多足之虫，还有土鳖，以及其他许许多多的小动物，总之，低矮潮湿之处所有的动物，这里应有尽有。实际上是无法住人的。但是我们此时已经被剥夺了"人"籍，我们是"罪犯"。让我们在任何地方住，都是天恩高厚。我们还敢有什么奢望！

最初几天，我们就在湿砖地上铺上席子，晚上睡在上面，席子下面薄薄一层草实在挡不住湿气。白天苍蝇成群，夜里蚊子成堆。每个人都被咬得遍体鳞伤，奇痒难忍。后来，运来了木头，席子可以铺在木头上了。夜里每间房子里还发给几个蘸着敌敌畏的布条，悬挂在屋内，据说可以防蚊。对于这一些"人道"措施，我们几乎要感激涕零了。

这时候，比起太平庄来，劳动"罪犯"的队伍大大地扩大了，至少扩大了一倍。其中原因我们不清楚，也不想清楚，这同我们有什么关系呢？我观察了一下，陆平等几个"钦犯"，最初并没有关在这里，大概旁处还有"劳改小院"之类，这事我就更不清楚了。有一些新面孔，有的过去在某个批斗会上见过面，有一些则从没有见过面，大概是随着"阶级斗争"的深入发展，新"揪"出来的。事实上，从入院一直到大院解散，经常不断地有新"罪犯"参加进来。我们这个大家庭在不断扩大。

日常生活

牛棚里有了《劳改罪犯守则》，就等于有了宪法。以后虽然也时常有所补充，但大都是口头的，没有形诸文字。这里没有"劳改罪犯"大会，用不着什么人通过。好在监改人员——我不知道这是不是官方的称呼？——出口成法，说什么都是真理。

在"宪法"和口头补充法律条文的约束下，我们的牛棚生活井然有序。早晨六点起床，早了晚了都不允许。一声铃响，穿衣出屋，第一件事情就是绕着院子跑步。监改人员站在院子正中，发号施令。在我的记忆中，他们很少手执长矛，大概是觉得此地安全了。跑步算不算体育锻炼呢？按常理说，是的。但是实际上我们这一群"劳改罪犯"，每天除了干体力活以外，谁也不允许看一点书，我们的体育锻炼已经够充分的了，何必再多此一举？再说我们"这一群王八蛋"已经被警告过，我们是铁案如山，谁也别想翻案。我们已经罪该万死，死有余辜，身体锻炼不锻炼完全是无所谓的。唯一的合理解释就是我发现的"折磨论"。早晨跑步也是折磨"罪犯"的一种办法。让我们在整天体力劳动之前，先把体力消耗净尽。

跑完步，到院子里的自来水龙头那里去洗脸漱口。洗漱完，排队到员二食堂去吃早饭。走在路上，一百多人的浩浩荡荡的队伍，个个垂头丧气，如丧考妣。根据口头法律，谁也不许抬头走路，谁也不敢抬头走路。有违反者，背上立刻就是一拳，或者踹上一脚。到了食堂，只许买窝头和咸菜，油饼一类的"奢侈品"，是绝对禁止买的。当时"劳动罪犯"的生活费是每月十六元五角，家属十二元五角。即使让我买，我能买得起吗？靠这一点钱，我们又怎样"生"，怎样"活"呢？餐厅里当然有桌有凳；但那是为"人"准备的，我们无份。我们只能在楼外树底下，台阶上，或蹲在地上"进膳"。中午和晚上的肉菜更与我们无关，只能吃点盐水拌黄瓜，清水煮青菜之类。整天剧烈的劳动，而肚子里却滴油没有。我们只能同窝头拼命,可是我们又哪里去弄粮票呢?这是我继在德国挨饿和所谓"三年困难时期"之后的第三次堕入饥饿地狱。但是,其间也有根本性的区别:前两次我只是饿肚子而已,这次却是在饿肚之外增加了劳动和随时会有皮肉之苦。回思前两次的挨饿宛如天堂乐园可望而不可即了。

早饭以后,回到牛棚,等候分配劳动任务。此时,我们都成了牛马。全校的工人没有哪个再干活了,他们都变成了监工和牢头禁子。他们有了活,不管是多脏多累,一律到劳改大院来,要求分配"劳改罪犯"。这就好比是农村生产队队长分配牛马一样。分配完了以后,工人们就成了甩手大掌柜的,在旁边颐指气使。新中国成立后的北大工人阶级,此时真是踌躇满志了。

还有一件最最重要的事情,无论如何也是不能忘记的。在出发劳动之前,我们必须到树干上悬挂的黑板下,抄录今天要背诵的"最高指示"。这指示往往相当长。每一个"罪犯",今天不管是干什么活,到哪里去干活,都必须背得滚瓜烂熟。任何监改人员,不管在什么场合,都可能让你背诵。倘若背错一个字,轻则一个耳光,重则更严厉的惩罚。现在,如果我们被叫到办公室去,先喊一声:"报告!"然后垂首肃立。监改人员提一段语录的第一句,你必须接下去把整段背完。倘若背错一个字,则惩罚如上。有一位地球物理老教授,由于年纪实在太老了,而且脑袋里除了数学公式之外,似乎什么东西也挤不进去。连据说有无限威力的"最高指示"也不例外。我经常看到他被打得鼻青脸肿,双眼下鼓起两个肿泡。我颇有兔死狐悲之感。

背语录有什么用处呢？也许有人认为，我们这些"罪犯"都是花岗岩的脑袋瓜，用平常的办法来改造，几乎是不可能的。"革命家"于是就借用了耶稣教查经的办法，据说神力无穷。但是，我很惭愧，我实在没有感觉出来。我有自己的解释，这解释仍然是我发明创造的"折磨论"。我一直到今天还认为，这是唯一合理的解释。监改人员自己也不相信，"最高指示"会有这样的威力，他们自己也并背不熟几条语录。连向"罪犯"提头时，也往往出现错误。有时候他提了一个头，我接着背下去，由于神经紧张，也曾背错过一两个字；但监改人员并没有发现。我此时还没有愚蠢到"自首"的地步，蒙混过了关。我如真愚蠢到起来"自首"，那么监改人员面子不是受到损害了吗？那后果就不堪设想了。

从此，我们就边干活，边背语录。身体和精神都紧张到要爆炸的程度。

至于我参加的劳动工种，那还是非常多的。劳动时间最长的有几个地方。根据我现在的回忆，首先是北材料厂。这里面的工人都属于新北大公社一派，都是拥护"老佛爷"的。在"劳改罪犯"中，也还是有派别区分的。同是"罪犯"，而待遇有时候会有不同。我在这里，有两重身份，一是"劳改罪犯"，二是原井冈山成员。因此颇受到一些"特殊待遇"，被训斥的机会多了一点。我们在这里干的活，先是搬运耐火砖，从厂内一个地方搬到小池旁边，码了起来。一定要码整整齐齐，否则会塌落下来。耐火砖非常重，砸到人身上，会把人砸死的。我们"罪犯们"都知道这一点，干起活来都万分小心谨慎。耐火砖搬完，

143

又被分配来拔掉旧柱子和旧木板上的钉子。干这活，允许坐在木墩子上，而且活也不累，我们简直是享受天福了。厂内的活干完了后，又来到厂外堆建房用的沙堆旁边，去搬运沙子，从一堆运到另一堆上。在北材料厂我大概干了几个星期。我在这里还要补充说明几句，在这里干活的只是"罪犯"的一小部分。其余的人都各有安排，情况我不清楚，我只好略而不谈了。

我从北材料厂又被调到学生宿舍区去运煤。现在是夏天，大汽车把煤从什么地方运到学校，卸在地上，就算完成任务。我们的任务是把散堆在地上的煤，用筐抬着，堆成煤山，以减少占地的面积。这个活并不轻松，一是累，二是脏。两个老人抬一筐重达百斤以上的煤块或煤末，有时还要爬上煤山，是非常困难的。大风一起，我们满脸满身全是煤灰。在平常时候这种地方我们连走进都不会的。然而此时情况变了。我们已能安之若素。什么卫生不卫生，更不在话下了。同我长时间抬一个筐的是新中国成立前在燕京大学冒着生命危险参加地下工作的穆斯林老同志，趁着监督劳动的工人不在眼前的时候，低声对我说："我们的命运看来已经定了。我们将来的出路，不外是到什么边远地区劳改终生了。"这种想法是有些代表性的。我自己何尝不是这样想呢？

以后，我的工种有过多次变化。我曾随大队人马到今天勺园大楼的原址稻田的地方去搬过石头，挖过稻田。有一次同西语系的一位老教授被分配跟着一个工人，到学生宿舍三十五楼东墙外面去修理地下水管。这次工人师傅亲自下了手，我们两个老头只能算是"助教"，帮助他抬抬洋灰包，递递铁锹。这位工人虽然也绷着脸，一言不发。但是对我们一句训斥的话都没有说过。我心里实在是铭感五内。"十年浩劫"以后，我在校园里还常见到他骑车而过，我总是用感激的眼光注视着他的背影渐渐消逝。

此外，我还被分配到一些地方去干活，比如修房子，拔草之类，这里不一一叙述了。

既然叫作"劳改"，劳动当然就是我们主要的生活内容。不管是在劳动中，还是在其他活动中，总难避开同监改人员打交道。见了他们，同在任何地方一样，我们从不许抬头，这已经是金科玉律。往往我们不知道，站在面前谈话的是什么人。但是对方则一张口就用上一句"国骂"，这同美国人见面时说"hello！"一样，不过我们只许对面的人说而已。监改人员用的词汇很丰富，除了说"妈的"以外，还说"你这混蛋！"、"你这王八蛋！"等等，词彩丰富多了。如果哪个监改人员不用"国骂"开端，我反而觉得非常反常，非常不舒服了。

晚间训话

我先郑重声明一句：这是劳改监改人员最伟大的最富有天才的发明创造。

在我上面谈"劳改罪犯"的日常生活时，曾谈过监改人员在管理"劳动罪犯"时的许多发明创造。这些监改人员，除了个别职员和一些工人以外，有一多半是学生。这些学生平常学习成绩怎样，我说不清楚。但在管理劳改大院时的表现，我作为一个老师，却不能不给他们打很高的分数。过去我们的教学颇多脱离实际的地方。这主要由教学制度负责，我们当教员的也不能辞其咎。在劳改大院里，他们是完全联系实际的，他们表现出来的才能是多方面的：组织的才能，管理的才能，训话的才能，说歪理诡辩的才能，株连罗织的才能，等等，简直说也说不完。再加上他们表现出来的果断和勇气，说打人伸手就打，抬脚就踢，丝毫也不游移迟疑，我辈老师实在是望尘莫及。

但是，他们发明创造的天才表现得最最突出的地方，却是晚间训话。

什么叫"晚间训话"呢？每天晚上，吃过晚饭，照例要全体"罪犯"集合，地点在两排平房之间的小院子里。每天总有一个监改人员站在队列前面训话，这个人好像是上边来的，不是我们在大院里常碰到的那些人，他大概是学校公社的头子之一。这个训话者常换人，个中详情我说不清楚。训话的内容，每天不同。因为它的目的不在讲大道理，而大道理是没有多少的，讲大道理必然每天重复。他们的训话是属于"折磨学"的，是这一门学问的实践。训话者每天主要做法是抓小辫子，而小辫子我们满头都是，如果真正没有，他们还可以栽在你头上嘛。小辫的来源大体上有两个：一个是白天劳动时一些芝麻绿豆大的小事；一个是我们每天的书面思想汇报中一些所谓"问题"。我们劳动都是非常兢兢业业的，并不是由于我们"觉悟"高，而是由于害怕拳打脚踢。但是，欲加之罪，何患无辞，说不定哪一个"棚友"今天要倒霉，让监改人员看中了。到了晚间训话时，就给你来算账。至于写书面的思想汇报，那更是每天的重要工作。不管我们怎样苦思苦想，细心推敲，在中国这个文字之国，这个刀笔师爷之国，挑点小毛病是易如反掌的。中国历史上这类著名的例子多如牛毛。清朝雍正皇帝就杀过一个大臣，原因是他把"朝乾夕惕"，为了使文章别开生面，写成了"夕惕朝乾"。这二者其实是一样的，都是"颂圣"之句。然而"龙颜大怒"，结果丢掉了脑袋。我们监改人员的智商要比封建皇帝高多了。他们反正每天必须从某个"罪犯"的书面汇报中挑点小毛病。不管是谁，只要被他们选中，晚间训话时就倒了大霉。

晚间训话的程序大体上是这样的。"罪犯"们先列队肃立，因为院子不大，排成四行。监改人员先点名。这种事情我一生经历多了，没有留下什么深刻的记忆。只有一件极小极小的小事，却给我留下了毕生难忘的回忆，就是我将来见了阎王爷，也不会忘记的。有一位西语系的归国华侨教授，年龄早过了花甲，而且有重病在身，躺在床上起不来。不知道是用什么东西把他也弄到"黑帮"大院里来。他行将就木，根本不能劳动，连吃饭都起不来。就让他躺在床上"改造"。他住的房子门外就是晚间训话"罪犯"们排队的地方。每次点名，他都能听到自己的名字。此时就从屋中木板上传出来一声："到!"声音微弱、颤抖、苍老、凄凉。我每次都想哭上一场。这声音震动了我的灵魂!

其他"罪犯"站在这一间房子的门外，个个心里打鼓。说不定训话者高声点到了谁的名字，还没有等他自己出队，就有两个年轻力壮的监改人员，走上前去，用批斗会上常用的方式，倒剪双臂，拳头按在脖子上，押出队列，上面是耳光，下面是脚踢。清脆的耳光声响彻夜空。更厉害的措施是打倒在地，身上踏上一两只脚——一千只脚是踏不上的，这只不过是修辞学的夸大而已，用不着推敲，这也属于我所发现的"折磨论"之列的。

这样的景观大概只有在"十年浩劫"中才能看到。我们不是非常爱"中国之最"吗？有一些"最"是颇有争议的；但是，我相信，这里绝无任何争议。因此，劳改大院的晚间训话的英名不胫而走，不久就吸引了大量的观众，成为北大最著名的最有看头的景观。简直可以同英国的白金汉宫前每天御林军换岗的仪式媲美了。每天，到了这个时候，站在队列之中，我一方面心里紧张到万分，生怕自己的名字被点到；另一方面在低头中偶一斜眼，便能看到席棚外小土堆上，影影绰绰地，隐隐约约地，在暗淡的电灯光下，在小树和灌木的丛中，站满了人。数目当然是数不清的。反正是里三层外三层的人不在少数。这都是赶来欣赏这极为难得又极富刺激性的景观的。这恐怕要比英国戴着极高的黑帽子，骑在高头大马上的御林军的换岗难得得多。这仪式在英国已经持续了几百年，而在中国首都的最高学府中只持续了几个月。这未免太煞风景了。否则将会给我们旅游业带来极大的经济效益。

还有一点十分值得惋惜的是，我们晚间训话的棚外欣赏者们，没有耐性站到深夜。如果他们有这个耐性的话，他们一定能够看到比晚间训话更为阴森森的景象。这个景象连我们这个大院里的居民都不一定每个人都能看到。偶尔有一夜，我出来小解，我在黑暗中看到院子里一些树下都有一个人影，笔直地站在那里，抬起两只胳臂，向前做拥抱状。实际上拥抱的只是空气，什么东西都没有。我不知道，我们这几个棚友已经站在那拥抱空虚有多久了。对此我没有感性认识，我只觉得，这玩意儿大概同喷气式差不多。让我站的话，站上一刻钟恐怕都难以撑住。棚友们却不知道已经站了多久了，更不知道将站到何时。我们棚里的居民都知道，在这时候，什么话也别说，什么声也别出。我连忙回到屋里，在梦里还看到一些拥抱空虚的人。

离奇的规定

在"黑帮"大院里面，除了有《劳改罪犯守则》这一部宪法以外，还有一些不成文法或者口头的法规。这我在上面已经说过几句。现在再选出两个典型的例证来说上一说。

这两个例证：一是走路不许抬头，二是坐着不许跷二郎腿。

我虽不是研究法律的学者，但是在许多国家待过，也翻过一些法律条文；可是无论在什么地方也没有看到或者听到一个人走路不许抬头的规定。除了生理上的歪脖子以外，头总是要抬起来的。

但是，在北京大学的劳改大院里，牢头禁子们却规定"罪犯"走路不许抬头。我不知道，他们是怎样想出这个极为离奇的规定来的。难道说他们读到过什么祖传的秘典？或者他们得到了像《水浒》中说的那种石碣文？抑或是他们天才的火花闪耀的结果？这些问题我研究不出来。反正走路不许抬头，这就是法律，我们必须遵守。

除了在个人的牢房里以外，在任何地方，不管是在院内，还是在院外，抬头是禁止的。特别在同牢头禁子谈话的时候，绝对不允许抬头看他一眼的。如果哪一个"罪犯"敢于这样干，那后果真是不堪设想。轻则一个耳光，重则拳打脚踢，甚至被打翻在地。因此，我站在牢头禁子面前，眼光总是落在地上，或者他的脚上，再往上就会有危险。他们穿的鞋，我观察得一清二楚，面孔则是模糊一团。在干活时，比如说抬煤筐，抬头是可以的。因为此时再不允许抬头，活就没法干了。有一次，我们排队去吃饭，不知道由于什么原因，我稍稍抬了一下头，时间最多十分之一秒。然而押送我们到食堂的监改人员立即做狮子吼："季羡林！你老实点！"我本能地期望着脸上挨一耳光，或者脚上挨一脚。幸而都没有，我从此以后再也不敢不"老实"了。

至于跷二郎腿，那几乎是人人都有的一个习惯。因为这种姿势确实能够解除疲乏。但是在劳改大院里却是被严厉禁止的。记得在什么书上看到有关袁世凯的记载，说他一生从来不跷二郎腿，坐的时候总是双腿并拢，威仪俨然。这也许是由于他是军人，才能一生保持这样坐的姿势。我们这一群"劳改罪犯"都是平常的人，不是洪宪皇帝，怎么能做得到呢？

还有一件不大不小的事情，我想在这里提一提。我在上面已经说到过，我们"罪犯"们已经丢掉了笑的本领。笑本来是人的本能，怎么竟能丢掉了呢？这个"丢掉"，不是来自"劳改宪法"，也不是出自劳改监督人员的金口玉言，而是完全"自觉自愿"。试问，在打骂随时威胁着自己的时候，谁还能笑得起来呢？劳改大院里也不是没有一点笑声的，有的话，就是来自牢头禁子的口中的。在寂静如古墓般的大院中，偶尔有一点笑声，清脆如音乐，使大院顿时有了生气。然而，这笑声会在我们心中引起什么感觉呢？别人我不知道，在我耳中心中，这笑声就如鸱鸮在夜深人静时的狞笑，听了我浑身发抖。

设置特务

这一群年轻的牢头禁子们，无师自通，或者学习外国的"盖世太保"或克格勃，以及国民党的"中统"或"军统"，也学会了利用特务，来巩固自己的统治。他们当然绝不会径名之为"特务"，而称之为"汇报人"。每一间牢房里都由牢头禁子们任命一个"汇报人"。这个"汇报人"是根据什么条件被选中的？他们是怎样从牢头禁子那里接受任务？对我们这些非"汇报人"的"罪犯"来说，都是极大的秘密。据我的观察，"汇报人"是有一些特权的。比如每星期日都能够回家，而且在家里待的时间也长一点。我顺便在这里补充几句。"罪犯"们中有的根本不允许回家。有的隔一段比较长的时间可以回家，有的每个星期日都能够回家。这叫作"区别对待"。决定的权力当然都在牢头禁子手中。"汇报人"既然享受特权，"士为知己者用"。他们必思有以报效，这就是勤于"汇报"。鸡毛蒜皮，都要"汇报"，越勤越好。有的"汇报人"还能看风使舵。哪一个"罪犯""失宠"于牢头禁子，他就连忙落井下石，以期得到更大的好处。我还观察到，有一天，某一间屋子里的"汇报人"在一个牢头禁子面前，低头弯腰，"汇报"了一通，同房的某一个"罪犯"立刻被叫了出去，拖到一间专供打人用的房间里去了。其结果我无法亲眼看到，但是完全可以想象了。

应付外调

所谓"外调"，是一个专用名词，意思就是从外地外单位向劳改大院的某一个"罪犯"调查本地本单位某一个人——他们那里是不是也叫"罪犯"？这个称呼也许是北大的专利——的"罪行"。当时外调人员满天飞。哪一个单位也不惜工本，派人到全国各地，直至天涯海角，深入穷乡僻壤，调查搜罗本单位有问题人员的罪证，以便罗织罪名，把他打倒在地，让他永世不得翻身。拿我自己来讲。我斗胆开罪了那一位"老佛爷"。她的亲信们就把我看作"眼中钉"，大卖力气，四处调查我的"罪行"。后来我回老家，同村的儿童时的朋友告诉我说，北大派去的人一定要把我打成地主。他把他们（大概是两个人）狠狠地教训了一顿，说："如果讲苦大仇深要诉苦的话，季羡林应是第一名！"第一次夹着尾巴跑了。听口气，好像还去过第二次。我上面已经说到，在抄家时，他们专把我的通信簿抄走，好按照上面的地址去"外调"。北大如此，别的单位也不会两样。于是天下滔滔者皆外调人员矣。

我被关进"劳改大院"以后，经常要应付外调人员。这些人也是三六九等，很不相同。有的只留下被调查人的姓名，我写完后，交给监改人员转走。有的要当面面谈，但态度也还温文尔雅，并不吹胡子瞪眼。不过也有非常野蛮粗鲁的。有一天，山东大学派来了两个外调人员，一定要面谈。于是我就被带进审讯室，接受我家乡来人的审讯了。他们调查的是我同山大一位北京籍的国文系教授的关系。我由此知道，我这位朋友也遭了难。如果我此时不是"黑帮"的话，对他也许能有一点帮助。但我是自身难保，对他是爱莫能助了。我这个新北大公社的"罪犯"，忽然摇身一变，成了山东大学的"罪犯"。这两位仁兄拍桌子瞪眼，甚至动手扯头发，打人；用脚踹我。满口山东腔，"如此乡音真逆耳"，我想到吴宓先生的诗句。我耳听粗蛮重浊而又有点油滑的济南腔，眼观残忍蛮横的面部表情，我真恶心到了极点。山东济南的"国骂"同北京略有不同，是用三个字："我日妈！"这两个汉子满嘴使用着山东"国骂"，迫我交代，不但交代我同那位教授的"黑"关系，而且还要交代我自己的"罪行"。来势之迅猛，让我这久经疆场的老"罪犯"也不知所措，浑身上下流满了汗。一直审讯了两个钟头，看来还是兴犹未尽。早已过了吃午饭的时间。连北大的监改人员都看不下去了，觉得他们实在有点过分，干脆出面干涉。这两位山东老乡才勉强收兵，悻悻然走掉了。我在被折磨得筋疲力尽之余，想到的还不是我自己，而是我的那位朋友："碰到这样蛮横粗野没有一点人味的家伙，你的日子真够呛呀！"

连续批斗

被囚禁在牛棚里，每天在监改人员或每天到这里要人的工人押解下到什么地方去劳动。我一下子就想到农村中合作化或人民公社时期生产队长每天向农民分配耕牛的情景。我们现在同牛的差别不大。牛只是任人牵走，不会说话，不会思想；而我们也是任人牵走，会说话而一声不敢吭而已。

但是劳动并不是我们现在唯一的生活内容，换句话说，并不是唯一的"改造"手段。我们不总是说"劳动改造"吗？我一直到现在，虽然经过了多年的极为难得的实践，我却仍然认为，这种"劳动改造"只能改造"犯人"的身体，而不能改造思想，改造灵魂。它只能让"犯人"身上起包，让平滑的皮肤上流血，长疤；却不能让"犯人"灵魂中不怒气冲冲。劳动不行怎么办呢？济之以批斗。在劳动改造以前，是批斗单轨制。劳动改造以后，则与批斗并行，成了双轨制。批斗我在上面已经谈到，它也只能用更猛烈、更残酷的手段把"犯人"的身体来改造，与劳改伯仲之间而已。

但是劳改与批斗二者之间还是有区别的。如果让我辈"罪犯"选择的话，我们都宁愿选取前者。可惜我们选择的权利一点都没有。因此，我们虽然身居劳改大院，仍然必须随时做好两手准备。即使我们已经被分配好跟着工人到什么地方去干活了，心里也并不踏实。说不定什么时候，也说不定哪一个单位，由于某一个原因——其中并不排除消遣取乐的原因——，要批斗我们"罪犯"中的某一个人了。戴红袖章的公社红卫兵立即奉命来"黑帮大院"中押人，照例是雄赳赳气昂昂地，找到大院的"办公厅"。由负责人批准批斗。过了或长或短的时间，被批斗者回来了。无人不是垂头丧气，头发像乱草一般。间或也有人被打得鼻青脸肿。

至于有多少人这样被押出去批斗，我没有法子统计。反正每天都有。我自己在大院中，从某种意义上来讲，是"要犯"。我作为一个原井冈山的勤务员，反对了那一位"老佛爷"，这就罪在不赦。从大院中被押出去批斗的机会也就特别多。我每天早饭之后，都在提心吊胆，怕被留下，不让出去劳动。我此时简直是如坐针毡，度秒如年，在牢房里，坐立不安。想到"棚友"们此时正在某处干活，自由自在，简直如天上人。等待着自己的却是一场说不定是什么样的风暴。押解我的红卫兵一走进大院，监改人员就把我叫到对着劳改大院门口的一座苇席搭成的屏风似的东西前面——屏风上有许多字，我现在记不清是什么了——，低头弯腰，听候训示："季羡林！好好地去接受批斗！"好像临行时父母嘱咐孩子："乖乖的不要淘气！"在这期间，我被押去批斗的地方很多，详细情形我不讲了。每次反正都是"行礼如仪"。先是震天的"打倒"的口号，接着是胡说八道、胡诌八扯的所谓批斗发言。紧张的时候，也挨上两个耳光。最后又在"打倒"声中一声断喝："把季羡林押下去！"完了，礼仪结束了。我回到大院，等于回到自己家里，大概也是垂头丧气，头发像乱草一般。

1968年6月18日大批斗

我在上面谈到过北京大学"文化大革命"的历史。1966年6月18日，第一次斗"鬼"。因为我当时还不是"鬼"，没有资格上斗鬼台，只是躺在家中，听到遥远处闹声喧天而已。1967年6

月18日，此时这个日期已经被规定为"纪念日"，又大规模地斗了一次"鬼"。因为我仍然没能争取到"鬼"的资格，幸免于难。

到了1968年6月18日，我已经被打成了"鬼"，并已在黑帮大院中住了一个多月。今年我有资格了，可以被当"鬼"来斗了。但是，这也是一个沉重的灾难，是好久没有过的了。一大早，本院的牢头禁子们就忙碌上了。也不知道是根据什么原则来进行"优化组合"。并不是每一个"棚友"都能得到这个一年一度极为难得的机会。在列队出发的时候，我发现只有少数人参加。东语系的"代表"只有二人：我和那一位老教授。押解我们的人，不是本院的监改人员，而是东语系派来的一位管电化教育的姓张的老工作人员。由此也许可以推断，这次斗鬼的出席人员是由各系所单位确定的。这一位姓张的老同事，见了我们，不但不像其他同等地位人员那样，先"妈的！""混蛋"骂上一通，而且甚至和颜悦色。我简直有点毛骨悚然，非常不习惯。我们这一伙"罪犯"，至少是我，早已觉得自己不是人了。一旦被人当人来看待，反而觉得"反常"。这位姓张的老同事使我终生难忘。

但是，那些"斗鬼者"却完全不是这个样子。这些人是谁，我不知道。我不敢抬头，不但路旁的人我看不清，也不敢看。连走什么道路也看不清。只是影影绰绰地被押出"黑帮"大院，看到眼前的路是走过临湖轩和俄文楼，沿斜坡走上去的。当时现在的大图书馆还根本没有，只有一条路通向燕南园和哲学楼。我们大概就是顺着这一条林荫马路，被押解到哲学楼一带地方。不知道在什么地方，也不清楚是用什么方式，批斗了一番之后，就押解回"府"。我没有记得坐很久的喷气式,也不记得有人针对我做什么批斗发言。我的印象是,混乱一团。我只听到人声鼎沸,间以"打倒"之声。也许是各个系所单位分头批斗的。我自己好像梦中的游魂,稀里糊涂地低头弯腰,向前走去,"前不见古人,后不见来者",我只感觉到,不但前后有人,而且左右也有人,好像连上下都有人,弥天盖地,到处都是人。我能够看到的却只有鞋和裤子。在"打道回府"的路上,我感觉到周围的人似乎更多了,人声也更嘈杂了,砖头瓦块打到身上的更多了。我现在已经麻木,拳头打在身上,也没有多少感觉。回到"黑帮"大院以后,脱下衬衣,才发现自己背上画上了一个大王八,衣襟被捆了起来,绑上了一根带叶的柳条。根据我的考证,这大概就算是狗尾巴吧。平常像阎罗王殿一样的"黑帮"大院,现在却显得异常宁静、清爽,简直有点可爱了。

痛定思痛,我回忆了一下今天大批斗的过程。为什么会这样热闹而又隆重呢?小小的批斗,天天都有,到处都有。根据心理学的原理,越是看惯的东西,就越不能引起兴趣。那些小批斗已经是"司空见惯浑无事"了。今天的大批斗却是一年才一次的大典,所以就轰动燕园了。

棚中花絮

这里的所谓"花絮",同平常报纸上所见到的大异其趣。因为我一时想不出更恰当的名称,所以姑先借用一下。我的"花絮"指的是同棚难友们的一些比较特殊的遭遇,以及一些琐琐碎碎的事情，都是留给我印象比较深的。虽是小事，却小中见大，颇能从中窥探出牛棚生活的一些特点。又由于大家都能了解的原因，我把人名一律隐去。知情者一看就知道是谁，用不着学者们再写作《〈牛棚杂忆〉索隐》这样的书。

1. 图书馆学系一教授

这位教授做过北京图书馆的馆长，是国内外知名的图书馆学家和敦煌学家。我们早就相识，也算是老朋友了。这样的人在"十年浩劫"中难以幸免，是意中事。我不清楚加在他头上的是些什么莫须有的罪名。他被批斗的情况，我也不清楚。不知道是怎样一来，我们竟在牛棚中相会了。反正我们现在早已都变成了哑巴，谁也不同谁说话。幸而我还没有变成瞎子，我还能用眼睛观察。

在牛棚里，我辈"罪犯"每天都要写思想汇报。有一天，在著名的晚间训话时，完全出我意料，这位老教授被叫出队外，一记清脆响亮的耳光声在他脸上响起，接着就是拳打脚踢，一直把他打倒在地，跪在那里。原来是他竟用粗糙的手纸来写思想汇报，递到牢头禁子手中。在当时那种阴森森的环境中，我一点开心的事情都没有。这样一件事却真大大地让我开心了一通。我不知道，这位教授是出于一时糊涂，手边没有别的纸，只有使用手纸呢？还是他吃了豹子心老虎胆，有意嘲弄这一帮趾高气扬，天上天下，唯我独尊的牢头禁子？如果是后者的话，他简直是视这一般手操生杀大权的丑类如草芥。可以载入在旧社会流行的笔记中去了。我替他捏一把汗，又暗暗地佩服。他是牛棚中的英雄，为我们这一批阶下囚出了一口气。

2. 法律系一教授

这位教授是一个老革命干部，在抗日战争以前就参加了革命。他的生平我不清楚。他初调到北大来时，曾专门找我，请我翻译印度古代著名的法典《摩奴法论》。从那时起，我们就算是认识了。以后在校内外开会，经常会面。他为人随和、善良，具有一个老干部应有的优秀品质。我们很谈得来。谁又能料得到，在"十年浩劫"中，我们竟有了"同棚之谊"。

在"黑帮"大院里，除非非常必要时，"黑帮"们之间是从来不互相说话的。在院子里遇到熟人，也是各走各的路，各低各的头，连眼皮都不抬一抬。我同这位教授之间的情况，也并不例外。

有一天，是一个礼拜天，下午被牢头禁子批准回家的"罪犯"，各个按照批准回棚的时间先后回来了。我正在牢房里坐着，忽然看到这一位老教授，在一个牢头禁子的押解下，手中举着一个写着他自己名字的牌子，走遍所有的一间间的牢房，一进门就高声说："我叫某某某，今天回来超过了批准的时间，奉命检讨，请罪！"别的人怎么样，我不知道。我却是毛骨悚然，站在那里，不知所措。

3. 东语系一个女教员

她是东语系教蒙古语的教员。为人耿直，里表如一，不会虚伪。"文化大革命"一起，不知道是什么人告密，说她是国民党三青团的骨干分子。这完全是捕风捉影的无稽之谈，根本缺乏可靠的材料，也根本没有旁证。大概是因为她对北大那一位女野心家不够尊敬，莫须有的"罪名"浸浸乎大有变成"罪行"之势。当我同东语系那一位老教授被勒令劳动的时候，最初只有我们两个人，在学校东门外的一个颇为偏僻的地方，捡地上的砖头石块，有一个工人看管着我们。有一天，忽然这一位女教员也去了。我有点困惑不解。我问她，是不是系革委会命令她去的？她回答说："不是。""既然不是，你为什么自己来呢？""人家说我有罪，我就有了有罪的感觉。因此自动自愿地来参加劳动改造了。"她这种逻辑真是匪夷所思。"其愚不可及也。"这是我心中的一闪念。我对于这种类似耶稣教所谓"原罪"的想法，觉得十分奇怪，十分不理解。由此完全可以看出她这个人的为人。但是，在我当时的处境中，自己是专政的对象，"只准规规矩矩，不准乱说乱动。"我敢说什么呢？

如此过了一些时候。等我们被押解到太平庄去劳动的时候，"罪犯"队伍里没有她。这是理所当然的。焉知祸不单行，古有明训。等我们从太平庄回来自建牛棚自己进驻以后，最初也没有看到她。这也是理所当然的，我自己心里想。但是，忽然有一天，已经是傍晚时分，从"黑帮"大院门外连推带搡地推进一个新的"棚友"来，我低头斜眼一看：正是那一位女教员。我这一惊可真不小。我原以为她已经平安过了关。用不着再自投罗网，"鱼目混珠"了。现在，"胡为乎来哉！"她怎么到这阎王殿来了呢？这次看样子绝不是自动自愿的，而是被押解了来的。尽管我心里胡思乱想，然而却一言不发，视而不见。

有一个牢头禁子问她：

“你叫什么名字？”

“××华。”

“哪一个‘华’呀？”

“中华民国的‘华’。”

这一下子可了不得了！一个“反革命罪犯”竟敢在威严神圣的、代表“聂”记北大革委会权威的劳改大院中，在光天化日众目睽睽下为“中华民国”张目，是可忍，孰不可忍！简直是胆大包天，狂妄至极！非严惩不可！立即给戴上了“现行反革命分子”的帽子，拳足交加，打倒在地。不知道是哪一个有天才的牢头禁子，忽然异想天开，把她带到一棵树下。这棵树长得有点奇特：有一枝从主干上长出来的枝干，是歪着长的。她被命令站在这个枝干下面，最初头顶碰到树干。牢头禁子下令：

“向前一步走！”

她遵令向前走了一步。此时她的头必须向后仰。又下了一个口令：

“向前一步走！”

此时树干越来越低，不但头必须向后仰，连身子也必须仰了。但是，又来了一个口令：

“向前一步走！”

此时树干已极低。她没有练过马戏，腰仰着弯不下去。这时口令停了。她就仰着身子，向后弯着站在那里。这个姿势她连一分钟也保持不了。在浑身大汗淋漓之余，软瘫在地上。结果如何，用不着我讲了。我觉得，牢头禁子把折磨人的手段提高到一个新的水平。然而，这一位女教员却是苦矣。

一夜折磨的情况，我不清楚。第二天早晨起来，我看到她面部浮肿，两只眼睛下面全是青的。

4. 生物系党总支书记

我在北大搞了几十年的行政工作，校内会很多。因此，我早就认识这一位总支书记。我们可以算是老朋友了。

"文化大革命"一开始，他在劫难逃，是天然的"走资派"。所以在第一阵批走资派的大风暴中，他就被揪了出来。第一个"六一八斗鬼"，他必然是参加者之一。在这一方面，他算是老前辈了。

不知道是什么缘故，拥护那位"老佛爷"的"造反派"，生物系特别多。在"黑帮"大院的牢头禁子中，生物系学生也因而占绝对优势。我可是万没有想到，劳改大院建成后，许多"走资派"在被激烈地冲击过一阵之后，没有再同我们这一批多数是"资产阶级反动学术权威"的"牛鬼蛇神"一起被关进来。这一位生物系总支书记却出现在我们中间。

大概是因为牢头禁子中生物系学生多，他就"沾"了光，受到一些"特殊待遇"。详情我不清楚，不敢乱说。我只看到一个例子，就足以让人毛发直竖了。

有一天，中午，时间大概是七八月，正是北京最炎热，太阳光照得最——用一句山东土话——"毒"的时候，我走过黑帮大院的大院子，在太阳照射的地方，站着一个人：是那位总支书记。双眼圆睁，看着天空里像火团般的太阳。旁边树荫中悠然地坐着一个生物系学生的牢头禁子。我实在莫名其妙。后来听说，这是牢头禁子对这位总支书记惩罚：两眼睁着，看准太阳；不许眨眼，否则就是拳打脚踢。我听了打了一个寒战：古今中外，从奴隶社会一直到资本主义社会，试问哪一个时代，哪一个国家有这样的惩罚？谁要是想实践一下，管保你半秒钟也撑不下来。这样难道不会把人的眼睛活生生地弄瞎吗？

此外，我还听说，没有亲眼看到，也是生物系教员中的两位牛鬼蛇神，不知怎样开罪了自己的学生。作为牢头禁子的学生命令这两位老师，站在大院子中间，两个人头顶住头，身子却尽管往后退；换句话说，他们之所以能够站着，就全靠双方彼此头顶头的力量。

类似的小例子，还有一些，不再细谈了。总之，折磨人的"艺术"在突飞猛进地提高。可惜到现在我还没有看到这方面的专著。如果年久失传，实在是太可惜了。

5. 附小一位女教员

这个女教员是哪个单位的，我说不清楚了。我原来并不认识她。她是由于什么原因被关进牛棚的，我也并不清楚。

根据我在牛棚里几个月的观察，牢头禁子们在打人或折磨人方面，似乎有所分工。各有各的专业，还似乎有点有条不紊，泾渭分明。专门打这位女教员的人就是固定不变的。

有一天早上，我看到这位女教员胳臂上缠着绷带，用一条白布挂在脖子上。隐隐约约地听说，她在前几天一个夜里，在刑讯室受过毒打，以致把胳臂打断。但仍然受命参加劳动。详细情况，当时我就不清楚，后来更不清楚。当时，黑帮们的原则是，事不干己，高高挂起。我就一直挂到现在。

6. 西语系的一个"老右派"学生

这个学生姓周，我不认识他，平常也没有听说过。到了"黑帮"大院，他突然出现在我的眼前。

既然叫"右派"，而且还"老"，可见这件事有比较长久的历史渊源了。在中国，划右派最集中的时期是 1957 年。难道这一位姓周的学生也是那时候被划为右派的吗？到了进入牛棚时，他已经戴了将近十年的右派帽子了。这个期间他是怎样活下来的，我完全不清楚。等我见到他的时候，他满面蜡黄，还有点浮肿，头发已经脱落了不少，像是一个年老的病人。据说他原是一个聪明机灵的学生。此时却已经显得像半个傻子，行动不很正常了。我们只能说，这一切都是在身体上和精神上受到十分严重的折磨的结果。这无疑是一个人生悲剧。我自己虽然身处危难，性命操在别人手中，随时小心谨慎，怕被不吃素的长矛给吃掉；然而看到这一位"老右派"，我不禁有泪偷弹，对这一位半疯半傻的人怀有无量的同情！

可是在那一批毫无心肝的牢头禁子眼中，这位傻子却是一个可以随意打骂，任意污辱，十分开心的玩物。这样两只腿的动物到哪里去找呀！按照他们的分工原则，一个很年轻的看上去很聪明伶俐的工人，是分工折磨这个傻子的。我从没有见过这个年轻工人打过别的"罪犯"。独独对于这个傻子，他随时都能手打脚踢。排队到食堂去吃饭的路上，他嘴里吆喝着又打又骂的也是这个傻子。每到晚上，刑讯室里传出来的打人的声音以及被打者叫唤的声音，也与这个傻子有关。我写回忆录，有一个戒条，就是：决不去骂人。我在这里，只能做一个例外，我要骂这个年轻的工人以及他的同伙："万恶的畜类！猪狗不如的东西！"

有一天，我在这个傻子的背上看到一个用白色画着的大王八。他好像是根本没有家，没有人管他。他身上穿的衣服，满是油污，至少进院来就没洗过，鹑衣百结。但是这一只白色的大王八却显得异常耀眼，从远处就能看得清清楚楚。别人见了，有笑的权利的"自由民"会哈哈大笑，我辈失掉笑的权利的"罪犯"，则只有兔死狐悲，眼泪往肚子里流。

7. 物理系的一个教员

这个教员是北大心理系一位老教授的儿子，好像还是独生子。不知道是由于什么原因，他的一条腿短一截，走起路来像个瘸子。

我从前并不认识他。初进牛棚时，甚至在太平庄时，都没有见到过他。我们在牛棚里已经被"改造"了一段时间。有一天，是中午过后不久——我在这里补充几句。牛棚里是根本没有什么午休的。东语系那位老教授，就因为午饭后坐着打了一个盹儿，被牢头禁子发现，叫到院子里在太阳下晒了一个钟头，好像也是眼睛对着太阳——，我在牢房里忽然听牛棚门口有打人的声音，是棍棒或者用胶皮裹起来的自行车链条同皮肉接触的声音。这种事情在黑帮大院里是司空见惯的事，一天能有许多起。我们的神经都已经麻木了，引不起什么感觉。但是，这一次声音特别高，时间也特别长。我那麻木的神经动了一下，透过玻璃窗向棚口看了看。我看到这一位残伤的教员，已经被打倒在地，有几个"英雄"还用手里拿着的兵器，继续抽打。他身上是不是已经踏上了一千只脚，我看不清楚。我只看到这一位腿脚本来就不灵便的人，躺在地上的泥土中，脸上还好像流着血。

他为什么这样晚才到牛棚里来？他是由于什么原因才来的？他是不是才被"揪"出来的？这些事情我都不清楚。一直到今天也不清楚。我虽然也像胡适之博士那样有点考据癖，但是我不想在这里施展本领了。

从此以后，我们每次排队到食堂去吃饭时，整齐的队伍里就多了走起路来很不协调的瘸腿的"棚友"。

关于牛棚中个别人的"花絮"，如果认真写起来的话，还可以延长 12 倍。我现在没有再写的兴致，我也不忍再写下去了。举一隅可以三隅反。希望读者自己慢慢地去体会吧。

特别雅座

我自己已经堕入地狱。但是，由于根器浅，我很久很久都不知道，地狱中还是有不同层次的。佛教不是就有十八层地狱吗？

这话要从头讲起，需要说得长一点。生物系有一个学生，大名叫张国祥。牛棚初建时，我好像还没有看到他。他是后来才来的。至于他为什么到这里来，又是怎样来的，那是聂记北大革委会的事情，我辈"罪犯"实无权过问，也不敢过问。他到了大院以后，立即表现出鹤立鸡群之势。看样子，他不是一个大头子，只是一般的小卒子之类。但管的事特别多，手伸得特别长。我经常看到他骑着自行车——这自行车是从"罪犯"

家中收缴来的。"罪犯"们所有的财务都归这一批牢头禁子掌握，他们愿意到"罪犯"家中去拿什么，就拿什么。连"罪犯"的性命自己也没有所有权了——，在大院子里兜圈子，以资消遣。这在那一所阴森恐怖寂静无声的"牛棚"中，是非常突出的惹人注目的举动。

有几天晚上，在晚间训话之后，甚至在十点钟规定的"犯人"就寝之后，院子里大榆树下面，灯光依然很辉煌，这一位张老爷，坐在一把椅子上，抬起右腿，把脚放到椅子上，用手在脚指头缝里抠个不停。他面前垂首站着一个"罪犯"。他问着什么问题，间或对"罪犯"大声训斥，怒骂。这种训斥和怒骂，我已经看惯了。但是他这坐的姿势，我觉得极为新鲜，在我脑海里留下的影像，永世难忘。更让我难忘的是，有一天晚上，他眼前垂头站立的竟是原北大校长兼党委书记，一二·九运动的领导人之一，当过铁道部副部长的陆平。他是那位"老佛爷"贴大字报点名攻击的主要人物。"黑帮"大院初建时，他是首要"钦犯"，囚禁在另外什么地方，还不是"棚友"。不知道什么时候，他竟也乔迁到棚中来了。张国祥问陆平什么问题，问了多久，后果如何，我一概不知。只是觉得这件事儿很蹊跷而已。

可是我哪里会想到，过了不几天，这个厄运竟飞临到我头上来了。有一天晚上，已经响过熄灯睡觉的铃，我忽然听到从民主楼后面拐角的地方高喊："季羡林！"那时我们的神经每时每刻都处在最高"战备状态"中。我听了以后，连忙用上四条腿的力量，超常发挥的速度，跑到前面大院子里，看到张国祥

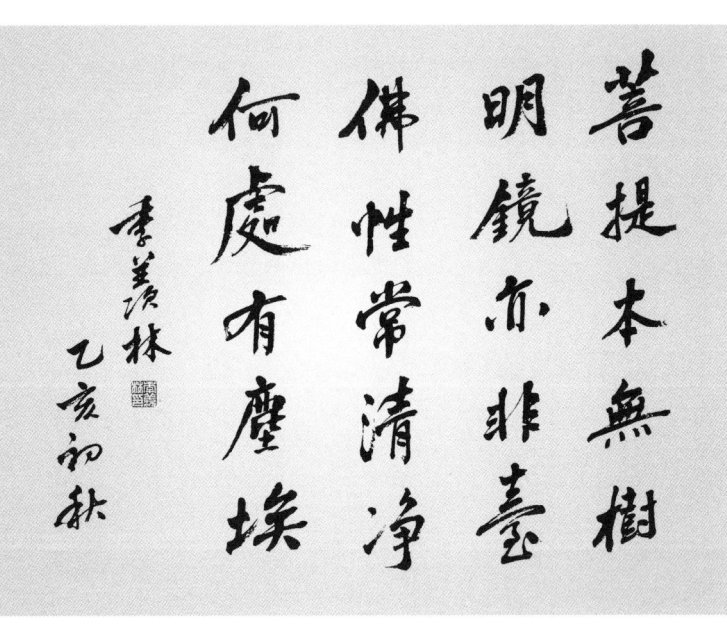

菩提本無樹
明鏡亦非臺
佛性常清净
何處有塵埃

季羨林
乙亥初秋

季美林先生书法作品

用上面描绘的那种姿态,坐在那里,右手抠着脚丫子,开口问道:

"你怎么同特务机关有联系呀?"

"我没有联系。"

"你怎么说江青同志给新北大公社扎吗啡针呀?"

"那只是一个形象的说法。"

"你有几个老婆呀?"

我大为吃惊,敬谨回禀:

"我没有几个老婆。"

这样一问一答,"交谈"了几句。他说:

"我今天晚上对你很仁慈!"

是的,我承认他说的是实话。我一没有被拳打脚踢;二没有被"国骂"痛击。这难道不就是极大的"仁慈"吗?我真应该感谢"皇恩浩荡"了。

我可是万万没有想到,他最后这一句话里面含着极危险的"杀机"。"我今天晚上对你很仁慈。"明天晚上怎样呢?

第二天晚上,也是在熄灯铃响了以后,我正准备睡觉,忽然像晴空霹雳一般,听到了一声:"季羡林!"我用比昨晚还要快的速度,走出牢房的门,看到这位张先生不是在大院子里,而是在两排平房的拐角处,怒气冲冲地站在那里:

"喊你为什么不出来?你耳朵聋了吗?"

我知道事情有点不妙。还没有等我再想下去,我脸上、头上蓦地一热,一阵用胶皮裹着的自行车链条作武器打下来的暴风骤雨,铺天盖地地落到我的身上,不是下半身,而是最关要害的头部。我脑袋里嗡嗡地响，眼前直冒金星。但是，我不敢躲闪，笔直地站在那里。最初还有痛的感觉，后来逐渐麻木起来，只觉得头顶上，眼睛上，鼻子上，嘴上，耳朵上，一阵阵火辣辣的滋味，不是痛，而是比痛更难忍受的感觉。我好像要失掉知觉，我好像要倒在地上。但是，我本能地坚持下来。眼前鞭影乱闪，叱骂声——如果有的话——也根本听不到了。我处在一片迷茫、混沌之中。我不知道，他究竟打了多久。据后来住在拐角上那间牢房里的"棚友"告诉我，打得时间相当长。他们都觉得十分可怕，大有谈虎色变的样子。我自己则几乎变成了一块木头，一块石头，成为没有知觉的东西，反而没有感到像旁观者感到的那样可怕了。不知到了什么时候，我隐隐约约地仿佛是在梦中，听到了一声："滚蛋!"我的知觉恢复了一点，知道这位凶神恶煞又对我"仁慈"了。我连忙夹着尾巴逃回了牢房。

但是，知觉一恢复，浑身上下立即痛了起来。我的首要任务是"查体"，这一次"查体"全是"外科"，我先查一查自己的五官四肢还是否完整。眼睛被打肿了，但是试着睁一睁：两眼都还能睁开。足证眼睛是完整的。脸上，鼻子里，嘴里，耳朵上都流着血。但是张了张嘴，里面的牙没有被打掉。至于其他地方流血，不至于性命交关，只好忍住疼痛了。

试想，这一夜我还能睡得着吗？我躺在木板上，辗转反侧，浑身难受。流血的地方黏糊糊的，只好让它流。痛的地方，也只好让它去痛。我没有镜子，没法照一照我的"尊容"。过去我的难友，比如地球物理系那一位老教授，东语系那一位女教员等等，被折磨了一夜之后，脸上浮肿，眼圈发青。我看了以后，心里有点颤抖。今天我的脸上就不止浮肿，发青了。我反正自己看不到，由它去吧。

第二天早晨，照样派活，照样要背语录。我现在干的是在北材料厂外面马路两旁筛沙子的活。我身上是什么滋味？我心里是什么滋味？我一概说不清楚，我完全迷糊了，迷糊到连自杀的念头都没有了。

正如俗话所说的：祸不单行。我这一个灾难插曲还没有结束。这一天中午，还是那一位张先生走进牢房，命令我搬家。我这"家"没有什么东西，把铺盖一卷，立即搬到我在门外受刑的那一间屋子里。白天没有什么感觉，到了夜里，我才恍然大悟：这里是"特别雅座"，是囚禁重囚的地方。整夜不许关灯，屋里的囚犯轮流值班看守。不许睡觉。"看守"什么呢？我不清楚。是怕犯人逃跑吗？这是根本不可能的。知识分子犯人是最胆小的，不会逃跑。看来是怕犯人寻短见，比如上吊之类。现在我才知道，受过重刑之后，我在黑帮大院里的地位提高了，我升级了，升入一个更高的层次。"钦犯"陆平就住在这间屋里。打一个比方说，我在佛教地狱里进入了阿鼻地狱，相当人间的死囚牢吧。

但是，问题还没有完。仍然是那一位张先生，命令我同中文系一位姓王的教授，每天推着水车，到茶炉上去打三次开水，供全体囚犯饮用。我不知道为什么这一位王教授会同我并列。据我所知，他并没有参加"井冈山"，也并没有犯过什么弥天大罪，为什么竟受到这样的惩罚呢？打开水这个活并不轻，每天三次，其他的活照干，语录照背。别人吃饭，我看着。天下大雨，我淋着。就是天上下刀，我也必须把开水打来，真是苦不堪言。但是，那一位姓王的教授却能苦中寻乐：偷偷地在茶炉那里泡上一杯茶，抽上一烟斗烟。好像是乐在其中矣。

特别班

这一批牢头禁子们，是很懂政策的。把我们这"劳改罪犯"集中到一起，实行了半年多的劳动改造。念经、说教与耳光棍棒并举。他们大概认为，我们已经达到了一定的水平。现在是采取分化瓦解的时候了。

"特别班"于是乎出。

牢头禁子们不知道是根据什么标准，从"劳改罪犯"中挑选出来了一些，进这个班。

这个班的班址设在外文楼内。但是，前门不能走，后门不能开，于是就利用一扇窗子当作通道，窗内外各摆上了一条长木板，可以借以登窗入楼，然后走入一间小教室。这间教室内是什么样子？有什么摆设？我不清楚。在我眼中，虽然近在咫尺，却如蓬山万里了。

我是非常羡慕这个班的。我觉得，对我们"劳改罪犯"来说，眼前的苦日子，挨打，受骂，忍饥，忍渴，咬一咬牙，就能够过去了。但是，瞻望将来，却不能无动于衷。什么时候是我们的出头之日呢？我眼前好像是一片白茫茫的大海，却没有舟楫，也看不到前面有任何岛屿。我盼望着出现点什么。这种望穿秋水的日子真是度日如年啊！现在出现了特别班，我认为，这正是渡过大海的轻舟。

特别班的学员有一些让人羡煞的特权。他们有权利佩戴领袖像章，他们有权利早请示，晚汇报，等等。在牛棚里，党员是剥夺了交党费的权利的。特别班学员是否有了权利？我不知道。我每次听到从特别班的教室里传出来歌颂领袖的歌声或者语录歌的歌声时，那种悠扬的歌声真使我神往。看到了学员们一些——是否被批准的，我不清楚——奇特的特权，我也是羡慕得要命。比如他们敢在牢房里跷二郎腿，我就不敢。他们走路头抬得似乎高一点了，我也不敢。我真是多么想也能够踏着那一块长木板走到外文楼里面去呀！

后来，不知是由于什么原因，一直到"黑帮"大院解散，特别班的学员也没能真正变成龙跳过了龙门。

东语系一个印尼语的教员

这一位教员原是从新中国成立前南京东方语专业转来的学印尼语的学生，毕业后留校任教。人非常聪明，读书十分勤奋，写出来的学术论文极有水平，是一个不可多得的人才。他留学印尼时，家里经济比较困难，我也曾尽了点绵薄之力。因此我们关系很好。他对我毕恭毕敬。

然而人是会变的。"文化大革命"北大一分派，他加入了掌权的新北大公社。人各有志，这也未可厚非。但是，对我这一个"异教徒"，他却表现出超常的敌意。我被"揪"出来以后，几次在外文楼的审讯，他都参加了，而且吹胡子瞪眼，拍桌子砸板凳，胜过其他一些参加者。看样子是唯恐表现不出自己对"老佛爷"的忠诚来。难道是因为自己曾反苏反共现在故作积极状以洗刷自己吗？我曾多次有过这样的想法。否则，一般的世态炎凉落井下石的解释，还是不够的。

然而政治斗争是不讲情面的。

有一天早晨，我走出"黑帮"大院，钦赐低头，正好看到写在马路上的大字标语：

打倒反革命分子某某某！

我大吃一惊。就在不久前，在一次审讯我的小会上，他还是"超积极分子"。革命正气溢满眉宇。怎么一下子变成了"反革命分子"了呢？原来有人揭了他的老底。他在夜间就采用了资本主义的自杀方式，"自绝于人民"了。

对于此事，我一不幸灾，二不乐祸。我只是觉得人生实在太复杂，太可怕而已。

自暴自弃

在牛棚里已经待了一段时间。自己脑筋越来越糊涂，心情越来越麻木。这个地方，不是地狱，胜似地狱；自己不是饿鬼，胜似饿鬼。如果还有感觉的话，我的自我感觉是：非人非鬼，亦人亦鬼。别人看自己是这样，自己看自己也是这样。不伦不类地而又亦伦亦类地套用一个现成的哲学名词：自己已经"异化"了。

过去被认为是人的时候，我自己当然以人待己。我这个人从来不敢狂妄，我是颇有自知之明的。如果按照小孩子的办法把人分为好人和坏人的话，我毫不迟疑地把自己归入"好人"一类。就拿金钱问题来说吧。我一不吝啬，二不拜金。在这方面，我颇有一些"优胜纪略"。十几岁在济南时，有一天到药店去打药。伙计算错了账，多找给我了一块大洋。当时在小孩子眼中，一块大洋是一个巨大的财富。但是我立即退还给他，惹得伙计的脸一下子红了起来。这种心理我以后才懂得。1946年，我从海外回到祖国。卖了一只金表，寄钱给家里。把剩下的"法币"换成黄金。伙计也算错了账，多给了一两黄金。在当时，一两黄金也算是一笔不小的财富。但是我也立即退还给他。在大人物名下，这些都是不足挂齿的小事。然而对一个像我这样平凡的人，也不能说一点意义都没有的。

到了现在，自己一下子变成了鬼。最初还极不舒服，颇想有所反抗。但是久而久之，自己已习以为常。人鬼界限，好坏界限，善恶界限，美丑界限，自己逐渐模糊起来。用一句最恰当的成语，就是"破罐子破摔"。自己已经没有了前途，既然不想自杀，是人是鬼，由它去吧。别人说短论长，也由它去吧。

而且自己也确有实际困难。聂记革委会赐给我和家里两位老太太的"生活费"，我靠它既不能"生"，也不能"活"。就是天天吃窝头就咸菜，也还是不够用的。天天劳动强度大，肚子里又没有油水，总是饥肠辘辘，想找点吃的。我曾几次跟在牢头禁子身后，想讨一点盛酱豆腐罐子里的汤，蘸窝头吃。有一段时间,我被分配到学生宿舍区二十八楼、二十九楼一带去劳动,任务是打扫两派武斗时破坏的房屋,捡地上的砖石。我记得在二十八楼南头的一间大房子里,堆满了杂物,乱七八糟,破破烂烂,什么都有。我忽然发现,在一个破旧的蒸馒头用的笼屉上有几块已经发了霉的干馒头。我简直是如获至宝,拿来装在口袋里,在僻静地方,背着监改的工人,一个人偷偷地吃。什么卫生不卫生,什么有没有细菌,对一个"鬼"来说,这些都是毫无意义的了。

我也学会了说谎。离开大院,出来劳动,肚子饿得不行的时候,就对带队的工人说,自己要到医院里去瞧病。得到允许,就专拣没有人走的小路,像老鼠似的回到家里,吃上两个夹芝麻酱的馒头,狼吞虎咽之后,再去干活,就算瞧了病。这行动有极大的危险性,倘若在路上邂逅碰上监改人员或汇报人员,那结果将是什么,用不着我说了。

有一次,我在路上拣到了几张钞票,都是一毛两毛的。我大喜过望,赶快揣在口袋里。以后,我便利用只许低头走路的有利条件,看到那些昂首走路的"自由民"决不会看到的东西,曾捡到过一些钢镚儿。这又是意外的收获。我发现了一条重要的规律:在"黑帮"大院的厕所里,掉在地上的钢镚儿最多。从此别人不愿意进的厕所,反而成了我喜爱的地方了。

上面说的这一些极其猥琐的事情,如果我不说,决不会有人想到。如果我自己不亲身经历,我也决不会想到。但是,这些都是事实,应该说是极其丑恶的事实。当时我已经完全失掉

176

了羞恶之心，并没有感到有什么不对。现在回想起来，真是不寒而栗。我从前对一个人堕落的心理过程发生过兴趣，潜意识里似乎有点认为这是天生的。现在拿我自己来现身说法，那种想法是不正确的。

然而谁来负这个责任呢？

"折磨论"的小结

牛棚生活，千头万绪。我在上面仅仅择其荦荦大者，简略地叙述了一下。我根据"以论带史"的原则，先提出了一个理论：折磨论。最初恐怕有很多怀疑者。现在看了我从非常不同的方面对"黑帮"大院情况的叙述，我想再不会有人怀疑我的理论的正确性了。

"革命小将"们的折磨想达到什么目的呢？他们绝不会暴露自己心里的肮脏东西，别人也不便代为答复。冠冕堂皇的说法是"劳动改造"。我在上面已经说过，这种打着劳动的旗号折磨人的办法，只是改造人的身体，而决不会改造人的灵魂。如果还能达到什么目的的话，我的自暴自弃就是一个最好的例证。折磨的结果只能使人堕落，而不能使人升高。

这就是我对"折磨论"的小结。

牛棚转移

　　时令已经进入了冬季，牢房里也装上了炉子，生上了火。虽然配给的煤不多，炉火当然不能很旺。但是，比起外面来，屋子里已经是温暖如春了。

　　可是劳改的队伍却逐渐缩小了起来。一来二去，剩下的人不多了，就都受命搬到一间大屋子里来。什么原因呢？我不清楚，当然也不敢问。我此时反正已经堕入阿鼻地狱，再升上一级两级，是鬼总是鬼，对我无所谓了。

　　屋子里显得空荡荡的。大概是因为人少了，连老鼠的胆子也大了起来，大白天里，竟敢到处乱窜。我从家里带回来的一个干馒头首当其冲，被老鼠咬掉了一些。我想赶走它们，它们竟敢瞪着小眼睛，在窗台上跟我玩捉迷藏。也许老鼠们也意识到，屋子里住的不是人，而是"黑帮"，等级不比老鼠高，欺负他们一下，谅他们也不敢奈自己何。

大家虽然不大敢随便说话，不能互通信息，但是正如俗话所说的"没有不透风的墙"，我逐渐知道了，聂记革委会改变了对待"劳改罪犯"的"政策"，不再集中，而要实行分散，把各系所处的"罪犯"分回各自的单位。姗姗来迟，东语系也把我们几个"罪犯"提回系里。我们的"牛棚"转移了。转移到外文楼去。

　　前些日子，"特别班"还在外文楼时，我是多么希望能进外文楼来呀！现在果然进来了；却是依然故我。我们几个"罪犯"被分配住在二楼北面的缅甸语教研室里，都在地上搭地铺。靠窗子有一张大桌子，我们的牢头禁子睡在上面，居高临下，监督我们。他外号叫"小炉匠"，大概是姓卢的青年学生。最使我吃惊的是，"我们"又增加了新人，是"黑帮"大院中没有见过的。他们也是"罪犯"吗？我心里纳闷。反正现在是同我们一锅煮了，彼此相安无事。

　　在这里，生活比较平静了。不像在"黑帮"大院里那样，时时刻刻都要把神经绷得紧紧的，把耳朵伸得长长的，唯恐牢头禁子喊自己的名字时答应晚了，招致灾难。现在牢头禁子就高踞在同一间小屋的桌子上，用不着把神经弄得那样紧张了。

　　但是，日子也并不好过，也不可能好过。我仍然是"劳改罪犯"。这楼上有许多办公室，大多是各专业的教研室。在我被"打倒"以前，我当了二十年的系主任。这些办公室我都是熟悉的。周围的气氛当然是非常好的。我是这里的主人。而今时移世迁，我一"跳"（自己跳出来也）而成为阶下囚了。"流水落花春去也，天上人间。"我当"反革命"已经有一年多了。我并不是留恋当年的"威风"，我深知自己已被"打倒在地"，永无翻身之日了。我只求苟延残喘而已。

现在，在整个大楼里，我只有三个地方能进：一是牢房，二是厕所，三是审讯我的屋子，最后这一项是并不固定的。至于第二项则是"黑帮"同"白帮"（"革命者"）共同享用的，因为"黑帮"虽然是鬼，也总得大小便呀。——真鬼大概是不大小便的，待查。

此外，这里也颇有令人难堪之处。"黑""白"杂居，抬头不见低头见。中国是礼仪之邦，见了面，总得说点什么。可我们又缺少英美人见面说的 Good morning！ How do you do？ 或者单纯一声 Hello！现在习用的"早安"之类，是地道的舶来品。我们过去常用的："你吃了饭了吗?"是举国通用的问候语，我想缩为"国候"。现在，在外文楼，见到了以前很熟很熟的人，舶来品不敢用，"国候"也不敢用。只有低头，望望然而去之。"白帮"怎么想？我不得而知。似我"黑帮"却实在觉得非常别扭。有时"白人"在某一间屋子里，讨论什么问题，逸兴湍飞，欢笑之声中溢满了"革命气"，在楼道里往复回荡。这革命气却一点也没有熏到我身上。我们现在是"谈笑之声能闻，而老死不相往来"。"能闻"者，能听到也，这是别人的声音，我们是不能有声音的。我们都像影子似的活动着，影子是没有声音的。

但是，这里也并不缺少新闻，缺少有刺激性的东西。这新闻并不是哪一个人告诉我的，现在没有人敢干、肯干这种事。

这是我自己从楼道中喊喊喳喳的声音中听出来的。最重要的一条新闻是关于我在上面提到过的那一位蒙古语女教员的。原来东语系"罪犯"中只有她一个女性。在"黑帮"大院时有女囚牢。到了外文楼以后,女囚牢没有了,又不能同我辈男士一起睡在地铺上。所以就把她关在另外一间屋子里。据我的推测,管理她的大概是一个学朝鲜语的女学生和一个系图书室女管理员。后者姓叶,大名暂缺。此人是一个女光棍似的人物,泼辣,粗暴,最擅长惹是生非,兴风作浪。她所在的图书室是东语系小沙龙,谣言由此处产生,小道消息在这里集散。"文化大革命"一分派,她就成了聂记公社在东语系的女干将,大概也属于那一种"老子铁了心,誓死保聂孙"类型的人物。有一次是她到我家来,大声叱骂,押解着我到外文楼去接受批斗。女牢头禁子押解男"犯人",在北大恐怕是罕见的新鲜事儿。这样一个人物,对唯一的女囚绝对不会放过。在一天夜里,她和其他几个人对这位女囚大肆审讯,殴打。这位女囚是不是像在"黑帮"大院里那样被折磨得眼圈发青,我没有看见,不敢瞎说。我听到这个消息以后,心里没有引起什么波动,我的神经现在已经完全麻木了。

可是我却万万没有想到,第二条引起人们震动的新闻竟然出在我身上。

到了外文楼以后,我没有再挨揍。大概我天生就是一个不识抬举的家伙,一个有着花岗岩脑袋瓜死不改悔的家伙。虽然经过了炼狱的锻炼,我并没有低头认罪。有一天,解放军派来"支左"的常驻东语系的一个大概是营长的军官,大名叫赵良山(此人后来听说已经故去），把我叫到他的办公室里，问我一个问题。我当时心里非常火，非常失望。我想，解放军水平总应该是高的，现在看来也不尽然。我粗声粗气地说道："我的全部日记已经都被抄来了。一定会放在外文楼某一间屋子里。你派一个人去查一查那一天的日记。最多只用五分钟，问题就可以全部弄明白了。"万没有想到，这一下子又捅了马蜂窝。他勃然变色，说我态度极端恶劣。他现在是太上皇。我哪里还敢吭气儿呢？

晚饭以后，回到牢房。原先反聂的一位女教员，率领着几个人，手里拿着红红绿绿的大标语，把小屋墙上贴满。原来一片白色，非常单调寡味。现在增添了大红大绿，顿觉斗室生光，一片勃勃的生机。标语内容，没有什么创新，仍然是"季羡林要翻天，就打倒他！""坦白从宽，抗拒从严！""只许规规矩矩，不许乱说乱动！"等等，等等。"司空见惯浑无事"，这些东西已经对于我的神经不能产生任何作用了。我夜里照睡不误，等候着暴风雨的来临。

果然，"革命家"们第二天就开始行动了。首先由东语系的"红卫兵"——现在恐怕是两派的都有了——押解着我，走向东语系学生住的四十楼。我自己又像一个被发配的囚犯，俯首帖耳，只能看到地上，跟跄前进。旧剧中，囚犯是允许抬头的。我这个新社会的囚犯却没有这个特权。既来之则安之，由它去吧。我原来并不知道把我押向何方。走近四十楼，凭我的本能，我恍然大悟。此时隐隐约约地看到楼外贴满了大字报和大标语，内容不外是那一套。我猜想——因为我不能看——，不过是"打倒老保翻天的季羡林！""坦白从宽，抗拒从严！"，此外再加上造谣、诬蔑、人身攻击。从震耳欲聋的口号声中，听到的也不过是那些东西。我顿时明白了：我现在成了"翻天"的代表人物。

我被卡住脖子，拧住胳臂，推推搡搡，押进楼去，先走过一楼楼道。楼道本来很狭，现在又挤满了学生。我耳朵里听的是口号，头上、身上，挨的是拳头。我一个人也看不到，仿佛腾云驾雾一般，我飞上了二楼。同在一楼一样，从楼道这一头，走（按语法来讲，应该是被动式）到那一头。仍然是震天的口号声。在嘈杂混乱中，我又走（同前）上了三楼。在这里也没有什么新花样，心里颇有点不满足，觉得太单调，不够味。"仪式"完了以后，我又被押解着回到了外文楼。

后来听说，这叫作"楼内游斗"。这是不是东语系学生的发明创造？如果是的话，将来有朝一日编写《无产阶级文化大革命史》时，应该着重提上一笔，说不定还要另立专章的。至于我自己，我是经过了大风大浪的人。身体上，精神上，都没有受到什么痛苦，只觉得有点"好玩"而已。

事情当然不能就这样结束。看来那位赵营长下定了决心，连夜召开会议，制订了斗争方案。第二天，刚吃过早饭，立即有学生来找我，到一间教研室里去批斗。这次准我抬头了，看到的是一个教研室的成员，加上别的学生。我已摆好了架子坐喷气式。然而有人却推给我一把椅子。我大惊失色，我现在已经成了法门寺的贾桂了。在这样的情况下，你想这个批斗会，还能批出什么，又斗出什么呢？我觉得十分平淡寡味。我于是把两个耳朵都关闭了起来，"任凭风浪打，稳坐钓鱼船。"朦胧中，听到一声："把季羡林押出去！"我知道，这一出戏算是结束了。

我正准备回自己的牢房，又有人来把我拉到另一个教研室去，"行礼如仪"。然后是第三个教研室，第四个教研室。我没有记录，也无法统计。估计是每一个教研室都批斗一次。东语系十几个教研室，共批斗了十几次。接着来的是学生。我不知道，东语系学生共有多少个班。每班批斗一次（也许有的班是联合批斗），我记不清楚，加起来，总有二十来次。以每次批斗一个小时计算，共有三十来个小时。我看有的班"偷工减料"，质量大有问题。实际上怕用不了这样多的时间。反正在三四天以内，我比出去"走穴"的人还要忙。这个班刚批完，下一个班接着干。每天批斗八九场，只给我留出了吃饭的时间。可谓紧张之至了。

对我产生了什么结果呢？除了感觉到有点疲倦之外，"虱子多了不痒"，我"被批斗的积极性"反而调动起来了。我爱上了这种批斗。我觉得非常开心。你那里"义正词严"，我这里关上耳朵，镇定养神，我反而是"以逸待劳"了。

世间事真是复杂的。我以"态度恶劣"始，又以"态度恶劣"终。第一个"恶劣"救了我的命，第二个"恶劣"养了我的神。当时的真假革命家们，大概是万万想不到的吧。

半解放

什么叫"半解放"呢？没有什么科学的定义。只是我个人的感觉而已。

集中批斗之后，时令已经走过了1968年，进入了1969年。在这一年的旧历元旦前，系革委会突然通知我，可以回家了。送我（这次恐怕不好再说"押解"了）回家的，就是上面提到的那一个"小炉匠"。此时我家的那一间大房间久已被封了门。全家挤住在一间九平方米的小屋里。据家里两位老太太告诉我，其间曾有一个学生拿着抄走了的房门钥匙，带着一个女人，在那间被查封了的大屋子里，鬼混了相当长一段时间，睡在我的床上，用我们的煤气做饭。他们威胁两位老太太说："不许声扬！否则将有极其严重的后果。"现在"小炉匠"就拿着那一把钥匙，开了门，让我睡在里面。我离开自己的床已经有八九个月了。

我此时在高兴之中又满怀忧虑。我头上还顶着一撮帽子，自己的前途仍然渺茫。每月只能拿到那一点钱，吃饭也不够。我记得后来增加了点钱，数目和时间都想不起来了。外来的压力还是有的。有一天我无意中听到楼下一个家属委员会的什么"连长"的老头子（他自己据说是国民党的兵痞）高声昭告全楼："季羡林放回来了。大家都要注意他呀！"这大概是"上面"打的招呼。我听了没有吃惊，这种事情对我可以说是习以为常了。但是，心里仍然难免有点别扭，知道自己被判"群众监督"了。我仿佛成了瘟神或艾滋病的患者，没有人敢接触了。

即使没有人告诉我，毋宁说是提醒我这种情况，我这人已经有点反常。走路抬头，仍不习惯。进商店买东西，像是一个白痴，不知道说什么好。我不敢叫售货员"同志"，我怎么敢是他们的"同志"呢？不叫"同志"又叫什么呢？叫"小姐"，称"先生"，实有所不妥。什么都不叫，更有所不安。结果是口嗫嚅而欲言，足趑趄而不前，一副六神无主、四体失灵的狼狈相，我自己都觉得十分难堪。我已经成了一个老年痴呆症的患者了。

过了没有多久，我被指令到四十楼去参加"学习"。我第一次从家里走向四十楼的时候，正是千里冰封、万里雪飘的时候。这一段路相当长，总有三四里路；走快了，也得用半小时。我走出门去，走了一段路，立即避开大路，从湖中的冰上走过去。我忽然想到古人"如临深渊，如履薄冰"的说法，这只是形象的比喻，可我今天的处境不正是这个样子吗？我不知道将来会发生什么事情。我现在已经很不习惯同人打交道。我到了四十楼，见了革命小将，是不是还要高喊"报告！"呢？是不是还要低进入了1976年。在这一年的旧历元旦前，革委会突然通知我，可以回家了。送我（这次想怕不好再说"押解"了）回家的，乃是上面提到的那一个"小炉匠"。此时我家的那一间大房间久已被封了门。全家挤住在一间九平米的小住室里。家里两位老太太告诉我，大间曾有一个�??拿着抄来的房门钥匙，带着一个女人，在那间被查封了的大屋子里，鬼混了相当长一段时间，赖在我的住上，用我们的烛光做饭。她们威胁两位老太太说：不许声扬！否则将有极大??的后果。现在小炉匠拿着那一把钥匙，开了门，让我睡在里面。我离开自己的屋已经有八九个月了。

　　我此时正在高兴之中又满怀忧虑。我头上还顶着一棵帽子，自己的行动仍然规范。每月只能拿到那一点钱，吃饭也不愁。我记得当??到了点钱，数目和时间都想不起来了。外来的压力还是有的。有一天我无意中听到隔壁一个永属委员会的什么"??长"的关头子（他自己??说是同民党的兵痞）高声喝??全楼："季羡林放回来了，大家都要注意他呀！"这大概是上面打的招呼。我听了没有吃惊。这种事情对我来说是习以为常了。但是，心里仍然难免有点刺??，知道自己被判了无期徒刑了。我仿佛成了一个永??成福的罪者，没有人敢搭理的了。

头垂手站在他们面前呢？这都是非常现实的问题。我得不到答复，走起路来，就磨磨蹭蹭。

我越走越慢，好不容易才走到四十楼。我见景生情，思绪万端。前不久我还在这里被"楼中游斗"，曾几何时，我又回到这里来了。这回是以什么身份？我说不清。"丑媳妇怕见公婆的面"，怕也不行。我一鼓勇气，进去报了到。幸而没有口号的喊声，没有手打脚踹，而是不冷不热的待遇。我心头一块石头落了地，被分派了小组，组员都是学印地语的学生。从此以后，我就以一个莫名其妙的身份，参加了他们的学习和活动。原来东语系的"棚友"都被召唤到那里。可是待遇却不知为什么显然不同了。有的被分配打扫楼道。有一个印地语教员被无端扣上了地主的帽子，被分配打扫厕所。我原来是有思想准备来干最脏最累的活。然而竟然没有，实出我的意外了。

同革命群众在一起，我还非常不习惯，有点拘谨，有点不舒服。我现在是人是鬼，还没有定性。游离于人鬼之间，不知何以自处。学生们是青年人，活泼爱动。学习休息时，他们就吹拉弹唱。有一个同学擅长拉二胡，我非常欣赏；但又不敢忘形。年轻人说说笑笑，打打闹闹，我则呆坐一旁，宛然泥塑木雕。自己也觉得气氛很不协调。

但是，在相对平静的生活中，也不是没有一些波澜。我回忆所及，首先就是党费问题。我上面已经谈过，在"黑帮"大院中，交党费是犯忌讳的。我当时自己不能领每月的生活费，都是我的年迈的婶母代劳。她每月到外文楼东语系办公室去领全家三口人四十多元的生活费。作为"黑帮"的家属，她没少听到闲话。特别是井冈山"黑帮"的家属，更会直接或间接受到奚落。老人没有办法，只有忍气吞声。在这个情况下，她居然还怕自己的孩子丢掉党票，仍然按月交纳党费。东语系不知道哪一位党组织干部居然敢收下，而没有向"黑帮"大院通报。否则我一定会多挨上一顿打。我至今感激不尽。我婶母还告诉我，一位姓袁的老同志，不但对她没有奚落，而且还偷偷地小声对她说："把钱收好！走路要小心！"她老人家每次谈到这种雪地冰天中的一星温暖，也总是感激不尽。

但是，到了四十楼以后，应该我自己交党费了。我这种非人非鬼的处境，却使我不敢厚着脸皮去交党费。此时党组织好像已经不再活动。我也不知道向谁交。如此就耽误了一些时间。系里的领导找我谈话，问我"为什么不按时交党费？"我十分坦诚地告诉他："等到支部决定开除我出党的时候，我一定会把所有拖欠的党费一文不少地交上，然后离开。"由此可见，我认为，留在党内已经完全不可能了。

除了党费问题，我在四十楼颇有一些小小的无关大局的感慨。这一座楼对我来说实在是太太熟悉了。我在东语系，截至1966年，已经当了二十年的系主任。东语系的男学生在四十楼也住了极长的时间了。我必然要经常到这里来的。我在这里走过阳关大道，也走过独木小桥。我受到过热烈的欢迎，也遭受过无情的凌辱。我不想发那些什么"世态炎凉，人情如纸"一类的牢骚。因为世态自古以来就是这样。不这样的人与事，只能算是例外。因此这种事情已经不值得再发牢骚了。

但是，我在感情上是异常脆弱的。我不能成为英雄，我有自知之明。我从来也不想成为英雄。英雄是用特种材料造成的，而我实非其俦。我是一个极其平凡的人，小小的个人悲欢，经常来打扰我。何况"十年浩劫"决非小事，我在其中的遭受，也决非小事。以我这个脆弱的心灵来承受这空前的灾难，来承受这一件极大极大的事，其艰难程度完全可以想见了。到了四十楼以后，我的处境应该说是已经有所改变。但是前途仍然笼罩在一片迷雾之中。触景生情，心里就难免有所波动了。

远的不必讲了。专就"文化大革命"开始以来的两年多来说，四十楼就能唤起我很多不同的回忆，激起我很多不同的感慨。1966年6月我从南口村回校，看到批判我的《春满燕园》的大字报，鼻子里不由自主地哼了一声，是在四十楼。我被勒令交出"黑钱"三千元，又被拒绝接受，是在四十楼。亲眼看到"文化大革命"初期批斗东语系"走资派"，口号之声惊天动地，我自己也颇想"对号入座"，是在四十楼。自己顶撞了"支左"的解放军军官而被判处"楼内游斗"，是在四十楼。

啊，四十楼！我本不愿意想但又不能不想的四十楼！

我现在又到你里面来了，第二次滥竽"革命群众"之中。

在延庆新华营

这一次我在四十楼待的时间不算很长，大概是半个冬天，一个夏天，半个秋天。在这期间有一件大事，就是8341部队的进驻。只派不多的军官和士兵，也算是来"支左"吧。这是一支有悠久革命传统的部队。因此，他们的到来引起了绝大多数人，包括我在内的北大师生员工的极大的希望，希望他们能够拨乱反正，整理好北大这个烂摊子。在全校派性严重，一团乱糟糟的情况下，似乎出现了一派生气勃勃的生机。

不知道是出于哪一级的决定，北大绝大多数的教职员工，在"支左"部队的率领下，到远离北京的江西鲤鱼洲去接受改造。此地天气炎热，血吸虫遍地皆是。这个部队的一个头子说，这叫作"热处理"，是对知识分子的又一次迫害。我有自知之明，像我这样的"人"（？）当然在"热处理"之列。我做好了充分的精神和物质准备，准备发配到鄱阳湖去。可是，最初我不知道是出于什么考虑，让我留在北京，同印地语、泰语的学生到京郊长城以外的延庆新华营去，接受贫下中农的再教育。我没有来得及表露感激之情，我就发现，原来我是"另有任用"。

根据什么人的指示，大批判不能空对空，需要有人做"活靶子"，这样批起来才能有生气，有声势，效果才能最好。现在我就是这样一个"活靶子"。我忽然想到，在新疆时我曾看到郊游时汽车上总载着一只活羊。到了山明水秀的目的地，游玩够了，就拿出刀子，把羊杀掉，做成羊肉抓饭，吃饱了回家。我在新华营，在菜窖里搬菜。曾拉出来，被批斗过一次。我知道，我不辱使命，完成了任务。

1970 年旧历元旦，奉召回京。

完全解放

上一节的标题是"半解放",这一节是"完全解放"。我这样写都是毫无根据的。这两个词儿都不是科学的或法律的用语,其间界限也不分明。这都让法学家或哲学家去探索吧。

仍然谈我的情况。回校以后,我有一股振奋的情绪。就在这一阵振奋中,我们都住进三十五楼。似乎是根据一种新精神,也许是一种新规定,每个系的办公室都设在学生宿舍中,大概是想接近学生,以利于学生的"上(大学)、管(理大学)、改(造大学)"吧。上、管、改的精义就是把老师,老知识分子置于学生的管理和改造之下,提倡初年级的学生编高年级的教材。如此等等,不一而足。

三十五楼共有四层。三四层住女生,一二层住男生。在二层中腾出若干间屋子,是系的党政办公室。这一些办公室与我无干。我被分配在一楼进口处左边的朝外有大玻璃窗子的极小的一间房子里，这里就是本楼的门房，我的差使就是当门房，第一个任务是看守门户；第二个任务是传呼电话，第三个任务是收发信件和报纸。第一个任务又难又不难。领导嘱咐我说：不要让闲杂人员进入楼内。本系的教职员都是"老同志"了，我都认识。高年级学生也认个八九不离十。新学生则并不清楚。我知道谁是闲杂人员呢？既然不认识，我无能为力，索性一概不管，听之任之。这不是又难又不难吗？

第二个任务，也是又难又不难。不难在于有电话我就接；没有电话，我就闲坐着。难在什么地方呢？据我统计，似乎女生的电话特别多，要我每次传呼都爬上三四楼，这倒是很好的许多专家都介绍过的"爬楼运动"；无奈一天爬上十次二十次，是任何体育锻炼专家也难以做到的。我爬了几次，觉得不行，就改为到门外楼下向上高呼。这办法有一定的效果。但是住在朝北房间里的女同学就不大容易听到。也颇引起一点麻烦。我的能力如此，有麻烦就让它有麻烦吧。

至于第三个任务，那是非常容易的。来了报纸，我就上楼送到办公室。来了信，我就收下，放在玻璃窗外的窗台上，让接信者自己挑取。

就在完成这三项任务的情况下，日子像流水似的过去。我每天八点从十三公寓走到三十五楼，十二点回家；下午两点再去，六点回家，每天十足八个小时，步行十几里路。这是很好的体育锻炼。我无忧无虑，身体健康。忘记了从什么时候起，又恢复了我的原工资。吃饭再也不用发愁了。此时，我既无教学工作，也没有科研任务。没有哪一个人敢给我写信，没有哪个人敢来拜访我。外来的干扰一点都没有，我真是十分欣赏这种"不可接触者"（印度的贱民）的生活，其乐也陶陶。

翻译《罗摩衍那》

但是，我是一个舞笔弄墨惯了的人，这种不动脑筋其乐陶陶的日子，我过不惯。当个门房，除了有电话有信件时外，也无事可干。一个人孤独地呆坐在大玻璃窗子内，瞪眼瞅着出出进进的人，久了也觉得无聊。"不为无益之事，何以遣有涯之生？"我想到了古人这两句话。我何不也找点"无益之事"来干一干呢？世上"无益之事"多得很。有的是在我处境中没有法子干的，比如打麻将，等等。我习惯于舞笔弄墨久矣。想来想去，还是出不了这个圈子。在这个环境中，写文章倒是可以，但是无奈丝毫也没有写文章的心情。最后我想到翻译。这一件事倒是可行的。我不想翻译原文短而容易的；因为看来门房这个职业可能成为"铁饭碗"，短时间是摆脱不掉的，原文长而又难的最好，这样可以避免经常要考虑挑选原文的麻烦。即使不会是一劳永逸，也可以能一劳久逸。怎么能说翻译是"无益之事"呢？因为我想到，像我这种人的译品永远也不会有出版社肯出版的。翻译了而又不能出版，难道能说是有益吗？就根据我这一些考虑，最后我决定了翻译蜚声世界文坛的印度两大史诗之一的《罗摩衍那》。这一部史诗够长的了，精校本还有约两万颂，每颂译为四行（有一些颂更长），至少有八万多诗行。够我几年忙活的了。

我还真有点运气。我抱着有一搭无一搭的心情，向东语系图书室的管理员提出了请求，请他通过国际书店向印度去订购梵文精校本《罗摩衍那》。大家都知道，订购外国书本来是十分困难的事情。可我万万没有想到，过了不到两个月，八大本精装的梵文原著居然摆在我的眼前了。我真觉得这几本大书熠熠生光。这算是"文化大革命"以来几年中我最大的喜事。我那早已干涸了的心灵，似乎又充满了绿色的生命。我那早已失掉了的笑容，此时又浮现在我脸上。

　　可是我当时的任务是看门，当门房。我哪里敢公然把原书拿到我的门房里去呢？我当时还是"分子"——不知道是什么"分子"——，我头上还戴着"帽子"——也不知是些什么"帽子"——，反正沉甸甸的，我能感觉得到。但是，"天无绝人之路"，我终于想出来了一个"妥善"的办法。《罗摩衍那》原文是诗体，我坚持要把它译成诗，不是古体诗，但也不完全是白话诗。我一向认为诗必须有韵，我也要押韵。但也不是旧韵，而是今天口语的韵。归纳起来，我的译诗可以称之为"押韵的顺口溜"。就是"顺口溜"吧，有时候想找一个恰当的韵脚，也是不容易的。我于是就用晚上在家的时间，仔细阅读原文，把梵文诗句译成白话散文。第二天早晨，在到三十五楼去上班的路上，在上班以后看门、传呼电话、收发信件的间隙中，把散文改成诗，改成押韵而每句字数基本相同的诗。我往往把散文译文潦潦草草地写在纸片上，揣在口袋里。闲坐无事，就拿了出来，推敲，琢磨。我眼瞪虚空，心悬诗中。绝不会有任何人——除非他是神仙——知道我是在干什么。自谓乐在其中，不知身在门房，头戴重冠了。偶一抬头向门外张望一眼——门两旁的海棠花正在怒放，其他的花也在盛开，姹紫嫣红，好一派大好春光。

一个小插曲

春光虽好，我自己的境遇却并没有多少改进。我安心当门房，"躲进门房成一统"；然而事实上却是办不到的。仍然有意想不到的干扰。

有一天，我正在向门外张望，忽然看到在门外专门供贴大字报之用临时搭起的席棚上贴出了很多张用黄纸写成的大字报，下面有几十位东语系教员签的名，有的教员还在江西鲤鱼洲没有回来。内容是批判"五·一六"分子的。这样的批判一点也不新奇，我原来想不去管它。但是为好奇心所驱使，我走出了我那"成一统"的窄狭的门房，到门外去看了看大字报。我真是万万没有想到，这张大字报竟是对我来的：我成了"五·一六"的嫌疑分子。这真是从何说起呀！稍微对所谓"文化大革命"有常识的人，都会知道，当时盛传一时的所谓"五·一六"组织，是出身好的青年人所组成的。我一非青年，二又出身不好，既非工人，也非贫下中农或"革命干部"，我哪里有资格参加这样的"革命"组织呢？我同"五·一六"是完全风马牛不相及，是驴唇对不上马嘴。这样的事情，我本来可以一笑置之的。但是这一次我却笑不起来。几年前我看到批判我的《春满燕园》时，我曾不自觉地哼了一声。这次我连哼都哼不起来了。这样滑天下之大稽的事情，我不知道，东语系的革委会和军工宣队是怎样考虑的。滑稽的事情还没有完，更滑稽的还在后面哩。全国

196

上下大声嚷嚷了一阵"五·一六"，北大井冈山的一位头领公然承认自己是"五·一六"分子；可是最后却忽然销声匿迹，——原来天地间根本没有一个什么"五·一六"组织。这真像是堂吉诃德大战风车，成为"文化大革命"中众多笑话中最可笑的一个。

一幕闹剧

不管人世风云如何变幻，"文化大革命"浪涛怎样激荡，时间还是慢慢地或者迅速地向前流驶。转瞬之间，"文化大革命"好像高潮已过，有要结束的样子了。虽然说"乱是乱了敌人"，实际上主要是乱了自己，还是以不乱为好。现在是要拨乱恢复正常的秩序了。首先是要恢复党的组织。一个非党的工宣队员，居然主持党支部的工作，实在有点太"那个"了。

要想恢复党组织的活动，首先要恢复党员的组织生活。我不知道，是从什么时候起，又是根据什么法令，所有的党员（"四人帮"等当然除外）都失去了组织。现在每一个党员都要经过一定的手续，好像是要经过群众讨论和领导批准，才能恢复组织生活。这当然是一件大事。东语系大概是经过军工宣队的讨论（那一位非党的工宣队员当然会参加的），决定从全系党员中挑选出一个，当作标兵，演一出恢复组织生活的开场戏，期在一举通过，马到成功，为以后的人树立一个榜样。这样一个人选责任之大可以想见。用什么标准来挑选呢？首先要出身好，其次要党性强。具此二标准者，庶乎近之。大概是经过了周详的考虑，谨慎的筛选，我上面提到的那一位烈属兼贫下中农的姓马的党员中了标，他是我作为系主任兼导师精心选择留下当我的助教和接班人的。现在，我成了"资产阶级反动学术权威"，这正好成了他的党性的试金石。具备这两个条件，又有这样"亮相"的机会的，东语系并无第二人。谁敢说这不是天生的"佳选"呢？

记得有一天下午，我同东语系全系的留校师生被召到学一食堂里去开会，每人自带木板小凳。空荡荡的食堂里，饭桌被推到旁边去，腾出来的空地上，摆满了小木板凳子，我们就坐在上面。前面有几张大桌子，上面摆了不少的东西。我仔细一瞧，有毛料衣服和裤子，有收音机（当时收音机还不像今天这样多，算是珍贵稀有的东西），还有一些零零碎碎的东西。我跟在"革命群众"的后面，还摸不清是怎么一回事，没有闲心去一件件地仔细瞅。我只觉得，这颇像一个旧品展销义卖会。可是在这些东西旁边，有几本用很粗糙的纸张油印成本的讲义，我最初还不知道是什么讲义；也不知道这样粗糙的道具为什么竟能同颇为漂亮的西装裤子摆在一起。对所有的这一些道具，我都不知道它们在今天第一个恢复党员组织生活的会上会起什么作用。我满腹疑团坐在那里，不知道葫芦里究竟要卖什么药。

人到齐了，时间到了。主席宣布开会。他先说明了开会的目的和做法，然后就让这位选中的标兵发言，或讲话，或"检讨"，反正是一个意思。这位标兵站起来，走到前面，威仪俨然，义形于色，开始说话。说话的中心主题是：不做资产阶级学术权威的金童玉女。这里要解释一句：金童玉女是旧社会出殡时扎的殉葬的纸人。所谓"资产阶级学术权威"谁一听都知道指的就是我。此时，我恍然大悟：原来今天这一出戏是针对着我来的。我有点吃惊,但又不太吃惊——惯了。只听我这位前"高足",前"接班人"怒气冲冲地控诉起来,表情严肃,声调激昂,诉说自己中了资产阶级学术权威的糖衣炮弹,中了资产阶级思想的毒,在生活上追求享受,等等,等等。说到自己几乎要背叛了自己出身的阶级时,简直是声泪俱下。他用手指着桌子上陈列的东西,意思是说,这些东西就是无可辩驳的证据。于是怒从心上起,顺手拿起了桌子上摆的那一摞讲义——原来是梵文讲义——,三下五除二,用两手撕了个粉碎,碎纸片蝴蝶般地飞落到地上。我心里想:下一个被撕的应该轮到那漂亮的毛料西服裤或者收音机了!想时迟,那时快,他竟戛然而止,没有再伸出手去,料子西装裤和收音机安全地躺在原地,依旧闪出了美丽的光彩。我吃了一惊,恐怕全场的人都吃了一惊。这个撕东西的行动,应该是今天大会的高潮,应该得到满屋的掌声。然而这些全落了空。我哭笑不得,全体与会者大概也是哭笑不得。全场是一片惊愕的寂静。

这一幕闹剧以失败收场了。

在散会后回三十五楼的路上,大家纷纷议论:为什么不撕可能最透露资产阶级享乐思想的西装裤子,而偏偏撕很难说就是代表资产阶级思想的梵文讲义呢?我自己也想了很多。这一位表演家到北大来已经十年多了。当学生时对我温顺如绵羊。在"文化大革命"中的所作所为,我在上面已经说了一点。那是远远不够的。他还有一些非常精彩匪夷所思的表演。在一般政治性表态性的大标语上,按惯例从来没有人署名的。有之自北大始,北大有两个人是这样干的,恰恰都出在东语系,其中之一就是我说的这一位。

这一个惊人的举动，在北大一时传为"美"谈或者笑谈。在我第一次混迹"革命群众"中参加学习的小组会上，我曾对他坦率地提过意见，我说，他既不像一个烈属，也不像一个贫农。他大概为此事耿耿于怀。以后发生的这一些事情，难道与此没有联系吗？

这一幕闹剧以后东语系的党员是怎样逐渐恢复党组织生活的，因为与我基本无关，我没有去注意，今天更回忆不起来了。

我的恢复组织生活

时序推移，不知经过了多长的时间，北京大学恢复党组织生活的工作已经要结束了。剩下的大概还只有两三个人了，我是其中之一。写一个榜的话，我不是孙山，就是还在孙山之下，俗话说"名落孙山"了。

忽然有一天，东语系的党组织找我谈话，我知道，这一下轮到我了。我此时早已调离了那个门房，参加印地语教研室的活动。系领导一个解放军的军官和总支书记告诉我，领导上决定不但发给我整个的工资，而且以前扣发的工资全部补给。我当然非常感动。我决意把补发的工资全部作为党费上缴给国家。东语系的一个非常正派的同志先递给我了一千五百元。我立即原封不动地交给了系总支。这位同志告诉我，还有四五千元以后给我。

我现在已经记不清楚，是否开过支部大会讨论我的恢复组织生活的问题。突然有一天，系里军宣队的头儿和系总支书记找我。总支书记问我："你考虑过没有，自己的问题究竟何在？"我愕然不知所对。要说思想问题，我有不少的毛病。要说政治问题，我没有参加过国民党和任何反动组织，我只能说没有。但是，我一时很窘，半天没有说话。那个解放军颇为机灵，连忙用话岔开。结束了这一场不愉快的谈话。不久，总支的宣委或组委一个由中文系调来的干部来找我，告诉我，支部决议：恢复我的组织生活，但给我留党察看两年的处分。我勃然大怒。由于我反对了那位一度统治北大的"女皇"，我被诬陷，被迫害，被关押，被批斗；几乎把一条老命葬送上，临了仍然给扣上了莫须有的罪名。世界上可还有公道可讲！世界上可还有正义可说！这样的组织难道还不令人寒心！这位干部看到了我的表情，他脸上一下子也严肃起来："我们总支再讨论一下，行不行？"他说。说老实话，我已经失望到了极点。我盼星星，盼月亮，盼着东天出太阳。太阳出来了，却是这样一个太阳。我不想再在这个问题上伤脑筋了，够了，够了，已经足够了。如果我在支部后面签上"同意"二字，那是绝对办不到的。如果我签上"不同意"三字，还有不知多少麻烦要找。我想来想去，告诉那位干部："不必再开会了！"我提笔签上了"基本同意"四个字。我着重告诉他说："你明白，'基本'二字是什么意思！"继而又一想："我戴着留党察看两年的帽子，我有什么资格把补发的工资上缴给国家呢？"结果预备上缴的那四五千块钱，我就自己留下。

我恢复组织生活的故事结束了。

我算不算是"完全解放"了呢？

"完全解放"这一节我只能写到这里了。

我的"文化大革命"到此结束了。

我的《牛棚杂忆》也就算是写完了。

余思或反思

但是，我必须还要啰唆上一阵子。

我不能就到此住笔。

"文化大革命"结束后十六七年以来，我一直在思考有关这一次所谓"革命"的一些问题。特别在我撰写《牛棚杂忆》的过程中，我考虑得更为集中，更为认真。这可以算是我自己的"余思"或者"反思"吧。

我思考了一些什么问题呢？

首先是：吸取了教训没有？

世人都认为，所谓"无产阶级文化大革命"，既无"文化"，也无"革命"，是一场不折不扣的货真价实的"十年浩劫"。这是全中国人民的共识，绝没有再争论的必要。在这一场空前绝后（我但愿如此）的浩劫中，我们人民在精神和物质两个方面所受的损失可谓大矣。这一笔账实在没有法子算了。不算也罢。

我们不是常说，寻求知识，得到经验或教训，都要付出学费吗？我完全同意这个看法。可是，我们付出的学费已经大到不能再大的程度，我们求得的知识，得到的经验或教训在哪里呢？

我的回答是：吸取了一点，但是还不够。

我个人一向认为，"十年浩劫"是总结教训的千载一时的好机会，是亿金难买的"反面教员"。从这一个"教员"那里，我们能够获得非常非常多的反面的教训；把教训一转化，就能成为正面的经验。无论是教训还是经验，对我们进一步建设我们伟大的祖国，都是非常有用的。

可是，我们没有这样干，空空错过了这一个恐怕难以再来的绝好机会。有什么人说："文化大革命"已经过去了，可以不必再管它了。

因此，我思考的其次一个问题是："文化大革命"过去了没有？

我们是唯物主义者，唯物主义的真髓是实事求是。如果真想实事求是的话，那就必须承认，"文化大革命"并没有过去。虽然从表面上来看，似乎已经过去了；但是，如果细致地观察一下，情况恰恰相反。你问一问参加过"文化大革命"，特别是在"文化大革命"中受过迫害的中老年知识分子，如果他们肯而且敢讲实话的话，你就会知道，他们还有一肚子气没有发泄出来。今天的青年人情况可能不同。他们对"文化大革命"不了解，听讲"文化大革命"，如听海外奇谈。我觉得值得忧虑的正是这一点。他们昧于前车之鉴，谁能保证，他们将来不会干出类似的事情来呢？至于中老年受过迫害的知识分子，一提

"文化大革命"，无不余怒未息，牢骚满腹。我不可能会见百分之百的这样的知识分子，但我敢保证，至少绝大部分人是这样子。

至于为创建新中国立过功而在"文化大革命"中遭受迫害的老干部，他们觉悟高，又能宽宏大度，可能同知识分子不同。我接触的老干部不多，不敢乱说。但是，我想起了一件小而含义深远的事儿，不妨说上一说。记得是在 1978 年，全国政协恢复活动后，我在友谊宾馆碰到一位参加革命很久的，在文艺界极负盛名的老干部，"文化大革命"前，我们同是全国政协社会科学组的成员，十多年不见，他见了我劈头第一句话就是："古人说：'士可杀，不可辱。''文化大革命'证明了：'士可杀亦可辱'。"说罢，哈哈大笑。他是笑呢，还是哭？我却一点也笑不起来。在这位老干部心中，有多少郁积的痛苦，不是一清二楚了吗？

有这种想法的，绝不止这个老干部一人。我个人就有这样的想法。而且，我相信，中国的知识分子，也就是古代的所谓"士"，绝大部分人都会有这种想法。"士可杀，不可辱"，这一句话表明了中国自古以来就有这种传统。我们比起外国知识分子来，在这方面更为敏感。

我不禁想起了中国知识分子这一类人，既不是阶级，也不是阶层，想起了他们的历史和现状。在封建社会里，士列在士农工商之首。一向是进可以攻，退可以守，在社会上有崇高的地位。予生也晚，《儒林外史》中那样的知识分子，我没有见到过。军阀混战时期和国民党统治时期的知识分子，我是见到过

204

因此，我思考到又次一个数据：文革过去了没有？

我们是唯物主义者，唯物主义的重要的是实事求是。如果真想实事求是的话，那就必须承认，文革并没有过去。虽然从表面上来看，似乎已经过去了；但是，如果细致地观察一下，情况恰恰相反。你问一向老加过文革，特别是在文革中受过迫害的中老年知识分子，如果他们肯坦率地讲真话的话，每家会知道，他们还有一肚子气没有发泄出来。今天的青年人情况可能不同。他们对文革不了解，听讲文革，如听海外奇谈。我最最值得忧虑的正是这一点。他们味于前事之鉴，谁能保证，他们将来不会干出来似的事情来呢？至于中老年受过迫害的知识分子，一提文革，无不余悸未息，毕竟悔服。我不可能亲自见百分之百的这样的知识分子，但我敢保证，至少绝大部分人是这样子。

至于为创建新中国立过汗马在文革中遭受迫害的老干部，他们觉悟高，又能顾全大局，可能同知识分子不同。我接触的老干部不多，不敢乱说。但是，我想起了一件小小的至今难忘的事儿，不妨说一说。记得是在1978年，全国政协恢复活动的后，我在在诺里碰到一位老朋友，我们俩很久没见了，在文艺界也算有名的老干部，×××了，我们问走全国政协社会科学组的开幕的。不说别的，专就当时的大学教授而言，薪俸优厚，社会地位高。他们无形中养成了一种高人一等的优越感。存在决定意识，这是必然的。他们一般都颇为神气，所谓"教授架子"者便是。到了我当教授的时候，情况大大改变。国民党统治已到末日，通货膨胀达到了惊人的程度。教授实际的收入少得可怜。但是，身上那一件孔乙己的大褂还是披着的，社会地位还是有的。

刚一解放，我同大部分教授一样，兴奋异常，觉得自己真是站起来了，自己获得了新生了。我们高兴得像小孩，幼稚得也像小孩。我们觉得"解放区的天是明朗的天"。我们看什么东西都红艳似玫瑰，光辉如太阳。

但是，好景不长。在第一个大型的政治运动"三反"、"五反"思想改造运动中，我在"中盆"里洗了一个澡，真好像是洗下来了不少污浊的东西，觉得身轻体健，尝到了思想改造的甜头。可是后面跟着来的政治运动，一个紧接一个，好像是有点喘不过气来。批判武训，批《〈红楼梦〉研究》，批判胡风，批判胡适，再加上肃反等等，马不停蹄，应接不暇。到了1957年的反右斗争，达到了一个空前的高潮。我虽然没有被裹进去，没有戴什么帽子；但是时时处处，自己的精神都处在极度紧张的状态中，日子过得并不愉快。从我的思想深处来看，我当时是赞成这些运动的，丝毫也没有否定的意思。在反右期间，我天天忙于参加批判会——我顺便说一句，当时还没有发明"喷气式"，批判会不像"文化大革命"中那么"好看"——，忙于阅读批判的材料。但是，在我心里却逐渐升起了一片疑云：为什么人们的所作所为同在那前后发表的几篇"最高指示",有些地方显得极不合拍呢?即使是这样,我对那一句最有名的话:是阳谋,不是阴谋,并没有产生怀疑。

反右以后,仍然是马不停蹄,一个劲地搞运动,什么"拔白旗"等等。庐山会议以后,极"左"思想已经达到了顶点,却偏偏要来一个反右倾。三年困难时期,我自己同其他老知识分子一样,尽管天天饥肠辘辘,连半点不满意的想法都没有,更不用说说怪话了。连全国人民的精神面貌都是非常正常的,向上的。谁能说这样的人民,这样的知识分子不是世界上最优秀的呢?

1966 年开始的所谓"无产阶级文化大革命"是形势发展的必然结果。事后连原新北大公社的东语系一个教员都告诉我说,我本来能够躲过这一场灾难的。但是,我偏偏发了牛劲,自己跳了出来,终于得到了报应:被抄家,被打,被骂,被批斗,被关进了牛棚,差一点连命都赔上。我当时确曾自怨自艾过。但是现在我却有了另一个想法。"文化大革命"是一个千载难逢的"盛事"。如果我自己不跳出来,就绝不可能亲自尝一尝这一场"革命"的滋味,绝不可能了解这一场灾难究竟是什么样子。那将是绝对无法挽回的极大的憾事。

关在牛棚里的时候,我看了很多,也想了很多。我逐渐感到其中有问题:为什么一定要这样折磨知识分子?知识分子身上毛病不少,缺点很多,但是十全十美的人又在哪里呢?我当时认识不高,思考问题肤浅片面。我没有责怪任何人,连对发动这一场"革命"的人也毫无责怪之意。我只是一个劲地深挖自己的灵魂。用现在间或用的一个词儿来说，就是"原罪感"。这是用在基督教徒身上的一个词儿，这里不过借用一下而已。

别的老知识分子有没有这个感觉，我不知道。它表现在我身上却是很具体的。新中国成立前，我认为一切政治都是肮脏的，决心不介入。我并不了解共产党，只是觉得国民党有点糟糕，非垮台不行。新中国成立以后，我上面说到我在思想改造运动中的收获，其中心就是知道了并不是所有的政治都是肮脏的，共产党就不是。同时又觉得自己非常自私自利：中国人民浴血抗战，我自己却躲在万里之外，搞自己的名山事业。我认为自己那一点"学问"，那一点知识，是非常可耻的，如果还算得上"学问"和知识的话。有很长一段时间，我称自己为"摘桃派"，坐享胜利的果实。

那么，怎么办呢？

我有很多奇思怪想。我甚至希望能再发生一次抗日战争，给我一个机会，让我来表现一下。我一定能奋力参战，连牺牲自己的性命，我都能做得到。我读了很多描绘抗日战争或革命战争的小说，对其中那一些共产党员和革命战士不怕牺牲的精神，我崇拜得五体投地。我自己发誓向他们学习。这些当然都是幻想，即使难免有点幼稚可笑，然而却是真诚的。这能够表现出我当时的精神状态。

谈到对领袖的崇拜，我从前是坚决反对的。我在国内时，看到国民党人对他们的"领袖"的崇拜，我总是嗤之以鼻。这位"领袖"，"九·一八"事件后我作为清华大学的学生到南京请愿时见过，他满口谎言，欺骗了我们。后来越想越不是味儿。我的老师陈寅恪先生对此公也不感兴趣。他的诗句："看花难近最高楼"，可以为证。后来到了德国，正是法西斯猖獗之日。我看到德国人，至少是一部分人，见面时竟对喊："希特勒万岁！"觉得异常可笑，难以理解。我认识的一位不到二十岁的德国姑娘，美貌非凡。有一次她竟对我说："如果我能同希特勒生一个孩子，那将是我毕生最大的光荣！"我听了真是大吃一惊，觉得实在是匪夷所思。我有一个潜台词：我们中国人聪明，决不会干这样的蠢事。

回国以后，仅仅隔了三年，中国就解放了。解放初期，我同其他一些老知识分子心情相同，我们那种兴奋、愉快，上面已经讲了一点。当时每年要举行两次游行庆祝，"五一"和"十一"，地点都在天安门。每次都是凌晨即起，从沙滩整队步行到东单一带的小胡同里等候，往往要等上几个小时。十点整，大会开始。我们的队伍也要走过天安门前，接受领袖的检阅。当时三座门还没有拆掉。在三座门东边时，根本看不到天安门城楼上的领导人。一转过三座门，看到领袖了，于是在数千人的队伍中立即爆发出震天动地的"万岁"声。最初，不管我多么兴奋，但是"万岁"却是喊不惯，喊不出来的。但是，大概因为我在这方面智商特高，过了没有多久，我就喊得高昂，热情，仿佛是发自灵魂深处的最强音。我完完全全拜倒在领袖脚下了。

我在上面简短地但是真诚地讲了我自己思想转变的过程。一滴水中可以见大海，一粒沙中可以见宇宙。别的老知识分子可能同我差不多，至少是大同而小异。这充分证明了，中国老知识分子，年轻的更不必说了，是热爱我们伟大的祖国的。爱国主义是几千年来中国知识分子的传统。同其他国家的知识分子比较起来，这是中国知识分子的一个突出的特点。

"大梦谁先觉，平生我自知"。我在梦觉方面智商是相当低的。一直到了"十年浩劫"，我身陷囹圄，仍然是拥护这一场浩劫的。西谚说："一切闪光的东西不都是金子。"在这期间，我接触到派到学校来"支左"的解放军和工人。原来这都是我膜拜的对象。"全国人民学习解放军"，"工人阶级必须领导一切"，我深信不疑，奉行唯谨。可是现在一经接触，逐渐发现他们中有的人政策观念奇低，而且作风霸道，个别的人甚至违法乱纪。我头上仿佛泼上了一盆凉水，顿时清醒过来。"金无足赤，人无完人"的道理，我是明白的。可是这样的作风竟然发生在我素所崇拜的人身上，我无论如何也没有想到。我们唯物主义者应该实事求是，光明磊落；花言巧语，文过饰非，是绝对不可取的。尽管我们知识分子身上毛病极多，同别人对比一下，难道我真就算是"臭老九"吗？

我在上面啰里啰唆讲了一大篇，无非想说，"文化大革命"整知识分子，是完全没有道理的，是怎样花言巧语也掩盖不了的。对广大的受过迫害的知识分子来说，"文化大革命"并没有过去。再拿我自己来做个例子。我一方面"庆幸"我参加了"文化大革命"，被关进了牛棚，得以得到了极为难得的经验。但在另一方面，在我现在"飞黄腾达"到处听到的都是赞誉溢美之词之余，我心里还偶尔闪过一个念头：我当时应该自杀；没有自杀，说明我的人格不过硬，我现在是忍辱负重，苟且偷生。这种想法是非常不妙的。既然我有，我就直白地说了出来。可是我要问：有这种想法的难道就只有我季羡林一人吗？

这就联系到我思考的第三个问题：受害者舒愤懑了没有？

这个问题十分容易回答。根据我上面的叙述，回答只有两个字：没有！

要谈清楚这个问题，还要从回顾过去谈起。新中国建立初期我和其他老知识分子的情况，我在上面已经写了一点，现在再补充一下，补充的主要是从海外归来的游子。远居海外的华侨，亲身感受到新中国成立前后自己处境的剧烈变化。他们深知这一切都与祖国的解放有密不可分的联系，一向爱国的华侨，现在爱国热情蓬勃激荡，为前此所未有。华侨中青年人纷纷冒万难回到了祖国。他们同国内的知识分子一样，看一切都是红艳如玫瑰，光辉似太阳。愿意为祖国的建设事业贡献自己的一切。此外，一些在国外工作和讲学的中国学人，也纷纷放弃了海外一切优厚的生活和研究条件，万里归来，其中就有后来在"文化大革命"中自沉的老舍先生。他们个个意气风发，斗志昂扬，认为祖国前程似锦，自己的前途也布满了玫瑰花朵。

然而，曾几何时，情况变了，极"左"思潮笼罩一切，而"海外关系"竟成诬陷罗织的主要借口。海外归来的人，哪里能没有"海外关系"呢？这是三岁小儿都明白的常识。然而我们的一群"左"老爷，却抓住这一点不放，什么特务，什么间谍，这种极为可怕的帽子满天飞舞。弄得人人自危，个个心惊。

到了"文化大革命",更是恶性发展。多少爱国善良的人遭受了不白之冤!被迫害而死的不必说了。活着的也争先恐后地出走。前一个争先恐后地回国,后一个争先恐后地离开,对比何等的鲜明!我亲眼目睹的这种情况可谓多矣。这对我们祖国有多么大的危害,脑筋稍微清醒一点的人都会知道的。被迫出国的人,哪一个不是满腔悲愤,再加上满腔离愁,哪一个儿女愿意离开自己的父母!然而他们离开了。

留在国内的知识分子和被迫离开的知识分子,哪一个人舒过愤懑呀?

若干年前,出现了一些所谓"伤痕文学"。然而据我看,写作者多半是年轻人。他们并没有多少"伤痕"。真正有"伤痕"的人,由于种种原因,由于每个人都不同的原因,并没有把自己的愤懑舒发出来。我认为,这不是一个正常的现象,而是其中蕴含着一些危险的东西,不利于我们祖国的胜利前进。

我们不是十分强调安定团结吗?我十分拥护这个提法。没有安定团结,我们的经济很难搞上去,我们的政治也很难发挥应有的作用。然而我们需要的是真正的安定团结。在许多知识分子,特别是老知识分子还有一肚子气的情况下,真正的安定团结恐怕还难以圆满。

根据我个人的观察,尽管许多知识分子的愤懑未舒,物质待遇还只能说是非常菲薄,有时难免说些怪话;但是他们的爱国之心未减,"不用扬鞭自奋蹄"。说这样的人是"物美价廉,经久耐用",完全是符合实际情况的。然而却听说有人听了很不舒服。我最近还听说，有一位颇为著名的人物，根据苏联解体的教训，说什么：中国知识分子至今还是帝国主义皮上的毛。这话只是从道听途说中得来的。但是，可能性并非没有。说这种话的人，还有一点是非之心吗？还有一点"良知"吗？我深深感到忧虑。

如果这样的人再当政，知识分子无噍类矣。

我思考的最后一个问题是："无产阶级文化大革命"为什么能发生？

兹事体大，我没有能力回答。有没有能回答的人呢？我认为，有的。可他们又偏偏不回答，好像也不喜欢别人回答。窃以为，这不是一个唯物主义者应抱的态度。如果把这个至关紧要的问题坦诚地，实事求是地回答出来，全国人民，其中当然包括知识分子，会衷心地感谢，他们会放下心中的包袱，轻装前进，表现出真正的安定团结，同心一志，共同戮力建设我们的社会主义社会，岂不猗欤休哉！

我们既不研究，"礼失而求诸野"，外国人就来研究。其中有善意的，抱着科学的实事求是的态度，说一些真话。不管是否说到点子上，反正真话总比谎话强。其中有恶意的，怀着其他的目的，歪曲事实，造谣诬蔑，把一池清水搅混。虽然说"蚍蜉撼大树，可笑不自量"，但是毕竟不是好事。

何去何从？我认为是非常清楚的。

我的思考到此为止。

我要啰唆的也啰唆完了。

后记

　　我从 1988 年 3 月 4 日起至 1989 年 4 月 5 日止，断断续续，写写停停，用了一年多的时间，为本书写了一本草稿。到了今年春天，我忽然心血来潮，决意把它抄出来。到今年六月三日，用了大约三个月的时间抄成定稿。草稿与定稿之间差别极大，几乎等于重写。

　　我原来为自己定下了一条守则：写的时候不要带刺儿，也不要带气儿，只是实事求是地完全客观地加以叙述。但是，我是一个有感情的活人，写着写着，不禁怒从心上起，泪自眼中流，刺儿也来了，气儿也来了。我没有办法，就这样吧。否则，我只能说谎了。定稿与草稿之间最大的差别就在于，定稿中的刺儿少了一点，气儿也减了一些。我实际上是不愿意这样干的，为了息事宁人，不得不尔。

　　我在书中提到的人物很不少的。细心的读者可以看出有稿之间最大的差别就在于，这稿比那稿要少了一点，主旨也减了一些。我总觉得上天不要意这样干的。为了息事宁人，不得不尔。

我在书中提到的人物很不少的。细心的读者可以看出有三种情况：不提姓名，二提姓不提名，姓名皆提。前两种目的是为当事人讳。后一种只有一两个人，我认为这种人对社会主义社会危害极大，全名提出，让他永垂不朽，以警来者。

无论对哪一种人我都没有进行报复，事实具在，此心可质天日！文革后，我恢复了毛主任"后来又"升了官"，在闻名全国的报刊杂志中也活跃过。我并不缺少报复的能力。

我之所以诚说我有那么多提到的人对我加以优待，我写的是历史事实，我们文革前的友谊，以及文革后的友谊，我们都要加以爱护。

现在统计了一下，我平生著译约略有四百万字，其中百分之七八十是文革以后的产品。如果王蕃等辈真遂了"自绝于人民"的愿，这些东西当然产生不出来。

这对我是一件大幸呢？还是不幸？我现在真也回答不出来。一听天命吧。

1992年六月三日写完

《牛棚杂忆·后记》手稿

三种情况：不提姓名，只提姓不提名，姓名皆提。前两种目的是为当事人讳，后一种只有一两个人，我认为这种人对社会主义社会危害极大，全名提出，让他永垂不朽，以警来者。

无论对哪一种人我都没有进行报复，事实俱在，此心可质天日！"文化大革命"后，我恢复了系主任，后来又"升了官"，在国家权力机构中也"飞黄腾达"过。我并不缺少报复的能力。

我只希望被我有形无形提到的人对我加以谅解。我写的是历史事实。我们"文化大革命"前的友谊，以及"文化大革命"后的友谊，我们都要加以爱护。

现在统计了一下，我平生著译的约有八百万字，其中百分之七八十是"文化大革命"以后的产品。如果"文化大革命"中我真遂了"自绝于人民"的愿，这些东西当然产生不出来。

这对我是一件大幸呢？还是不幸？我现在真还回答不上来。——由它去吧。

1992 年 6 月 3 日写完

阅尽沧桑

我在 20 世纪生活了八十多年了。

再过 7 年，

这一世纪这一千纪就要结束了。

这是一个非常复杂、

变化多端的世纪。

我心里这一面镜子

照见的东西当然也是富于变化的，

五花八门的，但又多姿多彩的。

它既照见了阳关大道，

也照见了独木小桥；

它既照见了山重水复，

也照见了柳暗花明。

我的心是一面镜子

我生也晚，没有能看到 20 世纪的开始。但是，时至今日，再有 7 年，21 世纪就来临了。从我目前的身体和精神两个方面来看，我能看到两个世纪的交接，是丝毫也没有问题的。在这个意义上来讲，我也可以说是与 20 世纪共始终了，因此我有资格写"我与中国 20 世纪"。

对时势的推移来说，每一个人的心都是一面镜子。我的心当然也不会例外。我自认为是一个颇为敏感的人，我这一面心镜，虽不敢说是纤毫必显，然确实并不迟钝。我相信，我的镜子照出了 20 世纪长达 90 年的真实情况，是完全可以依赖的。

我生在 1911 年辛亥革命那一年。我下生两个月零四天以后，那一位"末代皇帝"，就从宝座上被请了下来。因此，我常常戏称自己是"清朝遗少"。到了我能记事儿的时候，还有时候听乡民肃然起敬地谈到北京的"朝廷"（农民口中的皇帝），仿佛他们仍然高踞宝座之上。我不理解什么是"朝廷"，他似乎是人，又似乎是神，反正是极有权威、极有力量的一种动物。

这就是我的心镜中照出的清代残影。

我的家乡山东清平县（现归临清市）是山东有名的贫困地区。我们家是一个破落的农户。祖父母早亡，我从来没有见过他们。祖父之爱我是一点也没有尝到过的。他们留下了三个儿子，我父亲行大（在大排行中行七）。两个叔父，最小的一个无父无母，送了人，改姓刁。剩下的两个，上无怙恃，孤苦伶仃，寄人篱下，其困难情景是难以言说的。恐怕哪一天也没有吃饱过。饿得没有办法的时候，兄弟俩就到村南枣树林子里去，捡掉在地上的烂枣，聊以果腹。这一段历史我并不清楚，因为兄弟俩谁也没有对我讲过。大概是因为太可怕，太悲惨，他们不愿意再揭过去的伤疤，也不愿意让后一代留下让人惊心动魄的回忆。

但是，乡下无论如何是待不下去了，待下去只能成为饿殍。不知道怎么一来，兄弟俩商量好，到外面大城市里去闯荡一下，找一条活路。最近的大城市只有山东首府济南。兄弟俩到了那里，两个毛头小伙子，两个乡巴佬，到了人烟稠密的大城市里，举目无亲。他们碰到多少困难，遇到多少波折。这一段历史我也并不清楚，大概是出于同一个原因，他们谁也没有对我讲过。

后来，叔父在济南立定了脚跟，至多也只能像是石头缝里的一棵小草，艰难困苦地挣扎着。于是兄弟俩商量，弟弟留在济南挣钱，哥哥回家务农，希望有朝一日，混出点名堂来，即使不能衣锦还乡，也得让人另眼相看，为父母和自己争一口气。

但是，务农要有田地，这是一个最简单的常识。可我们家所缺的正是田地这玩意儿。大概我祖父留下了几亩地，父亲就靠这个来维持生活。至于他怎样侍弄这点地，又怎样成的家，这一段历史对我来说又是一个谜。

我就是在这时候来到人间的。

天无绝人之路。正在此时或稍微前一点，叔父在济南失了业，流落在关东。用身上仅存的一元钱买了湖北水灾奖券，结果中了头奖，据说得到了几千两银子。我们家一夜之间成了暴发户。父亲买了60亩带水井的地。为了耀武扬威起见，要盖大房子。一时没有砖，他便昭告全村：谁愿意拆掉自己的房子，把砖卖给他，他肯出几十倍高的价钱。俗话说："重赏之下，必有勇夫。"别人的房子拆掉，我们的房子盖成。东、西、北房各五大间。大门朝南，极有气派。兄弟俩这一口气总算争到了。

然而好景不长，我父亲是乡村中朱家郭解一流的人物，仗"义"施财，忘乎所以。有时候到外村去赶集，他一时兴起，全席棚里喝酒吃饭的人，他都请了客。据说，没过多久，60亩上好的良田被卖掉，新盖的房子也把东房和北房拆掉，卖了砖瓦。这些砖瓦买进时似黄金，卖出时似粪土。

一场春梦终成空。我们家又成了破落户。

在我能记事儿的时候，我们家已经穷到了相当可观的程度。一年大概只能吃一两次"白的"（指白面），吃得最多的是红高粱饼子，棒子面饼子也成为珍品。我在春天和夏天，割了青草，或劈了高粱叶，背到二大爷家里，喂他的老黄牛。赖在那里不走，等着吃上一顿棒子面饼子，打一打牙祭。夏天和秋天，对门的宁大婶和宁大姑总带我到外村的田地里去拾麦子和豆子，把拾到的可怜兮兮的一把麦子或豆子交给母亲。不知道积攒多少次，才能勉强打出点麦粒，磨成面，吃上一顿"白的"。我当然觉得如吃龙肝凤髓。但是，我从来不记得母亲吃过一口。她只是坐在那里，瞅着我吃，眼里好像有点潮湿。我当时哪里能理解母亲的心情呀！但是，我也隐隐约约地立下一个决心：有朝一日，将来长大了，也让母亲吃点"白的"。可是，"树欲静而风不止，子欲养而亲不待"。还没有等到我有能力让母亲吃"白的"，母亲竟舍我而去，留下了我一个终生难补的心灵伤痕，抱恨终天！

我们家，我父亲一辈，大排行兄弟十一个。有六个因为家贫，下了关东。从此音讯杳然。留下的只有五个，一个送了人，我上面已经说过。这五个人中，只有大大爷有一个儿子，不幸早亡，我从来没有见过他。我生下以后，就成了唯一的一个男孩子。在封建社会里，这意味着什么，大家自然能理解。在济南的叔父只有一个女儿。于是兄弟俩一商量，要把我送到济南。当时母亲什么心情，我太年幼，完全不能理解。很多年以后，我才听人告诉我说，母亲曾说过："要知道一去不回头的话，我拼了命也不放那孩子走！"这一句不是我亲耳听到的话，却终生回荡在我耳边。"谁言寸草心，报得三春晖？"

我终于离开了家，当年我六岁。

一个人的一生难免稀奇古怪的。个人走的路有时候并不由自己来决定。假如我当年留在家里，走的路是一条贫农的路。生活可能很苦，但风险绝不会大。我今天的路怎样呢？我广开了眼界，认识了世界，认识了人生，获得了虚名。我曾走过阳关大道，也曾走过独木小桥；坎坎坷坷，又颇顺顺当当，一直走到了耄耋之年。如果当年让我自己选择道路的话，我究竟要选哪一条呢？概难言矣！

离开故乡时，我的心镜中留下的是一幅一个贫困至极的、一时走了运、立刻又垮下来的农村家庭的残影。

到了济南以后，我眼前换了一个世界。不用说别的，单说见到济南的山，就让我又惊又喜。我原来以为山只不过是一个个巨大无比的石头柱子。

叔父当然非常关心我的教育，我是季家唯一的传宗接代的人。我上过大概一年的私塾，就进了新式的小学校，济南一师附小。一切都比较顺利。五四运动波及了山东。一师校长是新派人物，首先采用了白话文教科书。国文教科书中有一篇寓言，名叫《阿拉伯的骆驼》，故事讲的是得寸进尺，是国际上流行的。无巧不成书，这一篇课文偏偏让叔父看到了，他勃然变色，大声喊道："骆驼怎么能说话呀！这简直是胡闹！赶快转学！"于是我就转到了新育小学。当时转学好像是非常容易，似乎没有走什么后门就转了过来。只举行一次口试，教员写了一个"骡"字，我认识，我的比我大一岁的亲戚不认识。我直接插入高一，而他则派进初三。一字之差，我硬是沾了一年的光。这就叫作人生！最初课本还是文言，后来则也随时代潮流改了白话，不季羡林先生题写的"悠悠母校情"

但骆驼能说话，连乌龟、蛤蟆都说起话来，叔父却置之不管了。

叔父是一个非常有天才的人。他并没有受过什么正规教育。在颠沛流离中，完全靠自学，获得了知识和本领。他能作诗，能填词，能写字，能刻图章。中国古书也读了不少。按照他的出身，他无论如何也不应该对宋明理学发生兴趣；然而他竟然发生了兴趣，而且还极为浓烈，非同一般。这件事我至今大惑不解。我每看到他正襟危坐，威仪俨然，在读《皇清经解》一类十分枯燥的书时，我都觉得滑稽可笑。

这当然影响了对我的教育。我这一根季家的独苗他大概想要我诗书传家。《红楼梦》《三国演义》《水浒传》等等，他都认为是"闲书"，绝对禁止看。大概出于一种逆反心理，我爱看的偏是这些书。中国旧小说，包括《金瓶梅》《西厢记》等等几十种，我都偷着看了个遍。放学后不回家，躲在砖瓦堆里看，在被窝里用手电照着看。这样大概过了有几年的时间。

叔父的教育则是另外一回事。在正谊时，他出钱让我在下课后跟一个国文老师念古文，连《左传》等都念。回家后，吃过晚饭，立刻又到尚实英文学社去学英文，一直到深夜。这样天天连轴转，也有几年的时间。

叔父相信"中学为体"，这是可以肯定的。但是是否也相信"西学为用"呢？这一点我说不清楚。反正当时社会上都认为，学点洋玩意儿是能够升官发财的。这是一种实用主义的"崇洋"，"媚外"则不见得。叔父心目中"夷夏之辨"是很显然的。

大概是 1926 年，我在正谊中学毕了业，考入设在北园白鹤庄的山东大学附设高中文科去念书。这里的教员可谓极一时之选。国文教员王崑玉先生，英文教员尤桐先生、刘先生和杨先生，数学教员王先生，史地教员祁蕴璞先生，伦理学教员鞠思敏先生（正谊中学校长），伦理学教员完颜祥卿先生（一中校长），还有教经书的"大清国"先生（因为诨名太响亮，真名忘记了），另一位是前清翰林。两位先生教《书经》《易经》《诗经》，上课从不带课本，五经四书连注都能背诵如流。这些教员全是佼佼者。再加上学校环境有如仙境，荷塘四布，垂柳蔽天，是念书再好不过的地方。

我有意识地认真用功，是从这里开始的。我是一个很容易受环境支配的人。在小学和初中时，成绩不能算坏，总在班上前几名，但从来没有考过甲等第一。我毫不在意，照样钓鱼、摸虾。到了高中，国文作文无意中受到了王崑玉先生的表扬，英文是全班第一。其他课程考个高分并不难，只需稍稍一背，就能应付裕如。结果我生平第一次考了一个甲等第一，平均分数超过九十五分，是全校唯一的一个学生。当时山大校长兼山东教育厅厅长前清状元王寿彭，亲笔写了一副对联和一个扇面奖给我。这样被别人一指，我的虚荣心就被抬起来了。从此认真注意考试名次，再不掉以轻心。结果两年之内，四次期考，我考了四个甲等第一，威名大震。

在这一段时间内，外界并不安宁。军阀混乱，鸡犬不宁。直奉战争、直皖战争，时局瞬息万变，"你方唱罢我登场"。有一年山大祭孔，我们高中学生受命参加。我第一次见到当时的奉系山东土匪督军——不知道自己有多少兵、多少钱和多少姨太太的张宗昌，他穿着长袍、马褂，匍匐在地，行叩头大礼。此情此景，至今犹在眼前。

到了1928年，蒋介石假"革命"之名，打着孙中山先生的招牌，算是一股新力量，从广东北伐，有共产党的协助，以雷霆万钧之力，一路扫荡，宛如劲风卷残云，大军占领了济南。此时，日本军国主义分子想趁火打劫，出兵济南，酿成了有名的"五卅惨案"。高中关了门。

在这一段时间内，我的心镜中照出来的影子是封建又兼维新的教育再加上军阀混战。

日寇占领了济南，国民党军队撤走。学校都不能开学。我过了一年临时亡国奴生活。

此时日军当然是全济南至高无上的唯一的统治者。同一切非正义的统治者一样，他们色厉内荏，十分害怕中国老百姓，简直害怕到风声鹤唳、草木皆兵的程度。天天如临大敌，常常搞一些突然袭击，到居民家里去搜查。我们一听到日军到附近某地来搜查了，家里就像开了锅。有人主张关上大门，有人坚决反对。前者说：不关门，日本兵会说："你怎么这样大胆呀！竟敢双门大开！"于是捅上一刀。后者则说：关门，日本兵会说："你们一定有见不得人的勾当；不然的话，皇军驾到，你们应该开门恭迎嘛！"于是捅上一刀。结果是，一会儿开门，一会儿又关上，如坐针毡，又如热锅上的蚂蚁。此情此景，非亲身经历者，是绝不能理解的。

我还有一段个人经历。我无学可上，又深知日本人最恨中国学生，在山东焚烧日货的"罪魁祸首"就是学生。我于是剃光了脑袋，伪装是商店的小徒弟。有一天，走在东门大街上，迎面来了一群日军，检查过往行人。我知道，此时万不能逃跑，一定要镇定，否则刀枪无情。我貌似坦然地走上前去。一个日兵搜我的全身，发现我腰里扎的是一条皮带。他如获至宝，发出狞笑，说道："你的，狡猾的大大地。你不是学徒，你是学生。学徒的，是不扎皮带的！"我当头挨了一棒，幸亏还没有昏过去，我向他解释：现在小徒弟们也发了财，有的能扎皮带了。他坚决不信。正在争论的时候，另外一个日军走了过来，大概是比那一个高一级的，听了那个日军的话，似乎有点不耐烦，一摆手："让他走吧！"我于是死里逃生，从阴阳界上又转了回来。我身上出了多少汗，只有我自己知道。

在这一年内，我心镜上照出的是临时或候补亡国奴的影像。

1929 年，日军撤走，国民党重进。我在求学的道路上，从此开辟了一个新天地。

此时，北园高中关了门，新成立了一所山东省立济南高中，是全省唯一的一所高级中学。我没有考试，就入了学。

校内换了一批国民党的官员，"党"气颇浓，令人生厌。但是总的精神面貌却是焕然一新。最明显不过的是国文课。"大清国"没有了，经书不念了，文言作文改成了白话。国文教员大多是当时颇为著名的新文学家。我的第一个国文教员是胡也频烈士。

他很少讲正课，每一堂都是宣传"现代文艺"，亦名"普罗文学"，也就是无产阶级文学。一些青年，其中也有我，大为兴奋，公然在宿舍门外摆上桌子，号召大家参加"现代文艺研究会"。还准备出刊物，我为此写了一篇文章，叫作《现代文艺的使命》，里面生吞活剥抄了一些从日文译过来的所谓马克思主义文艺理论的文句。译文像天书，估计我也看不懂，但是充满了革命义愤和口号的文章，却堂而皇之地写成了。文章还没有来得及刊出，国民党通缉胡先生，他慌忙逃往上海，一二年后就被国民党杀害。我的革命梦像肥皂泡似的破灭了，从此再也没有"革命"，一直到了解放。

接胡先生的是董秋芳（冬芬）先生。他算是鲁迅的小友，北京大学毕业，翻译了一本《争自由的波浪》，有鲁迅写的序。不知道怎样一来，我写的作文得到了他的垂青，他发现了我的写作"天才"，认为是全班、全校之冠。我有点飘飘然，是很自然的。到现在，在六十年漫长的过程中，不管我搞什么样的研究工作，写散文的笔从来没有放下过。写得好坏，姑且不论。对我自己来说，文章能抒发我的感情，表露我的喜悦，缓解我的愤怒，激励我的志向。这样的好处已经不算少了。我永远怀念我这位尊敬的老师！

在这一年里，我的心镜照出来的仿佛是我的新生。

1930年夏天，我们高中一级的学生毕了业。几十个举子联合"进京赶考"。当时北京的大学五花八门，国立、私立、教会立，纷然杂陈。水平极端参差不齐，吸引力也就大不相同。其中最受尊重的，同今天完全一样，是北大与清华，两个"国立"大学。因此，全国所有的赶考的举子没有不报考这两所大学的。这两所大学就仿佛变成了龙门，门槛高得可怕。往往几十人中录取一个。被录取的金榜题名，鲤鱼变成了龙。我来投考的那一天，有一个山东老乡已经报考了5次，次次名落孙山。这一年又同我们报考，也就是第六次，结果仍然榜上无名。他神经失常，一个人恍恍惚惚在西山一带漫游了7天，才清醒过来。他从此断了大学梦，回到了山东老家，后不知所终。

我当然也报了北大与清华。同别的高中同学不同的是，我只报这两个学校，仿佛极有信心——其实我当时并没有考虑这样多，几乎是本能地这样干了——别的同学则报很多大学，二流的、三流的、不入流的，有的人竟报到七八所之多。我一辈子考试的次数成百成千，从小学一直考到获得最高学位；但我考试的运气好，从来没有失败过。这一次又撞上了喜神，北大和清华我都被录取，一时成了人们羡慕的对象。

但是，北大和清华，对我来说，却成了鱼与熊掌。何去何从？一时成了挠头的问题。我左考虑，右考虑，总难以下这一步棋。当时"留学热"不亚于今天，我未能免俗。如果从留学这个角度来考虑，清华似乎有一日之长。至少当时人们都是这样看的。"吾从众"，终于决定了清华，入的是西洋文学系（后改名外国语文系）。

在旧中国，清华西洋文学系名震神州。主要原因是教授几乎全是外国人，讲课当然用外国话，中国教授也多用外语（实际上就是英语）授课。这一点就具有极大的吸引力。夷考其实，外国教授几乎全部不学无术，在他们本国恐怕连中学都教不上。因此，在本系所有的必修课中，没有哪一门课我感到满意。反而是我旁听和选修的两门课，令我终生难忘，终生受益。旁听的是陈寅恪先生的"佛经翻译文学"，选修的是朱光潜先生的"文艺心理学"，就是美学。在本系中国教授中，叶公超先生教我们大一英文。他英文大概是好的，但有时故意不修边幅，好像要学习竹林七贤，给我没有留下好印象。吴宓先生的两门课"中西诗之比较"和"英国浪漫诗人"，给我留下了深刻的印象。

此外，我还旁听了或偷听了很多外系的课。比如朱自清、俞平伯、谢婉莹（冰心）、郑振铎等先生的课，我都听过，时间长短不等。在这种旁听活动中，我有成功，也有失败。最失败的一次，是同许多男同学，被冰心先生婉言赶出了课堂。最成功的是旁听西谛先生的课。西谛先生豁达大度，待人以诚，没有教授架子，没有行帮意识。我们几个年轻大学生——吴组缃、林庚、李长之，还有我自己——由听课而同他有了个人来往。他同巴金、靳以主编大型的《文学季刊》是当时轰动文坛的大事。他也竟让我们名不见经传的无名小卒，充当《季刊》的编委或特约撰稿人，名字赫然印在杂志的封面上，对我们来说这实在是无上的光荣。结果我们同西谛先生成了忘年交，终生维持着友谊，一直到1958年他在飞机失事中遇难。到了今天，我们一想到郑先生还不禁悲从中来。

此时政局是非常紧张的。蒋介石在拼命"安内"，日军已薄古北口，在东北兴风作浪，更不在话下。"九一八"后，我也曾参加清华学生卧轨绝食，到南京去请愿，要求蒋介石出兵抗日。

我们满腔热血，结果被满口谎言的蒋介石捉弄，铩羽而归。

美丽安静的清华园也并不安静。国共两方的学生斗争激烈。此时，胡乔木（原名胡鼎新）同志正在历史系学习，与我同班。他在进行革命活动，其实也并不怎么隐蔽。每天早晨，我们洗脸盆里塞上的传单，就出自他之手。这是一个公开的秘密，尽人皆知。他曾有一次在深夜坐在我的床上，劝说我参加他们的组织。我胆小怕事，没敢答应。只答应到他主办的工人子弟夜校去上课，算是聊助一臂之力，稍报知遇之恩。

学生中国共两派的斗争是激烈的，详情我不得而知。我算是中间偏左的逍遥派，不介入，也没有兴趣介入这种斗争。不过据我的观察，两派学生也有联合行动，比如到沙河、清河一带农村中去向农民宣传抗日。我参加过几次，记忆中好像也有倾向国民党的学生参加。原因大概是，尽管蒋介石不抗日，青年学生还是爱国的多。在中国知识分子中，爱国主义的传统是源远流长的，根深蒂固的。

这几年，我们家庭的经济情况颇为不妙。每年寒暑假回家，返校时筹集学费和膳费，就煞费苦心。清华是国立大学，花费不多。每学期收学费40元；但这只是一种形式，毕业时学校把收的学费如数还给学生，供毕业旅行之用。不收宿费，膳费每月6块大洋，顿顿有肉。即使是这样，我也开支不起。我的家乡清平县，国立大学生恐怕只有我一个，视若"县宝"，每年津贴我50元。另外，我还能写点文章，得点稿费，家里的负担就能够大大地减轻。我就这样在颇为拮据的情况中度过了4年，毕了业，戴上租来的学士帽照过一张相，结束了我的大学生活。

当时流行着一个词儿，叫"饭碗问题"，还流行着一句话，是"毕业即失业"。除了极少数高官显宦、富商大贾的子女以外，谁都会碰到这个性命交关的问题。我从三年级开始就为此伤脑筋。我面临着承担家庭主要经济负担的重任。但是，我吹拍乏术，奔走无门。夜深人静之时，自己脑袋里好像是开了锅，然而结果却是一筹莫展。

眼看快要到 1934 年的夏天，我就要离开学校了。真好像是大旱之年遇到甘霖，我的母校济南省立高中校长宋还吾先生，托人邀我到母校去担任国文教员。月薪大洋 160 元，是大学助教的一倍。大概因为我发表过一些文章，我就被认为是文学家，而文学家都一定能教国文，这就是当时的逻辑。这一举真让我受宠若惊，但是我心里却打开了鼓：我是学西洋文学的，高中国文教员我当得了吗？何况我的前任是被学生"架"（当时学生术语，意思是"赶"）走的，足见学生不易对付。我去无疑是自找麻烦，自讨苦吃，无异于跳火坑。我左考虑，右考虑，终于举棋不定，不敢答复。然而，时间是不饶人的。暑假就在眼前，离校已成定局，最后我咬了咬牙，横下了一条心："你有勇气请，我就有勇气承担！"

于是在 1934 年秋天，我就成了高中的国文教员。校长待我是好的，同学生的关系也颇融洽。但是同行的国文教员对我却有挤对之意。全校 3 个年级，12 个班，4 个国文教员，每人教 3 个班。这就来了问题：其他 3 位教员都比我年纪大得多，其中一个还是我的老师一辈，都是科班出身，教国文成了老油子，根本用不着备课。他们却每人教一个年级的 3 个班，备课只有一个头。我教

3个年级剩下的那个班，备课有3个头，其困难与心里的别扭是显而易见的。所以在这一年里，收入虽然很好（160元的购买力约与今天的3200元相当），心情却是郁闷。眼前的留学杳无踪影，手中的饭碗飘忽欲飞。此种心情，实不足为外人道也。

但是，幸运之神（如果有的话）对我是垂青的。正在走投无路之际，母校清华大学同德国学术交换处签订了互派留学生的合同，我喜极欲狂，立即写信报了名，结果被录取。这比考上大学金榜题名的心情，又自不同，别是一番滋味在心头。积年愁云，一扫而空，一生幸福，一锤定音。仿佛金饭碗已经捏在手中。自己身上一镀金，则左右逢源，所向无前。我现在看一切东西，都发出玫瑰色的光泽了。

然而，人是不能脱离现实的。我当时的现实是：亲老，家贫，子幼。我又走到了我一生最大的一个岔路口上。何去何从？难以决定。这个歧路口，对我来说，意义真正是无比的大。不向前走，则命定一辈子当中学教员，饭碗还不一定经常能拿在手中，向前走，则会是另一番境界。"马前桃花马后雪，教人怎敢再回头？"

经过了痛苦的思想矛盾，经过了细致的家庭协商，决定了向前迈步。好在原定期限只有两年，咬一咬牙就过来了。

我于是在1935年夏天离家，到北平和天津办理好出国手续，乘西伯利亚火车，经苏联，到了柏林。我自己的心情是：万里投荒第二人。

在这一段从大学到教书一直到出国的时期中，我的心镜中照见的是：蒋介石猖狂反共，日本军野蛮入侵，时局动荡不安，学生两极分化，这样一幅十分复杂矛盾的图像。

马前的桃花，远看异常鲜艳，近看则不见得。

我在柏林待了几个月，中国留学生人数颇多，认真读书者当然有之，终日鬼混者也不乏其人。国民党的大官，自蒋介石起，很多都有子女在德国"流学"。这些高级"衙内"看不起我，我更藐视这一群行尸走肉的家伙，羞与他们为伍。"此地信莫非吾土"，到了深秋，我就离开柏林，到了小城又是科学名城的哥廷根。从此以后，在这里一住就是 7 年，没有离开过。

德国给我一月 120 马克，房租约占百分之四十多，吃饭也差不多。手中几乎没有余钱。同官费学生一个月 800 马克相比，真如小巫见大巫。我在德国住了那么久的时间，从来没有寒暑假休息，从来没有旅游，一则因为"阮囊羞涩"，二则珍惜寸阴，想多念一点书。

我不远万里而来，是想学习的。但是，学习什么呢？最初并没有一个十分清楚的打算。第一学期，我选了希腊文，样子是想念欧洲古典语言文学。但是，在这方面，我无法同德国学生竞争，他们在中学里已经学了 8 年拉丁文，6 年希腊文。我心里彷徨起来。

到了 1936 年春季始业的那一学期，我在课程表上看到了瓦尔德施米特开的梵文初学课，我狂喜不止。在清华时，受了陈寅恪先生讲课的影响，就有志于梵学。但在当时，中国没有人开梵文课，现在竟于无意中得之，焉能不狂喜呢？于是我立即选了梵文课。在德国，要想考取哲学博士学位，必须修三个系，一主二副。我的主系是梵文、巴利文，两个副系是英国语言学和斯拉夫语言学。我从此走上了正规学习的道路。

1937 年，我的奖学金期满。正在此时，日军发动了卢沟桥事变，虎视眈眈，意在吞并全中国和亚洲。我是望乡兴叹，有家难归。但是天无绝人之路，汉文系主任夏伦邀我担任汉语讲师，我实在像久旱逢甘霖，当然立即同意，走马上任。这个讲师工作不多，我照样当我的学生，我的读书基地仍然在梵文研究所，偶尔到汉学研究所来一下。这情况一直继续到 1945 年秋天我离开德国。

1939 年，第二次世界大战正式开幕。我原以为像这样杀人盈野、积血成河的人类极端残酷的大搏斗，理应震撼三界，摇动五洲，使禽兽颤抖，使人类失色。然而，我有幸身临其境，只不过听到几次法西斯头子狂嚎——这在当时的德国是司空见惯的事——好像是春梦初觉，无声无息地就走进了战争。战争初期阶段，德军的胜利使德国人如疯如狂，对我则是一个打击。他们每胜利一次，我就在夜里服安眠药一次。积之既久，失眠成病，成了折磨我几十年的终生痼疾。

最初生活并没有怎样受到影响。慢慢地肉和黄油限量供应了，慢慢地面包限量供应了，慢慢地其他生活用品也限量供应了。在不知不觉中，生活的螺丝越拧越紧。等到人们明确地感觉到时，这螺丝已经拧得很紧很紧了，但是除了极个别的反法西斯的人以外，我没有听到老百姓说过一句怨言。德国法西斯头子统治有术，而德国人民也是一个十分奇特的民族，对我来说，简直像个谜。

后来战火蔓延，德国四面被封锁，供应日趋紧张。我天天挨饿，夜夜做梦，梦到中国的花生米。我幼无大志，连吃东西也不例外。有雄心壮志的人，梦到的一定是燕涎、鱼翅，哪能像我这样没出息的人只梦到花生米呢？饿得厉害的时候，我简直觉得自己是处在饿鬼地狱中，恨不能把地球都整个吞下去。

我仍然继续念书和教书。除了挨饿外，天上的轰炸最初还非常稀少。我终于写完了博士论文。此时瓦尔德施米特教授被征从军，他的前任已退休的老教授西克替他上课。他用了几十年的时间读通了吐火罗文，名扬全球。按岁数来讲，他等于我的祖父。他对我也完全是一个祖父的感情。他一定要把自己全部拿手的好戏都传给我：印度古代语法、吠陀，而且不容我提不同意见，一定要教我吐火罗文。我乘瓦尔德施米特教授休假之机，通过了口试，布劳恩口试俄文和斯拉夫文，罗德尔口试英文。考试及格后，仍在西克教授指导下学习。我们天天见面，冬天黄昏，在积雪的长街上，我搀扶着年逾八旬的异国的老师，送他回家。我忘记了战火，忘记了饥饿，我心中只有身边这个老人。

我当然怀念我的祖国，怀念我的家庭。此时邮政早已断绝。杜甫诗："烽火连三月，家书抵万金。"我却是"烽火连三年，家书抵亿金"。事实上根本收不到任何信。这大大地加强我的失眠症，晚上吞服的药量，与日俱增，能安慰我的只有我的研究工作。此时英美的轰炸已成家常便饭，我就是在饥饿与轰炸中写成了几篇论文。大学成了女生的天下，男生都抓去当了兵。过了没有多久，男生有的回来了，但不是缺一只手，就是缺一条腿。双拐击地的声音在教室大楼中往复回荡，形成了独特的合奏。

到了此时，前线屡战屡败，法西斯头子的牛皮虽然照样厚颜无耻地吹，然而已经空洞无力，有时候牛头不对马嘴。从我们外国人眼里来看，败局已定，任何人也回天无力了。

德国人民怎么样呢？经过我十年的观察与感受，我觉得，德国人不愧是世界上最优秀的人民之一。文化昌明，科学技术处于世界前列，大文学家、大哲学家、大音乐家、大科学家，近代哪一个民族也比不上。而且为人正直、淳朴，个个都是老实巴交的样子。在政治上，他们却是比较单纯的，真心拥护希特勒者占绝大多数。令我大惑不解的是，希特勒极端诬蔑中国人，视为文明的破坏者。按理说，我在德国应当遇到很多麻烦。然而，实际上，我却一点麻烦也没有遇到。听说，在美国，中国人很难打入美国人社会。可我在德国，自始至终就在德国人社会之中，我就住在德国人家中，我的德国老师，我的德国同学，我的德国同事，我的德国朋友，从来待我如自己人，没有丝毫歧视。这一点让我终生难忘。

这样一个民族现在怎样看待垂败的战局呢？他们很少跟我谈论战争问题，对生活的极端艰苦，轰炸的极端野蛮，他们好像都无动于衷，他们有点茫然、漠然。一直到1945年春，美国军队攻入哥廷根，法西斯彻底完蛋了，德国人仍然无动于衷，大有逆来顺受的意味，又仿佛当头挨了一棒，在茫然、漠然之外，又有点昏昏然、惛惛然。

惊心动魄的世界大战，持续了6年，现在终于闭幕了。我在惊魂甫定之余，顿时想到了祖国，想到了家庭，我离开祖国已经10年了，我在内心深处感到了祖国对我这个海外游子的召唤。几经交涉，美国占领军当局答应用吉普车送我们到瑞士去。我辞别德国师友时，心里十分痛苦，特别是西克教授，我看到这位耄耋老人面色凄楚，双手发颤，我们都知道，这是最后一面了。我连头也不敢回，眼里流满了热泪。我的女房东对我放声大哭。她儿子在外地，丈夫已死，我这一走，房子里空空洞洞，只剩下她一个人。几年来她实际上是同我相依为命，而今以后，日子可怎样过呀！离开她时，我也是头也没有敢回，含泪登上美国吉普。我在心里套一首旧诗想成了一首诗：

留学德国已十霜，

归心日夜忆旧邦。

无端越境入瑞士，

客树回望成故乡。

　　这10年在我的心镜上照出的是法西斯统治，极端残酷的世界大战，游子怀乡的残影。

　　1945年10月，我们到了瑞士。在这里待了几个月。1946年春天，离开瑞士，经法国马赛，乘为法国运兵的英国巨轮，到了越南西贡。在这里待到夏天，又乘船经香港回到上海，别离祖国将近十一年，现在终于回来了。

此时，我已经通过陈寅恪先生的介绍，胡适之先生、傅斯年先生和汤用彤先生的同意，到北大来工作。我写信给在英国剑桥大学任教的哥廷根旧友夏伦教授，谢绝了剑桥之聘，决定不再回欧洲。同家里也取得了联系，寄了一些钱回家。我感激叔父和婶母，以及我的妻子彭德华，他们经过千辛万苦，努力苦撑了11年，我们这个家才得以完整安康地留了下来。

当时正值第二次革命战争激烈进行，交通中断，我无法立即回济南老家探亲。我在上海和南京住了一个夏天。在南京曾叩见过陈寅恪先生，到中央研究院拜见过傅斯年先生。1946年深秋，从上海乘船到秦皇岛，转乘火车，来到了暌别11年的北平。深秋寂冷，落叶满街，我心潮起伏，酸甜苦辣，说不出来是什么滋味。阴法鲁先生到车站去接我们，把我暂时安置在北大红楼。第二天，会见了文学院长汤用彤先生。汤先生告诉我，按北大以及其他大学规定，得学位回国的学人，最高只能给予副教授职称，在南京时傅斯年先生也告诉过我同样的话。能到北大来，我已经心满意足，焉敢妄求？但是过了没有多久，大概只有个把礼拜，汤先生告诉我，我已被定为正教授兼东方语言文学系主任，时年35岁。当副教授时间之短，我恐怕是创了新纪录。这完全超出了我的想望。我暗下决心：努力工作，积极述作，庶不负我的老师和师辈培养我的苦心！

此时的时局却是异常恶劣的。以蒋介石为首的国民党，剥掉自己的一切画皮，贪污成性，贿赂公行，大搞"五子登科"，接收大员满天飞，"法币"天天贬值，搞了一套银元券、金元券之类的花样，毫无用处。人民生活在水深火热之中，大学教授也不例外。手中领到的工资，一个小时以后，就能贬值。大家纷纷换银元，换美元，用时再换成法币。每当手中攥上几个大头时，心里便暖乎乎的，仿佛得到了安全感。

在学生中，新旧势力的斗争异常激烈。国民党垂死挣扎，进步学生猛烈进攻。当时流传着一个说法：在北平有两个解放区，一个是北大的民主广场，一个是清华园。我住在红楼，有几次也受到了国民党北平市党部纠集的天桥流氓等闯进来捣乱的威胁。我们在夜里用桌椅封锁了楼口，严阵以待，闹得人心惶惶，我们觉得又可恨，又可笑。

但是，腐败的东西终究会灭亡的，这是一条人类和大自然中进化的规律。1949年春，北平终于解放了。

在这三年中，我的心镜中照出的是黎明前的一段黑暗。

如果把我的一生分成两截的话，我习惯的说法是，前一截是旧社会，共38年。后一截是新社会，年数现在还没法确定，我一时还不想上八宝山，我无法给我的一生画上句号。

为什么要分为两截呢？一定是认为两个社会差别极大，非在中间画上鸿沟不行。实际上，我同当时留下没有出国或到台湾去的中老年知识分子一样，对共产党并不了解，对共产主义也不见得那么向往，但是对国民党我们是了解的。因此，解放军进城我们是欢迎的，我们内心是兴奋的，希望而且也觉得从此换了人间。解放初期，政治清明，一团朝气，许多措施深得人心。旧社会留下的许多污泥浊水，荡涤一清。我们都觉得从此河清有日，幸福来到了人间。

但是，我们也有一个适应过程。别的比我年老的知识分子的真实心情，我不了解。至于我自己，我当时才40岁，算是刚刚进入中年，但是我心中需要克服的障碍就不老少。参加大会，喊"万岁"之类的口号，最初我张不开嘴。连脱掉大褂换上中山装这样的小事，都觉得异常别扭，他可知矣。宁有过于此者乎？我觉得无比的羞耻。连我那一点所谓学问——如果真正有的话——也是极端可耻的。

对我来说，这个适应过程并不长，也没有感到什么特殊的困难，我一下子像是变了一个人。觉得一切的一切都是美好的，都是善良的。我觉得天特别蓝，草特别绿，花特别红，山特别青。全中国仿佛开遍了美丽的玫瑰花，中华民族前途光芒万丈，我自己仿佛又年轻了10岁，简直变成了一个大孩子。开会时，游行时，喊口号，呼"万岁"，我的声音不低于任何人，我的激情不下于任何人。现在回想起来，那是我一生最愉快的时期。

但是，反观自己，觉得百无是处。我从内心深处认为自己是一个地地道道的"摘桃派"。中国人民站起来了，自己也跟着挺直了腰板。任何类似贾桂的思想，都一扫而空。我享受着"解放"的幸福，然而我干了什么事呢？我做出了什么贡献呢？我确实没有当汉奸，也没有加入国民党，没有屈服于德国法西斯。但是，当中华民族的优秀儿女把脑袋挂在裤腰带上，浴血奋战，壮烈牺牲的时候，我却躲在万里之外的异邦，在追求自己的名山事业。天下可耻事宁有过于此者乎？我觉得无比地羞耻。连我那一点所谓学问——如果真的有的话——也是极端可耻的。

我左思右想，沉痛内疚，觉得自己有罪，觉得知识分子真是不干净。我仿佛变成了一个基督教徒，深信"原罪"的说法。在好多好多年，这种"原罪"感深深地印在我的灵魂中。

我当时时发奇想，我希望时间之轮倒拨回去，拨回到战争年代，给我一个机会，让我立功赎罪。我一定会不惜牺牲自己的性命，为了革命，为了民族。我甚至有近乎疯狂的幻想：如果我们的领袖遇到生死危机，我一定会挺身而出，用自己的鲜血与性命来保卫领袖。

我处处自惭形秽。我当时最羡慕、最崇拜的是三种人：老干部、解放军和工人阶级。对我来说，他们的形象至高无上，神圣不可侵犯。在我眼中，他们都是"最可爱的人"，是我终生学习也无法赶上的人。

就这样，我背着沉重的"原罪"的十字架，随时准备深挖自己思想，改造自己的资产阶级思想，真正树立无产阶级思想——除了"毫不利己，专门利人"之外，我到今天也说不出什么是无产阶级思想——脱胎换骨，重新做人。风风雨雨，坎坎坷坷，一会儿山重水复，一会儿柳暗花明，走过了漫长的 30 年。

解放初期第一场大型的政治运动，是"三反"、"五反"、思想改造运动。我认真严肃地怀着满腔的虔诚参加了进去。我一辈子不贪污公家一分钱，"三反"、"五反"与我无缘。但是思想改造，我却认为，我的任务是艰巨的，是迫切的……当时，当众检查自己的思想叫作"洗澡","洗澡"有小、中、大三盆。我是系主任，必须洗中盆，也就是在系师生大会上公开检查。因为我没有什么民愤，没有升入"大盆"，也就是没有在全校师生大会上检查。

在中盆里，水也是够热的。大家发言异常激烈，有的出于真心实意，有的也不见得。我生平破天荒第一次经过这个阵势，句句话都像利箭一样，射向我的灵魂。但是，因为我仿佛变成一个基督教徒，怀着满腔虔诚的"原罪"感，好像话越是激烈，我越感到舒服，我舒服得浑身流汗，仿佛洗的是土耳其蒸气浴。大会最后让我通过以后，我感动得真流下了眼泪，感到身轻体健，资产阶级思想仿佛真被廓清。

像我这样虔诚的信徒，还有不少，但是也有想蒙混过关的。有一位洗大盆的教授，小盆、中盆，不知洗过多少遍了，群众就是不让通过，终于升至大盆。他破釜沉舟，想一举过关。检讨得痛快淋漓，把自己骂得狗血喷头，连同自己的资产阶级父母，都被波及，他说了父母不少十分难听的话。群众大受感动。然而无巧不成书，主席瞥见他的检讨稿上用红笔写上了几个大字"哭"。每到这地方，他就号啕大哭。主席一宣布，群众大哗。结果如何，就不用说了。

跟着来的是批判电影《武训传》，批判《早春二月》，批判资产阶级学术思想，胡适、俞平伯都榜上有名。后面是揭露和批判胡风"反革命集团"，这是属于敌我矛盾的事件。胡风本人以外，被牵涉到的人数不少，艺术界和学术界都有。附带进行了一次清查历史反革命的运动，自杀的人时有所闻。北大一位汽车司机告诉我，到了这样的时候，晚上开车，要十分警惕，怕冷不防有人从黑暗中一下子跳出来，甘愿做轮下之鬼。

到了1957年，政治运动达到了第一次高潮。从规模上来看，从声势上来看，从涉及面之广来看，从持续时间之长来看，都无愧是空前的。

最初只说是党内整风，号召大家提意见，"知无不言，言无不尽"。当时党的威信至高无上。许多爱护党而头脑简单的人，就真提开了意见，有的话说得并不好听，但是绝大部分人是出于一片赤诚之心，结果被揪住了辫子，划为右派。根据"上头"的意见，右派是敌我矛盾作为人民内部矛盾来处理，而且信誓旦旦说：右派永远不许翻案。

有些被抓住辫子的人恍然大悟：原来不是说不抓辫子，不打棍子，不戴帽子吗？这是不是一场阴谋？答曰：否，这不是阴谋，而是阳谋。到了此时，悔之晚矣。戴上右派帽子的人，虽说是人民内部，但是游离于敌我之间，徒倚于人鬼之隙，滋味是够受的。有的人到了20年之后才被摘掉帽子，然而老夫耄矣。无论如何，这证明了，共产党有改正错误的勇气，是有力量有信心的表现。

当时究竟划了多少右派，确数我不知道。听说右派是有指标的，这指标下达到每一个基层单位，如果没有完成，必须补划。传说出了不少笑话。这都先不去管它。有一件事情，我脑筋里开了点窍：这一场运动，同以前的运动一样，是针对知识分子的。我怀着根深蒂固的"原罪"感，衷心拥护这一场运动。

到了1958年，轰轰烈烈的反击右派运动逐渐接近了尾声。但是，车不能停驶，马不能停蹄，立即展开了新的运动，而且这一次运动在很多方面都超越了以前的运动。这一次是精神和物质一齐抓，既要解放生产力，又要肃清资产阶级思想。后者主要是针对学校里的教授，美其名曰"拔白旗"。"白"就代表落后，代表倒退，代表资产阶级思想，是与代表前进、代表革命、代表无产阶级思想的"红"相对立的。大学里和中国科学院里一些"资产阶级教授"，狠狠地被拔了一下白旗。

前者则表现在大炼钢铁上。至于人民公社，则好像是兼而有之。"共产主义是天堂，人民公社是桥梁"，是当时最响亮的口号，大炼钢铁实际上是一场巨大的灾难。全国人民响应号召，到处搜捡废铁，加以冶炼，这件事本来未可厚非。但是，废铁捡完了，为了完成指标，就把完整的铁器，包括煮饭的锅在内，砸成"废铁"，回炉冶炼。全国各地，炼钢的小炉，灿若群星，日夜不熄，蔚为宇宙伟观。然而炼出来的却是一炉炉的废渣。

人人都想早上天堂，于是人民公社，一夜之间，遍布全国，适逢粮食丰收，大家敞开肚皮吃饭。个人的灶都撤掉了，都集中在公共食堂中吃饭。有的粮食烂在地里，无人收割。把群众运动的威力夸大到无边无际，把人定胜天的威力也夸大到无边无际。麻雀被定为四害之一，全国人民起来打之。把粮食的亩产量也无限夸大，从几百斤、几千斤，到几万斤。各地竞相弄虚作假，大放"卫星"。有人说，如果亩产几万斤，则一亩地里光麦粒或谷粒就得铺得老厚，那是完全不可信的。

那时我已经有四十七八岁，不是小孩子了；我是受过高等教育、留过洋的大学教授，然而我对这一切都深信不疑。"人有多大胆，地有多大产"，我是坚信的。我在心中还暗暗地嘲笑那一些"思想没有解放"的"胆小鬼"，觉得唯我独马，唯我独革。

跟着来的是三年灾害。真是"自然灾害"吗？今天看来，未必是的。反正是大家都挨了饿。我在德国挨过 5 年的饿，"曾经沧海难为水"，我现在一点没有感到难受，半句怪话也没有说过。

从全国形势来看，当时的政策已经"左"到不能再"左"的程度，当务之急当然是反"左"。据说中央也是这样打算的。但是，在庐山会议上，忽然杀出来了一个彭德怀。他上了"万言书"，说了几句真话，这就惹了大祸。于是一场反"左"变为反右。一直到今天，开国元勋中，我最崇拜最尊敬的无过于彭大将军。他是一个难得的硬汉子，豁出命去，也不阿谀奉承，代表了中华民族的浩然正气。

上面既然号召反右，那么就反吧。知识分子们，经过十几年连续不断的运动，都已锻炼成了"运动健将"，都已成了运动的内行里手。这一次我整你，下一次你整我，大家都已习惯这一套了。于是乱乱哄哄，时松时紧，时强时弱，一直反到社教运动。

据我看，社教运动实际上是"无产阶级文化大革命"的前奏曲。我现在就把这两场运动摆在一起来讲。

社会主义教育运动，北大是试点，先走了一步，运动开始后不久学校里就泾渭分明地分了派：被整的与整人的。我也懵懵懂懂地参加了整人的行列。可是有一件事情我不明白，也想不通，新中国成立后第一次萌动了一点"反动思想"：学校的领导都是上面派来的老党员、老干部，我们资产阶级知识分子并起不了多大作用，为什么上头的意思说我们"统治"了学校呢？我百思不得其解。

后来北京市委进行了干预，召开了国际饭店会议，为被批的校领导平反，这里就伏下了"文化大革命"的起因。

1965 年秋天，我参加完了国际饭店会议，被派到京郊南口村去搞农村社教运动。在这里我们真成了领导了，党政财文大权统统掌握在我们手里。但是要求也是非常严格的：不许自己开火做饭，在全村轮流吃派饭，鱼肉蛋不许吃。自己的身份和工资不许暴露，当时农民每日工分不过三四角钱，我的工资是四五百，这样放了出去，怕农民吃惊。时隔 30 年，到了今天，再到农村去，我们工资的数目是不肯说，怕说出去让农民笑话。抚今追昔，真不禁感慨系之矣！

这一年的冬天，姚文痞的文章《评新编历史剧〈海瑞罢官〉》发表，敲响了"文化大革命"的钟声。所谓"三家村"的三位主人，我全认识，我在南口村无意中说了出来。这立即被我的一位"高足"牢记在心。后来在"文革"中，这位高足原形毕露。为了出人头地，颇多惊人之举，比如说贴口号式的大字报，也要署上自己的名字，引起了轰动。他对我也落井下石，把我"打"成了"三家村"的小伙计。

我于 1966 年 6 月 4 日奉召回校，参加"文化大革命"。最初的一个阶段，是批所谓"资产阶级学术权威"。这次运动又是针对知识分子的，是再明显不过的了，我自然在被批之列。我虽不敢以"学术权威"自命，但是，说自己是资产阶级，我则心悦诚服，毫无怨言。尽管运动来势迅猛，我没有费多大力量就通过了。

后来，北大成立了"革命委员会"，头子就是那位所谓写第二张"马列主义大字报"的"老佛爷"。此人是有后台的，广通声气，据说还能通天，与江青关系密切。她不学无术，每次讲话，必出错误；但是却骄横跋扈，炙手可热。此时她成了全国名人，每天到北大来"取经"朝拜的上万人，上十万人。弄得好端端一个燕园乱七八糟，乌烟瘴气。

随着运动的发展，北大逐渐分了派。"老佛爷"这一派叫"新北大公社"，是抓掌大权的"当权派"。它的对立面叫"井冈山"，是被压迫的。两派在行动上很难说有多少区别，都搞打、砸、抢，都不懂什么叫法律。上面号召："革命无罪，造反有理。"这就是至高无上的法律。

我越过第一阵强烈的风暴，问题算是定了。我逍遥了一阵子，日子过得满惬意。如果我这样逍遥下去的话，太大的风险不会再有了。我现在无疑是过了昭关的伍子胥。我是一个胆小怕事的人，这是常态；但是有时候我胆子又特别大。在我一生中，这样的情况也出现过几次，这是变态。及今思之，我这个人如果有什么价值的话，价值就表现在变态上。这种变态在"文化大革命"又出现过一次。

在"老佛爷"仗着后台硬为所欲为无法无天的时候，校园里残暴野蛮的事情越来越多。抄家，批斗，打人，骂人，脖子上挂大木牌子，头上戴高帽子，任意侮辱人，放胆造谣言，以致发展到用长矛杀人，不用说人性，连兽性都没有了。我认为这不符合群众路线，不符合什么人的"革命路线"。放着安稳的日子不过，我又发了牛脾气，自己跳了出来，其中危险我是知道的。我在日记里写过："为了保卫什么人的革命路线，虽粉身碎骨，在所不辞。"这完全是真诚的，半点虚伪也没有。

同时，我还有点自信：我头上没有辫子，屁股上没有尾巴。我没有参加过国民党或任何反动组织，没有干反人民的事情。我怀着冒险、侥幸又还有点自信的心情，挺身出来反对那一位"老佛爷"。我完完全全是"自己跳出来"的。

没想到，也可以说是已经想到，这一跳就跳进了"牛棚"。我在群众中有一定的影响，我起来在太岁头上动土，"老佛爷"恨我入骨，必欲置之死地而后快。我被抄家，被批斗，被打得头破血流，鼻青脸肿。我并不是那种豁达大度什么都不在乎的人。我一时被斗得晕头转向，下定决心，自己结束自己的性命。决心既下，我心情反而显得异常平静，简直平静得有点可怕。我把历年积攒的安眠药片和药水都装到口袋里，最后看了与我共患难的妹母和老伴一眼，刚准备出门跳墙逃走，大门上响起了雷鸣般的撞门声："新北大公社"的红卫兵来押解我到大饭厅去批斗了。这真正是千钧一发呀！这一场批斗进行得十分激烈，十分野蛮，我被打得躺在地上站不起来。然而我一下得到了"顿悟"：一个人忍受挨打折磨的能力，是没有极限的。我能够忍受下去的！我不死了！我要活下去！

我的确活下来了。然而，在刚离开"牛棚"的时候，我已经虽生犹死，我成了一个半白痴，到商店去买东西，不知道怎样说话。让我抬起头来走路，我觉得不习惯。耳边不再响起"妈的！""混蛋！""王八蛋！"一类的词儿，我觉得奇怪。见了人，我是口欲张而嗫嚅，足欲行而趑趄。我几乎成了一具行尸走肉，我已经"异化"为"非人"。

我的确活下来了，然而一个念头老在咬我的心。我一向信奉的"士可杀，不可辱"的教条，怎么到了现在竟被我完全地抛到脑后了呢？我有勇气仗义执言，打抱不平，为什么竟没有勇气用自己的性命来抗议这种暴行呢？我有时甚至觉得，隐忍苟活是可耻的。然而，怪还不怪在我的后悔，而在于我在很长的时间内并没有把这件事同整个的"文化大革命"联系在一起。一直到1976年"四人帮"被打倒，我一直拥护七八年一次、一次七八年的"革命"。可见我的政治嗅觉是多么迟钝。

我做了四十多年的梦，我怀拥"原罪感"四十多年。上面提到的我那三个崇拜对象，我一直崇拜了四十多年。所有这一切对我来说是十分神圣的东西，都被"文革"打得粉碎，而今安在哉！我不否认，我这几个崇拜对象大部分还是好的，我不应从一个极端走向另一个极端。至于我衷心拥护了十年的"文化大革命"，则另是一码事。这是中国历史上空前的最野蛮、最残暴、最愚昧、最荒谬的一场悲剧，它给伟大的中华民族脸上抹了黑。我们永远不应忘记！

"四人帮"垮台，"无产阶级文化大革命"结束以后，中央拨乱反正，实行了改革开放的政策，受到了全国人民的拥护。时间并不太长，取得的成绩有目共睹。在全国人民眼前，全国知识分子眼前，天日重明，又有了希望。

我在上面讲述了新中国成立后四十多年来的遭遇和感受。在这一段时间内，我的心镜里照出来的是运动，运动，运动；照出来的是我个人和众多知识分子的遭遇；照出来的是我个人由懵懂到清醒的过程；照出来的是全国人民从政治和经济危机的深渊岸边回头走向富庶的转机。

我在 20 世纪生活了八十多年了。再过 7 年，这一世纪这一千纪就要结束了。这是一个非常复杂、变化多端的世纪。我心里这一面镜子照见的东西当然也是富于变化的，五花八门的，但又多姿多彩的。它既照见了阳关大道，也照见了独木小桥；它既照见了山重水复，也照见了柳暗花明。我不敢保证我这一面心镜绝对通明锃亮，但是我却相信，它是可靠的，其中反映的倒影是符合实际的。

我揣着这一面镜子，一揣揣了八十多年。我现在怎样来评价镜子里照出来的 20 世纪呢？我现在怎样来评价镜子里照出来的我的一生呢？呜呼，慨难言矣！慨难言矣！"却道天凉好个秋"。我效法这一句词，说上一句：天凉好个冬！

只有一点我是有信心的：21 世纪将是中国文化（东方文化的核心）复兴的世纪。现在世界上出现了许多影响人类生存前途的弊端，比如人口爆炸，大自然被污染，生态平衡被破坏，臭氧被破坏，粮食生产有限，淡水资源匮乏，等等，这只有中国文化能克服，这就是我的最后信念。

1993 年 2 月 17 日

一个老知识分子的心声

　　按我出生的环境，我本应该终生成为一个贫农。但是造化小儿却偏偏要拨弄我，把我播弄成了一个知识分子。从小知识分子把我拨弄成一个中年知识分子；又从中年知识分子把我拨弄成一个老知识分子。现在我已经到了望九之年，耳虽不太聪，目虽不太明，但毕竟还是"难得糊涂"，仍然能写能读，焚膏继晷，兀兀穷年，仿佛有什么力量在背后鞭策着自己，欲罢不能。眼前有时闪出一个长队的影子，是北大教授按年龄顺序排成了的。我还没有站在最前面，前面还有将近二十来个人。这个长队缓慢地向前迈进，目的地是八宝山。时不时地有人"捷足先登"，登的不是泰山，而就是这八宝山。我暗暗下定决心：决不抢先加塞，我要鱼贯而进。什么时候鱼贯到我面前，我就要含笑挥手，向人间说一声"拜拜"了。

　　干知识分子这个行当是并不轻松的，在过去七八十年中，

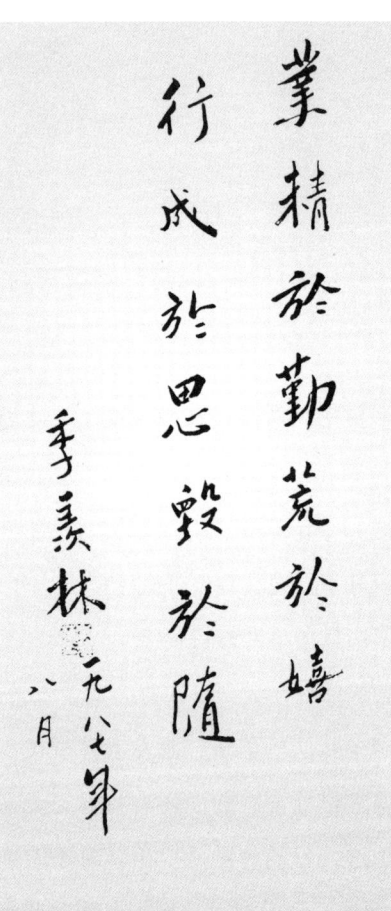

業精於勤荒於嬉
行成於思毀於隨

季羨林 一九八七年 八月

季羡林先生书法作品

我尝够了酸甜苦辣，经历够了喜怒哀乐。走过了阳关大道，也走过了独木小桥。有时候，光风霁月，有时候，阴霾蔽天。有时候，峰回路转，有时候，柳暗花明。金榜上也曾题过名，春风里也曾得过意，说不高兴是假话。但是，一转瞬间，就交了华盖运，四处碰壁，五内如焚。原因何在呢？古人说："人生识字忧患始"，这实在是见道之言。"识字"，当然就是知识分子了。一戴上这顶帽子，"忧患"就开始向你奔来。是不是杜甫的诗："儒冠多误身"？"儒"，当然就是知识分子，一戴上儒冠就倒霉。我只举这两个小例子，就可以知道，中国古代的知识分子们早就对自己这一行腻味了。"诗必穷而后工"，连作诗都必须先"穷"。"穷"并不一定指的是没有钱，主要指的也是倒霉。不倒霉就做不出好诗，没有切身经历和宏观观察，能说得出这样的话吗？

世界各国应该都有知识分子。但是，根据我七八十年的观察与思考，我觉得，既然同为知识分子，必有其共同之处，有知识，承担延续各自国家的文化的重任，至少这两点必然是共同的。但是不同之处却是多而突出。别的国家先不谈，我先谈一谈中国历代的知识分子，中国有五六千年或者更长的文化史，也就有五六千年的知识分子。我的总印象是：中国知识分子是一种很奇怪的群体，是造化小儿加心加意创造出来的一种"稀有动物"。虽然"十年浩劫"中，他们被批为"一心只读圣贤书"的"修正主义"分子，这实际上是冤枉的。这样的人不能说没有，但是，主流却正相反。几千年的历史可以证明，中国知识分子最关心时事，最关心政治，最爱国。这最后一点，是由中国历史环境所造成的。在中国历史上，没有哪一天没有虎视眈眈伺机入侵的外敌。历史上许多赫然有名的皇帝，都曾受到外敌的欺侮。老百姓更不必说了。存在决定意识，反映到知识分子头脑中，就形成了根深蒂固的爱国心。"天下兴亡，匹夫有责"，不管这句话的原形是什么样子，反正它痛快淋漓地表达了中国知识分子的心声。在别的国家是没有这种情况的。

然而，中国知识分子也是极难对付的家伙。他们的感情特别细腻，敏锐，脆弱，隐晦。他们学富五车，胸罗万象。有的或有时自高自大，自以为"老子天下第一"；有的或有时却又患了弗洛伊德（？）讲的那一种"自卑情结"。他们一方面吹嘘想"通古今之变，穷天人之际"，气魄贯长虹，浩气盈宇宙。有时却又为芝麻绿豆大的一点小事而长吁短叹，甚至轻生，"自绝于人民"。关键问题，依我看，就是中国特有的"国粹"——面子问题。"面子"这个词儿，外国文没法翻译，可见是中国独有的。俗话里许多话都与此有关，比如"丢脸"、"真不要脸"、"赏脸"，如此等等。"脸"者，面子也。中国知识分子是中国国粹"面子"的主要卫道士。

尽管极难对付，然而中国历代统治者哪一个也不得不来对付。古代一个皇帝说："马上得天下，不能马上治之！"真是一针见血。创业的皇帝绝不会是知识分子，于是像刘邦、朱元璋这样一字不识的地痞流氓就成了开国的"英主"。可是，一旦创业成功，坐上金銮宝殿，这时候就用得着知识分子来帮他们治理国家。不用说国家大事，连定朝仪这样的小事，刘邦还不得不求助于叔孙通。朝仪一定，朝廷井然有序，共同起义的那一群铁哥们儿，个个服服帖帖，跪拜如仪，让刘邦"龙心大悦"，真正尝到了当皇帝的滋味。

同面子表面上无关实则有关的另一个问题，是中国知识分子的处世问题，也就是隐居或出仕的问题。中国知识分子很多都标榜自己无意为官，而实则正相反。一个最有典型意义又众所周知的例子就是"大名垂宇宙"的诸葛亮。他高卧隆中，看来是在隐居，实则他最关心天下大事，他的"信息源"看来是非常多的，否则，在当时既无电话电报，甚至连写信都十分困难的情况下，他怎么能对天下大势了如指掌，因而写了有名的《隆中对》呢？他经世之心昭然在人耳目，然而却偏偏让刘先主三顾茅庐然后才出山"鞠躬尽瘁"。这不是面子又是什么呢？

我还想进一步谈一谈中国知识分子的一个非常古怪、很难以理解又似乎很容易理解的特点。中国古代知识分子贫穷落魄的多。有诗为证："文章憎命达。"文章写得好，命运就不亨通；命运亨通的人，文章就写不好。那些靠文章中状元、当宰相的人，毕竟是极少数。而且中国文学史上根本就没有哪一个伟大文学家中过状元。《儒林外史》是专写知识分子的小说。吴敬梓真把穷苦潦倒的知识分子写活了。没有中举前的周进和范进等的形象，真是入木三分，至今还栩栩如生。中国历史上一批穷困的知识分子，贫无立锥之地，绝不会有面团团的富家翁相。中国诗文和老百姓嘴中有很多形容贫而瘦的穷人的话，什么"瘦骨嶙峋"，什么"骨瘦如柴"，又是什么"瘦得皮包骨头"，等等，都与骨头有关。这一批人一无所有，最值钱的仅存的"财产"就是他们这一身瘦骨头。这是他们人生中最后的一点"赌注"，轻易不能押上的，押上一输他们也就"涅槃"了。然而他们却偏偏喜欢拼命，喜欢拼这一身瘦老骨头。他们称这个为"骨气"。同"面子"一样，"骨气"这个词儿也是无法译成外文的，是中国的国粹。要举实际例子的话，那就可以举出很多来。《三国演义》中的祢衡，就是这样一个人，结果被曹操假手黄祖给砍掉了脑袋瓜。近代有一个章太炎，胸佩大勋章，赤足站在新华门外大骂袁世凯，袁世凯不敢动他一根毫毛，只好钦赠美名"章疯子"，聊以挽回自己的一点面子。

中国这些知识分子，脾气往往极大。他们又仗着"骨气"这个法宝，敢于直言不讳。一见不顺眼的事，就发为文章，呼天叫地，痛哭流涕，大呼什么"人心不古，世道日非"，又是什么"黄钟毁弃，瓦釜雷鸣"。这种例子，俯拾即是。他们根本不给当政的最高统治者留一点面子，有时候甚至让他们下不了台。须知面子是古代最高统治者皇帝们的命根子，是他们的统治和尊严的最高保障。因此，我就产生了一个大胆的"理论"：一部中国古代政治史至少其中一部分就是最高统治者皇帝和大小知识分子互相利用又互相斗争，互相对付和应付，又有大棒，又有胡萝卜，间或甚至有剥皮凌迟的历史。

在外国知识分子中，只有印度的同中国的有可比性。印度共有四大种姓。为首的是婆罗门。在印度古代，文化知识就掌握在他们手里，这个最高种姓实际上也是他们自封的。他们是地地道道的知识分子，在社会上受到普遍的尊敬。然而却有一件天大的怪事，实在出人意料。在社会上，特别是在印度古典戏剧中，少数婆罗门却受到极端的嘲弄和污蔑，被安排成剧中的丑角。在印度古典剧中，语言是有阶级性的。梵文只允许国王、帝师（当然都是婆罗门）和其他高级男士们说，妇女等低级人物只能说俗语。可是，每个剧中都必不可缺少的丑角也竟是婆罗门，他们插科打诨，出尽洋相，他们只准说俗语，不许说梵文。在其他方面也有很多嘲笑婆罗门的地方。有点像中国古代嘲笑"腐儒"的做法。《儒林外史》中就不缺少嘲笑"腐儒"——也就是落魄的知识分子——的地方。鲁迅笔下的孔乙己也是这种人物。为什么中印同出现这个现象呢？这实在是一个有趣的研究课题。

我在上面写了我对中国历史上知识分子的看法。本文的主要目的就是写历史，连鉴往知今一类的想法我都没有。倘若有人要问："现在怎样呢？"因为现在还没有变成历史，不在我写作范围之内，所以我不答复。如果有人愿意去推论，那是他们的事，与我无干。

最后我还想再郑重强调一下：中国知识分子有源远流长的爱国主义传统，是世界上哪一个国家也不能望其项背的。尽管眼下似乎有一点背离这个传统的倾向，例证就是苦心孤诣千方百计地想出国，有的甚至归化为"老外"，永留不归。我自己对这个问题的看法是：这只能是暂时的现象，久则必变。就连留在外国的人，甚至归化了的人，他们依然是"身在曹营心在汉"，依然要寻根，依然爱自己的祖国。何况出去又回来的人渐渐多了起来呢？我们对这种人千万不要"另眼相看"，当然也大可不必"刮目相看"。只要我们国家的事情办好了，情况会大大地改变的。至于没有出国也不想出国的知识分子占绝对的多数。如果说他们对眼前的一切都很满意，那不是真话。但是爱国主义在他们心灵深处已经生了根，什么力量也拔不掉的。甚至泰山崩于前，迅雷震于顶，他们会依然热爱我们这伟大的祖国。这一点我完全可以保证。只举一个众所周知的例子，就足够了。如果不爱自己的祖国，巴老为什么以老迈龙钟之身，呕心沥血来写《随想录》呢？对广大的中国老、中、青知识分子来说，我想借用一句曾一度流行的，我似非懂又似懂的话：爱国没商量。

我生平优点不多，但自谓爱国不敢后人，即使把我烧成了灰，每一粒灰也还是爱国的。可是我对于当知识分子这个行当却真有点谈虎色变。我从来不相信什么轮回转生。现在，如果让我信一回的话，我就恭肃虔诚祷祝造化小儿，下一辈子无论如何也别再拨弄我，千万别再把我弄成知识分子。

1995 年 7 月 18 日

北京忆旧

我不是北京人，但是先后在北京住了四十六年之久，算得上一个老北京了。讲到回忆北京旧事，我自觉是颇有一些资格的。

可是，回忆并不总是愉快的。俗话说："一部二十四史，不知从何处说起。"我遇到的也是这个困难，不是无可回忆，而是要回忆的东西实在太多了。一想到四十六年的北京生活，脑海里就像开了幻灯铺，一幕一幕，倏忽而过。论建筑则有楼台殿阁，佛寺尼庵，阳关大道，独木小桥，无穷无尽的影像。论人物则有男女老幼，国内国外，黑眼黑发，碧眼黄发，无穷无尽的面影。再加上自然风光，春花秋月，夏雨冬雪，延庆密林，西山红叶，混搅成一团，简直像是七宝楼台，海市蜃楼，五光十色，迷离模糊。到了此时，我自己几乎不知置身何地了。

现在先从小事回忆起吧。

我想回忆一下中关村电子一条街。

1934 年，季羡林先生于清华大学留影

在我居京的四十六年中，有四十年我住在清华园和燕园，都同今天的电子一条街是近邻。自从我国政府决定在海淀区成立一种经济特区以来，电子一条街就名扬四海。今天，在这里，几乎日夜车水马龙，熙熙攘攘，街两旁店铺鳞次栉比，如雨后春笋，经营的几乎都是先进技术。敏感之士已经感到，将来仅有的几家不是经营先进技术的铺子，比如说饭馆、服装店之类，将会逐渐被挤走，而代之以有能力付特高租金的店铺，将来在海淀区吃饭穿衣都要遇到困难了。我佩服这些人的先见之明。我这个人虽然也还算敏感，但还没有达到这样高的水平，我还没有这样的杞忧。我只是有时候回忆起几十年前的这个地方，心中憬然若有所悟。可惜今天有我这种感觉的人恐怕很少很少了。今天的青年，甚至中年，看到的只是眼前的繁华景象，他们想的是跃跃欲试，逐鹿于电子战场，成为胜利者，手挥微机，头戴桂冠。至于此地过去如何，确定与他们无关，何必去伤这一份脑筋呢？

我生也早，现在已近耄耋之年。早生有早生的好处，但也有早生的包袱。我现在背的就是这样的包袱。我看电子一条街，同中青年们不完全一样。我既看到现在热闹的一面，又看到过去与热闹截然相反的一面。有时候这两面在我眼前重叠起来，我很自然地就起流光如驶之感，不禁大为慨叹。这种慨叹有什么用处吗？我说不出，看来恐怕不会有多大用处。明知没有多大用处，又何苦去回忆呢？我是身不由己，无能为力。既然生早了，亲眼看到这个地方原先的情况，就无法抑制自己不去回忆。

这就是我现在的包袱。

将近六十年前，当我住在清华园读书的时候，晚饭之后，有时候偕一两好友漫步出校南门，边走边谈，忘路之远近，间或走得颇远。留给我印象最深的是在深秋时分，我们往往走到一处人迹罕至的地方，衰草荒烟，景象萧森，举目四望，不见人家。但见野坟数堆，暮鸦几点，上下相映，益增荒寒，回望西天，残阳如血，余晖闪熠在枯草叶上。此时我感到鬼气森森，赶快收住脚步，转身回到清华园，仿佛又回到了人间。

计算地望，我当年到的那个地方，应该就是今天的中关村、电子一条街一带。这一点我认为是可以肯定的。我离开清华以后，再也没有到这里来过。1946年回到北平，也没有来过。1952年从城里搬到燕园，时过境迁，我对这个地方，早已忘得干干净净了。我在蓝旗营一公寓住了十年。初来时，门前的马路还没有。现在电子一条街修马路更在以后。这里修马路时，我当时的想法是，修这样宽的马路干吗呀！到了今天，马路扩展了一倍，仍然时有堵塞。仅仅三十几年，这里的变化竟如此巨大，我们的脑筋跟上时代的步伐竟如此困难。古人说沧海桑田，确有其事；论到速度，又是今非昔比了。

我从前读杨衔之《洛阳伽蓝记》、唐段成式《寺塔记》、刘肃《大唐新语》等等书籍，常作遐想。书中描绘洛阳、长安等城市升沉衍变的情况，作者一腔思古之幽情，流露于楮墨之间，读来异常亲切感人。我原以为这是古人的事，于今渺矣茫矣。但是，现在看来，我自己亲身经历的类似电子一条街这样的变迁，岂非同古人一模一样吗？唯一的区别只在于，我只经历了六七十年，而古人经历的比较长而已。六七十年在人类历史上不能算太长，但也不能说太短，中国历史上有一些朝代也不过如此。我个人的经历应该算得上一部短短的历史了。

人是非常容易怀旧的，怀旧往往能带来某一种愉快。但是，到了我这样的年龄，我看到的经历过的已经太多太多了，"悲欢离合总无情"，有时候我连怀旧都有点懒怠了。今天写这一篇短文，一非想怀旧，二非想思古。不过偶尔想到，觉得别人未必知道，所以就写了下来。这绝不会影响电子一条街的人士发财致富，也不会帮助他们财运亨通。当他们饱饮可口可乐之余，对他们来说，这样琐细的回忆足资谈助而已。

1988 年 6 月 11 日

老猫

老猫虎子蜷曲在玻璃窗外窗台上一个角落里，缩着脖子，眯着眼睛，浑身一片寂寞、凄清、孤独、无助的神情。

外面正下着小雨，雨丝一缕一缕地向下飘落，像是珍珠帘子。时令虽已是初秋，但是隔着雨帘，还能看到紧靠窗子的小土山上丛草依然碧绿，毫无要变黄的样子。在万绿丛中赫然露出一朵鲜艳的红花。古诗"万绿丛中一点红"，大概就是这般光景吧。这一朵小花如火似燃，照亮了混茫的雨天。

我从小就喜爱小动物。同小动物在一起，别有一番滋味。它们天真无邪，率性而行；有吃抢吃，有喝抢喝；不会说谎，不会推诿；受到惩罚，忍痛挨打；一转眼间，照偷不误。同它们在一起，我心里感到怡然，坦然，安然，欣然；不像同人在一起那样，应对进退、谨小慎微、斟酌词句、保持距离，感到异常地别扭。

十四年前，我养的第一只猫，就是这个虎子。刚到我家来的时候，比老鼠大不了多少。蜷曲在窄狭的室内窗台上，活动的空间好像富富有余。它并没有什么特点，仅只是一只最平常的狸猫，身上有虎皮斑纹，颜色不黑不黄，并不美观。但是异于常猫的地方也有，它有两只炯炯有神的眼睛，两眼一睁，还真虎虎有虎气，因此起名叫虎子。它脾气也确实暴烈如虎。它从来不怕任何人。谁要想打它，不管是用鸡毛掸子，还是用竹竿，它从不回避，而是向前进攻，声色俱厉。得罪过它的人，它永世不忘。我的外孙打过一次，从此结仇。只要他到我家来，隔着玻璃窗子，一见人影，它就做好准备，向前进攻，爪牙并举，吼声震耳。他没有办法，在家中走动，都要手持竹竿，以防万一，否则寸步难行。有一次，一位老同志来看我，他显然是非常喜欢猫的。一见虎子，嘴里连声说着："我身上有猫味，猫不会咬我的。"他伸手想去抚摩它，可万万没有想到，我们虎子不懂什么猫味，回头就是一口。这位老同志大惊失色。总之，到了后来，虎子无人不咬，只有我们家三个主人除外，它的"咬声"颇能耸人听闻了。

　　但是，要说这就是虎子的全面，那也是不正确的。除了暴烈咬人以外，它还有另外一面，这就是温柔敦厚的一面。我举一个小例子。虎子来我们家以后的第三年，我又要了一只小猫。这是一只混种的波斯猫，浑身雪白，毛很长，但在额头上有一小片黑黄相间的花纹。我们家人管这只猫叫洋猫，起名咪咪；虎子则被尊为土猫。这只猫的脾气同虎子完全相反：胆小、怕人,从来没有咬过人。只有在外面跑的时候,才露出一点儿野性。它只要有机会溜出大门,但见它长毛尾巴一摆,像一溜烟似的立即窜入小山的树丛中,半天不回家。这两只猫并没有血缘关系。但是,不知道是由于什么原因,一进门,虎子就把咪咪看作是自己的亲生女儿。它自己本来没有什么奶,却坚决要给咪咪喂奶,把咪咪搂在怀里,让它呷自己的干奶头,它眯着眼睛,仿佛在享着天福。我在吃饭的时候,有时丢点儿鸡骨头、鱼刺,这等于猫们的燕窝、鱼翅。但是,虎子却只蹲在旁边,瞅着咪咪一只猫吃,从来不同它争食。有时还"喵噢"上两声,好像是在说:"吃吧,孩子!安安静静地吃吧!"有时候,不管是春夏还是秋冬,虎子会从西边的小山上逮一些小动物,麻雀、蚱蜢、蝉、蛐蛐之类,用嘴叼着,蹲在家门口,嘴里发出一种怪声。这是猫语,屋里的咪咪,不管是睡还是醒,耸耳一听,立即跑到门后,馋涎欲滴,等着吃母亲带来的佳肴,大快朵颐。我们家人看到这样母子亲爱的情景,都由衷地感动,一致把虎子称作"义猫"。有一年,小咪咪生了两个小猫。大概是初做母亲,没有经验,正如我们圣人所说的那样:"未有学养子而后嫁者也",人们能很快学会,而猫们则不行。咪咪丢下小猫不管,虎子却大忙特忙起来,觉不睡,饭不吃,日日夜夜把小猫搂在怀里。但小猫是要吃奶的,而奶正是虎子所缺的。于是小猫暴躁不安,虎子眉头一皱,计上心来,叼起小猫,到处追着咪咪,要它给小猫喂奶。还真像一个姥姥样子,但是小咪咪并不领情,依旧不给小猫喂奶。有几天的时间,虎子不吃不喝,瞪着两只闪闪发光的眼睛，嘴里叼着小猫，从这屋赶到那屋；一转眼又赶了回来。小猫大概真是受不了啦，便辞别了这个世界。

我看了这一出猫家庭里的悲剧又是喜剧，实在是爱莫能助，惋惜了很久。

我同虎子和咪咪都有深厚的感情。每天晚上，它们俩抢着到我床上去睡觉。在冬天，我在棉被上面特别铺上了一块布，供它们躺卧。我有时候半夜里醒来，神志一清醒，觉得有什么东西重重地压在我身上，一股暖气仿佛透过了两层棉被，扑到我的双腿上。我知道，小猫睡得正香，即使我的双腿由于僵卧时间过久，又酸又痛，但我总是强忍着，决不动一动双腿，免得惊了小猫的轻梦。它此时也许正梦着捉住了一只耗子。只要我的腿一动，它这耗子就吃不成了，岂非大煞风景吗？

这样过了几年，小咪咪大概有八九岁了。虎子比它大三岁，十一二岁的光景，依然威风凛凛，脾气暴烈如故，见人就咬，大有死不改悔的神气。而小咪咪则出我意料地露出了下世的光景，常常到处小便，桌子上，椅子上，沙发上，无处不便。如果到医院里去检查的话，大夫在列举的病情中一定会有一条的：小便失禁。最让我心烦的是，它偏偏看上了我桌子上的稿纸。我正写着什么文章，然而它却根本不管这一套，跳上去，屁股往下一蹲，一泡猫尿流在上面，还闪着微弱的光。说我不急，那不是真的。我心里真急，但是，我谨遵我的一条戒律：决不打小猫一掌，在任何情况之下，也不打它。此时，我赶快把稿纸拿起来，抖掉了上面的猫尿，等它自己干。心里又好气，又好笑，真是哭笑不得。家人对我的嘲笑，我置若罔闻，"全等秋风过耳边"。

我不信任何宗教，也不皈依任何神灵。但是，此时我却有点儿想迷信一下。我期望会有奇迹出现，让咪咪的病情好转。可世界上是没有什么奇迹的，咪咪的病一天一天地严重起来。它不想回家，喜欢在房外荷塘边上石头缝里待着，或者藏在小山的树木丛里。它再也不在夜里睡在我的被子上了。每当我半夜里醒来，觉得棉被上轻飘飘的，我惘然若有所失，甚至有点儿悲伤了。我每天凌晨起来，第一件事情就是拿着手电到房外塘边山上去找咪咪。它浑身雪白，是很容易找到的。在薄暗中，我眼前白白地一闪，我就知道是咪咪。见了我，"咪噢"一声，起身向我走来。我把它抱回家，给它东西吃，它似乎根本没有口味。我看了直想流泪。有一次，我拖着疲惫的身子，走几里路，到海淀的肉店里去买猪肝和牛肉。拿回来，喂给咪咪，它一闻，似乎有点儿想吃的样子；但肉一沾唇，它立即又把头缩回去，闭上眼睛，不闻不问了。

有一天傍晚，我看咪咪神情很不妙，我预感要发生什么事情。我唤它，它不肯进屋。我把它抱到篱笆以内，窗台下面。我端来两只碗，一只盛吃的，一只盛水。我拍了拍它的脑袋，它很依着我，"咪噢"叫了两声，便闭上了眼睛。我放心进屋睡觉。第二天凌晨，我一睁眼，三步并作一步，手里拿着手电，到外面去看。哎呀不好！两碗全在，猫影顿杳。我心里非常难过，说不出是什么滋味。我手持手电找遍了塘边，山上，树后，草丛，深沟，石缝。有时候，眼前白光一闪。"是咪咪！"我狂喜。走近一看，是一张白纸。我嗒然若丧，心头仿佛被挖掉了点儿什么。"屋前屋后搜之遍，几处茫茫皆不见。"从此我就失掉了咪咪，它从我的生命中消逝了，永远永远地消逝了。我简直像是失掉了一个好友，一个亲人。至今回想起来，我内心里还颤抖不止。

在我心情最沉重的时候，有一些通达世事的好心人告诉我，猫们有一种特殊的本领，能知道自己什么时候寿终。到了此时此刻，它们决不待在主人家里，让主人看到死猫，感到心烦，或感到悲伤。它们总是逃了出去，到一个最僻静、最难找的角落里，地沟里，山洞里，树丛里，等候最后时刻的到来。因此，养猫的人大都在家里看不见死猫的尸体。只要自己的猫老了，病了，出去几天不回来，他们就知道，它已经离开了人世，不让举行遗体告别的仪式，永远永远不再回来了。

我听了以后，憬然若有所悟。我不是哲学家，也不是宗教家，但却读过不少哲学家和宗教家谈论生死大事的文章。这些文章多半有非常精辟的见解，闪耀着智慧的光芒，我也想努力从中学习一些有关生死的真理。结果却是毫无所得。那些文章中，除了说教以外，几乎没有什么有用的东西。大半都是老生常谈，不能解决什么实际问题，没能给我留下深刻的印象。现在看来，倒是猫们临终时的所作所为，即使仅仅是出于本能吧，却给了我很大的启发。人们难道就不应该向猫们学习这一点经验吗？有生必有死，这是自然规律，谁都逃不过。中国历史上的赫赫有名的人物，秦皇、汉武，还有唐宗，想方设法，千方百计，想求得长生不老。到头来仍然是竹篮子打水一场空，只落得黄土一抔，"西风残照汉家陵阙"。我辈平民百姓又何必煞费苦心呢？一个人早死几个小时，或者晚死几个小时，甚至几天，实在是无所谓的小事，决影响不了地球的转动，社会的前进。再退一步想，现在有些思想开明的人士，不想长生不老，不想在大地上再留黄土一抔；甚至开明到不要遗体告别，不要开追悼会。但是仍会给后人留下一些麻烦：登报，发讣告，还要打电话四处通知，总得忙上一阵。何不学一学猫们呢？它们这样处理生死大事，干得何等干净利索呀！一点儿痕迹也不留，走了，走了，永远地走了，让这花花世界的人们不见猫尸，用不着落泪，照旧做着花花世界的梦。

我忽然联想到我多次看过的敦煌壁画上的西方净土。所谓"净土"，指的就是我们常说的天堂、乐园，是许多宗教信徒烧香念佛，查经祷告，甚至实行苦行，折磨自己，梦寐以求想到达的地方。据说在那里可以享受天福，得到人世间万万得不到的快乐。我看了壁画上画的房子、街道、树木、花草，以及大人、小孩，林林总总，觉得十分热闹。可我觉得没有什么出奇之处。只有一件事给我留下了永不磨灭的印象，那就是，那里的人们都是笑口常开，没有一个人愁眉苦脸，他们的日子大概过得都很惬意。不像在我们人间有这样许多不如意的事情，有时候办点儿事，还要找后门，钻空子。在他们的商店里——净土里面还实行市场经济吗？他们还用得着商店吗？——售货员大概都很和气，不给人白眼，不训斥"上帝"，不扎堆闲侃，不给人钉子碰。这样的天堂乐园，我也真是心向往之的。但是给我印象最深，使我最为吃惊或者羡慕的还是他们对待要死的人的态度。那里的人，大概同人世间的猫们差不多，能预先知道自己寿终的时刻。到了此时，要死的老嬷嬷或者老头，健步如飞地走在前面，身后簇拥着自己的子子孙孙、至亲好友，个个喜笑颜开，全无悲戚的神态，仿佛是去参加什么喜事一般，一直把老人送进坟墓。后事如何，壁画不是电影，是不能动的。然而画到这个程序，以后的事尽在不言中。如果一定要画上填土封坟，反而似乎是多此一举了。我觉得，净土中的人们给我们人类争了光。他们这一手比猫们又漂亮多了。知道必死，而又兴高采烈，多么豁达！多么聪明！猫们能做得到吗？这证明，净土里的人们真正参透了人生奥秘，真正参透了自然规律。人为万物之灵，他们为我们人类在同猫们对比之下真真增了光！真不愧是净土！

上面我胡思乱想得太远了，还是回到我们人世间来吧。我坦白承认，我对人生的奥秘参透得还不够，我对自然规律参透得也还不够。我仍然十分怀念我的咪咪。我心里仿佛有一个空白，非填起来不行。我一定要找一只同咪咪一模一样的白色波斯猫。后来果然朋友又送来了一只，浑身长毛，洁白如雪，两只眼睛全是绿的，亮晶晶像两块绿宝石。为了纪念死去的咪咪，我仍然为它命名"咪咪"，见了它，就像见到老咪咪一样。过了大约又有一年的光景，友人又送了我一只据说是纯种的波斯猫，两只眼睛颜色不同，一黄一蓝。在太阳光下，黄的特别黄，蓝的特别蓝，像两颗黄蓝宝石，闪闪发光，竞妍争艳。这只猫特别调皮，简直是胆大无边，然而也因此就更特别可爱。这一下子又忙坏了虎子，它认为这两只小猫都是自己的亲生女儿，硬逼着它们吮吸自己那干瘪的奶头。只要它走出去，不知在什么地方弄到了小鸟、蚱蜢之类，就带回家来，给两只小猫吃。好久没有听到的"咪噢"唤小猫的声音，现在又听到了。我心里漾起了一丝丝甜意。这大大地减轻了我对老咪咪的怀念。

　　可是岁月不饶人，也不会饶猫的。这一只"土猫"虎子已经活到十四岁。据通达世情的人们说，猫的十四岁，就等于人的八九十岁。这样一来，我自己不是成了虎子的同龄"人"了吗？这个虎子却也真怪。有时候，颇现出一些老相。两只炯炯有神的眼睛里忽然被一层薄膜蒙了起来；嘴里流出了哈喇子，胡子上都沾得亮晶晶的；不大想往屋里来，日日夜夜趴在阳台上蜂窝煤堆上，不吃，不喝。我有了老咪咪的经验，知道它快不行了。我也跑到海淀，去买来牛肉和猪肝，想让它不要饿着肚子离开这个世界。我随时准备着：第二天早晨一睁眼，虎子不见了。结果虎子并没有这样干。我天天凌晨第一件事就是来看虎子；隔着窗子，依然黑糊糊的一团，卧在那里。我心里感到安慰。有时候，它也起来走动了。我在本文开头时写的就是去年深秋一个下雨天我隔窗看到的虎子的情况。

　　到了今天，半年又过去了。虎子不但没有走,而且顽健胜昔,仍然是天天出去。有时候在晚上，窗外的布帘子的一角蓦地被掀了起来，一个丑角似的三花脸一闪。我便知道，这是虎子回来了，连忙开门，放它进来。大概同某一些老年人一样——不是所有的老年人——到了暮年就改恶向善，虎子的脾气大大地改变了。几乎再也不咬人了。我早晨摸黑起床，写作看书累了，常常到门外湖边山下去走一走。此时，我冷不防脚下忽然踢着了一团软乎乎的东西。这是虎子。它在夜里不知道在什么地方待了一夜，现在看到了我，一下子窜了出来，用身子蹭我的腿，在我身前和身后转悠。它跟着我，亦步亦趋，我走到哪里，它就跟到哪里，寸步不离。我有时故意爬上小山，以为它不会跟来了，然而一回头，虎子正跟在身后。猫是从来不跟人散步的，只有狗才这样干。有时候碰到过路的人，他们见了这情景，都大为吃惊。"你看猫跟着主人散步哩！"他们说，露出满脸惊奇的神色。最近一个时期，虎子似乎更精力旺盛了，它返老还童了。有时候竟带一个它重孙辈的小公猫到我们家阳台上来。"今夜我们相识。"虎子用不着介绍就相识了。看样子，虎子一去不复返的日子遥遥无期了。我成了拥有三只猫的家庭的主人。

我养了十几年猫，前后共有四只。猫们向人们学习什么，我不通猫语，无法询问。我作为一个人却确实向猫学习了一些有用的东西。上面讲过的对处理死亡的办法，就是一个例子。我自己毕竟年纪已经很大了，常常想到死的问题。鲁迅五十多岁就想到了，我真是瞠乎其后矣。人生必有死，这是无法抗御的。而且我还认为，死也是好事情。如果世界上的人都不死，连我们的轩辕老祖和孔老夫子今天依然峨冠博带，坐着奔驰车，到天安门去遛弯儿，你想人类世界会成一个什么样子！人是百代的过客，总是要走过去的，这决不会影响地球的转动和人类社会的进步。每一代人都只是一场没有终点的长途接力赛的一环。前不见古人，后不见来者，是宇宙常规。人老了要死，像在净土里那样，应该算是一件喜事。老人跑完了自己的一棒，把棒交给后人，自己要休息了，这是正常的。不管快慢，他们总算跑完了一棒，总算对人类的进步做出了贡献，总算尽上了自己的天职。年老了要退休，这是身体精神状况所决定的，不是哪个人能改变的。老人们会不会感到寂寞呢？我认为，会的。但是我却觉得，这寂寞是顺乎自然的，从伦理的高度来看，甚至是应该的。我始终主张，老年人应该为青年人活着，而不是相反。青年人有接力棒在手，世界是他们的，未来是他们的，希望是他们的。吾辈老年人的天职是尽上自己仅存的精力，帮助他们前进，必要时要躺在地上，让他们踏着自己的躯体前进，前进。如果由于害怕寂寞而学习《红楼梦》里的贾母，让一家人都围着自己转，这不但是办不到的，而且从人类前途利益来看是犯罪的行为。我说这些话，也许有人怀疑，我是不是碰到了什么不如意的事，才说出这样令某些人骇怪的话来。不，不，决不。我现在身体顽健，家庭和睦，在社会上广有朋友，每天照样读书、写作、会客、开会不辍。我没有不如意的事情，也没有感到寂寞。不过自己毕竟已逾耄耋之年，面前的路有限了，不免有时候胡思乱想。而且，我同猫们相处久了，觉得它们有些东西确实值得我们学习，我们这些万物之灵应该屈尊一下，学习学习。即使只学到猫们处理死亡大事这一手，我们社会上会减少多少麻烦呀！

"那么，你是不是准备学习呢？"我仿佛听到有人这样质问了。是的，我心里是想学习的。不过也还有些困难。我没有猫的本能，我不知道自己的大限何时来到。而且我还有点儿担心。如果我真正学习了猫，有一天忽然偷偷地溜出了家门，到一个旮旯里、树丛里、山洞里、河沟里，一头钻进去，藏了起来，这样一来，我们人类社会可不像猫社会那样平净，有些人必然认为这是特大新闻，指手画脚，喊喊喳喳。如果是在旧社会里或者在今天的香港等地的话，这必将成为头版头条的爆炸性新闻，不亚于当年的杨乃武和小白菜。我的亲属和朋友也必将派人出去寻找，派的人也许比寻找彭加木的人还要多。这是多么可怕的事呀！因此我就迟疑起来。至于最后究竟何去何从？我正在考虑、推敲、研究。

1992 年 2 月 17 日

二月兰

转眼，不知怎样一来，整个燕园竟成了二月兰的天下。

二月兰是一种常见的野花。花朵不大，紫白相间。花形和颜色都没有什么特异之处。如果只有一两棵，在百花丛中，绝不会引起任何人的注意。但是它却以多胜，每到春天，和风一吹拂，便绽开了小花；最初只有一朵，两朵，几朵。但是一转眼，在一夜间，就能变成百朵，千朵，万朵。大有凌驾百花之上的势头了。

我在燕园里已经住了四十多年。最初我并没有特别注意到这种小花。直到前年，也许正是二月兰开花的大年，我蓦地发现，从我住的楼旁小土山开始，走遍了全园，眼光所到之处，无不有二月兰在。宅旁，篱下，林中，山头，土坡，湖边，只要有空隙的地方，都是一团紫气，间以白雾，小花开得淋漓尽致，气势非凡，紫气直冲云霄，连宇宙都仿佛变成紫色的了。

我在迷离恍惚中，忽然发现二月兰爬上了树，有的已经爬上了树顶，有的正在努力攀登，连喘气的声音似乎都能听到。我这一惊可真不小：莫非二月兰真成了精了吗？再定睛一看，原来是二月兰丛中的一些藤萝，也正在开着花，花的颜色同二月兰一模一样，所差的就仅仅只缺少那一团白雾。我实在觉得我这个幻觉非常有趣。带着清醒的意识，我仔细观察起来：除了花形之外，颜色真是一般无二。反正我知道了这是两种植物，心里有了底，然而再一转眼，我仍然看到二月兰往枝头爬。这是真的呢，还是幻觉？一由它去吧。

自从意识到二月兰存在以后，一些同二月兰有联系的回忆立即涌上心头。原来很少想到的或根本没有想到的事情，现在想到了；原来认为十分平常的琐事，现在显得十分不平常了。我一下子清晰地意识到，原来这种十分平凡的野花竟在我的生命中占有这样重要的地位。我自己也有点吃惊了。

我回忆的丝缕是从楼旁的小土山开始的。这一座小土山，最初毫无惊人之处，只不过二三米高，上面长满了野草。当年歪风狂吹时，每次"打扫卫生"，全楼住的人都被召唤出来拔草，不是"绿化"，而是"黄化"。我每次都在心中暗恨这小山野草之多。后来不知由于什么原因，把山堆高了一两米。这样一来，山就颇有一点山势了。东头的苍松，西头的翠柏，都仿佛恢复了青春，一年四季，郁郁葱葱。中间一棵榆树，从树龄来看，只能算是松柏的曾孙，然而也枝干繁茂，高枝直刺入蔚蓝的晴空。

我不记得从什么时候起我注意到小山上的二月兰。这种野花开花大概也有大年小年之别的。碰到小年，只在小山前后稀疏地开上那么几片。遇到大年，则山前山后开成大片。二月兰仿佛发了狂。我们常讲什么什么花"怒放"，这个"怒"字用得真是无比地奇妙。二月兰一"怒"，仿佛从土地深处吸来一股原始力量，一定要把花开遍大千世界，紫气直冲云霄，连宇宙都仿佛变成紫色的了。

东坡的词说："人有悲欢离合，月有阴晴圆缺，此事古难全。"但是花们好像是没有什么悲欢离合。应该开时，它们就开；该消失时，它们就消失。它们是"纵浪大化中"，一切顺其自然，自己无所谓什么悲与喜。我的二月兰就是这个样子。

然而，人这个万物之灵却偏偏有了感情，有了感情就有了悲欢。这真是多此一举，然而没有法子。人自己多情，又把情移到花，"泪眼问花花不语"，花当然"不语"了。如果花真"语"起来，岂不吓坏了人！这些道理我十分明白。然而我仍然把自己的悲欢挂到了二月兰上。

当年老祖还活着的时候，每到春天二月兰开花的时候，她往往拿一把小铲，带一个黑书包，到成片的二月兰旁青草丛里去搜挖荠菜。只要看到她的身影在二月兰的紫雾里晃动，我就知道在午餐或晚餐的餐桌上必然弥漫着荠菜馄饨的清香。当婉如还活着的时候，她每次回家，只要二月兰正在开花，她离开时，她总穿过左手是二月兰的紫雾，右手是湖畔垂柳的绿烟，匆匆忙忙走去，把我的目光一直带到湖对岸的拐弯处。当小保姆杨莹还在我家时，她也同小山和二月兰结上了缘。我曾套宋词写过三句话："午静携侣寻野菜，黄昏抱猫向夕阳，当时只道是寻常。"我的小猫虎子和咪咪还在世的时候，我也往往在二月兰丛里看到她们：一黑一白，在紫色中格外显眼。

所有这些琐事都是寻常到不能再寻常了。然而，曾几何时，到了今天，老祖和婉如已经永远永远地离开了我们。小莹也回了山东老家。至于虎子和咪咪也各自遵循猫的规律，不知钻到了燕园中哪一个幽暗的角落里，等待死亡的到来。老祖和婉如的走，把我的心都带走了。虎子和咪咪我也忆念难忘。如今，天地虽宽，阳光虽照样普照，我却感到无边的寂寥与凄凉。回忆这些往事，如云如烟，原来是近在眼前，如今却如蓬莱灵山，可望而不可即了。

对于我这样的心情和我的一切遭遇，我的二月兰一点也无动于衷，照样自己开花。今年又是二月兰开花的大年。在校园里，眼光所到之处，无不有二月兰在。宅旁、篱下、林中、山头、土坡、湖边，只要有空隙的地方，都是一团紫气，间以白雾，小花开得淋漓尽致，气势非凡，紫气直冲霄汉，连宇宙都仿佛变成紫色的了。

这一切都告诉我，二月兰是不会变的，世事沧桑，于它如浮云。然而我却是在变的，月月变，年年变。我想以不变应万变，然而办不到。我想学习二月兰，然而办不到。不但如此，它还硬把我的记忆牵回到我一生最倒霉的时候。在十年浩劫中，我自己跳出来反对北大那一位"老佛爷"，被抄家，被打成了"反革命"。正是在二月兰开花的时候，我被管制劳动改造。有很长一段时间，我每天到一个地方去捡破砖碎瓦，还随时准备着被红卫兵押解到什么地方去"批斗",坐喷气式,还要挨上一顿揍,打得鼻青脸肿。可是在砖瓦缝里二月兰依然开放,怡然自得,笑对春风,好像是在嘲笑我。

我当时日子实在非常难过。我知道正义是在自己手中,可是是非颠倒,人妖难分,我呼天天不应,叫地地不答,一腔义愤,满腹委屈,毫无人生之趣。在很长一段时间内,我成了"不可接触者",几年没接到过一封信,很少有人敢同我打个招呼。我虽处人世,实为异类。

然而我一回到家里,老祖、德华她们,在每人每月只能得到恩赐十几元钱生活费的情况下,殚思竭虑,弄一点好吃的东西,希望能给我增加点营养;更重要的恐怕还是,希望能给我增添点生趣。婉如和延宗也尽可能地多回家来。我的小猫憨态可掬,偎依在我的身旁。她们不懂哲学,分不清两类不同性质的矛盾。人视我为异类,她们视我为好友,从来没有表态,要同我划清界限。所有这一些极其平常的琐事,都给我带来了无量的安慰。窗外尽管千里冰封,室内却是暖气融融。我觉得,在世态炎凉中,还有不炎凉者在。这一点暖气支撑着我,走过了人生最艰难的一段路,没有堕入深涧,一直到今天。

我感觉到悲,又感觉到欢。

到了今天,天运转动,否极泰来,不知怎么一来,我一下子成为"极可接触者",到处听到的是美好的言辞,到处见到的是和悦的笑容。我从内心里感激我这些新老朋友,他们绝对是真诚的。他们鼓励了我,他们启发了我。然而,一回到家里,虽然德华还在，延宗还在，可我的老祖到哪里去了呢？我的婉如到哪里去了呢？还有我的虎子和咪咪一世到哪里去了呢？世界虽照样朗朗，阳光虽照样明媚，我却感觉异样的寂寞与凄凉。

我感觉到欢，不感觉到悲。

我年届耄耋，前面的路有限了。几年前，我写过一篇短文，叫《老猫》，意思很简明，我一生有个特点：不愿意麻烦人。了解我的人都承认。难道到了人生最后一段路上我就要改变这个特点吗？不，不，不想改变。我真想学一学老猫，到了大限来临时，钻到一个幽暗的角落里，一个人悄悄地离开人世。

这话又扯远了。我并不认为眼前就有制订行动计划的必要。我还有很多事情要做，而且我的健康情况也允许我去做。有一位青年朋友说我忘记了自己的年龄。这话极有道理。可我并没有全忘。有一个问题我还想弄弄清楚哩。按说我早已到了"悲欢离合总无情"的年龄，应该超脱一点了。然而在离开这个世界以前，我还有一件心事：我想弄清楚，什么叫"悲"？什么又叫"欢"？是我成为"不可接触者"时悲呢？还是成为"极可接触者"时欢？如果没有老祖和婉如的逝世，这问题本来是一清二白的，现在却是悲欢难以分辨了。我想得到答复。我走上了每天必登临几次的小山，我问苍松，苍松不语；我问翠柏，翠柏不答。我问三十多年来亲眼目睹我这些悲欢离合的二月兰，这也沉默不语，兀自万朵怒放，笑对春风，紫气直冲霄汉。

1993 年 6 月 11 日写完

怀念西府海棠

　　暮春三月，风和日丽。我偶尔走过办公楼前面。在盘龙石阶的两旁，一边站着一棵翠柏，浑身碧绿，扑入眉宇，仿佛是从地心深处涌出来的两股青色的力量，喷薄腾越，顶端直刺蔚蓝色的晴空，其气势虽然比不上杜甫当年在孔明祠堂前看到的那一些古柏："苍皮溜雨四十围，黛色参天二千尺。"然而看到它，自己也似乎受到了感染，内心里溢满了力量。我顾而乐之，流连不忍离去。

　　然而，我的眼前蓦地一闪，就在这两棵翠柏站立的地方出现了两棵西府海棠，正开着满树繁花，已经绽开的花朵呈粉红色，没有绽开的骨朵呈鲜红色，粉红与鲜红，纷纭交划，宛如半天的粉红色彩云。成群的蜜蜂飞舞在花朵丛中，嗡嗡的叫声有如春天的催眠曲。我立刻被这色彩和声音吸引住，沉醉于其中了。眼前再一闪，翠柏与海棠同时站立在同一个地方，两者的影子重叠起来，翠绿与鲜红纷纭交错起来了。

这是怎么一回事呢?

我一时有点茫然、懵然;然而不需要半秒钟,我立刻就意识到,眼前的翠柏与海棠都是现实,翠柏是眼前的现实,海棠则是过去的现实,它确曾在这个地方站立过,而今这两个现实又重叠起来,可是过去的现实早已化为灰烬,随风飘零了。

事情就发生在"十年浩劫"期间。一时忽然传说:养花是修正主义,最低的罪名也是玩物丧志。于是"四人帮"一伙就在海内名园燕园大肆"斗私、批修",先批人,后批花木,几十年上百年的老丁香花树砍伐殆尽,屡见于清代笔记中的几架古藤萝也被斩草除根,几座楼房外面墙上爬满了的爬山虎统统拔掉,办公楼前的两棵枝干繁茂绿叶葳蕤的西府海棠也在劫难逃。总之,一切美好的花木,也像某一些人一样,被打翻在地,身上踏上了一千只脚,永世不得翻身了。

这两棵西府海棠在老北京是颇有一点名气的。据说某一个文人的笔记中还专门讲到过它。熟悉北京掌故的人,比如邓拓同志等,生前每到春天都要来园中探望一番。我自己不敢说对北京掌故多么熟悉,但是,每当西府海棠开花时,也常常自命风雅,到树下流连徘徊,欣赏花色之美,听一听蜜蜂的鸣声,顿时觉得人间毕竟是非常可爱的,生活毕竟是非常美好的,胸中的干劲陡然腾涌起来,我的身体好像成了一个蓄电瓶,看到了西府海棠,便仿佛蓄满了电,能够在自己所从事的工作中精神抖擞地驰骋一气了。

中国古代的诗人中,喜爱海棠者颇不乏人。大家欣赏海棠之美,但颇以海棠无香为憾,在古代文人的笔记和诗话中,有很多地方谈到这个问题,可见文人墨客对海棠的关心。宋代著名的爱国大诗人陆游有几首《花时遍游诸家园》的诗，其中之一是讲海棠的：

> 为爱名花抵死狂，
>
> 只愁风日损红芳。
>
> 绿章夜奏通明殿，
>
> 乞借春阴护海棠。

陆游喜爱海棠达到了何等疯狂的地步啊！稍有理智的人都应当知道，海棠与人无争，与世无忤，绝不会伤害任何人的；它只能给人间增添美丽，给人们带来喜悦，能让人们热爱自然，热爱祖国。然而，就连这样天真无邪的海棠也难逃"四人帮"的毒手。燕园内的两棵西府海棠现在已经不知道消逝到什么地方去了，这也算是一种"含冤逝世"吧。代替它站在这里的是两棵翠柏。翠柏也是我所喜爱的，它也能给人们带来美感享受，我毫无贬低翠柏的意思。但是，以燕园之大，竟不能给海棠留一点立足之地，一定要铲除海棠，栽上翠柏，一定要争这方尺之地，翠柏而有知，自己挤占了海棠的地方，也会感到对不起海棠吧！

"四人帮"要篡党夺权，有一些事情容易理解；但是砍伐花木，铲除海棠，仿佛这些花木真能抓住他们那罪恶的黑手，令人百思不得其解。宋代苏洵在《辨奸论》中说："凡事之不近人情者，鲜不为大奸慝。"砍伐西府海棠之不近人情，一望而知。爱好美好的东西是人类的天性，任何人都有权利爱好美好的东西，花木当然也包括在里面。然而"四人帮"却偏要违反人性，必欲把一切美好的东

288

西铲除净尽而后快。他们这一伙人是大奸慝，已经丝毫无可怀疑了。

事情已经过去了将近二十年，为什么西府海棠的影子今天又忽然展现在我的眼前呢？难道说是名花有灵，今天向我"显圣"来了吗？难道说它是向我告状来了吗？可惜我一非包文正，二非海青天，更没有如来佛起死回生的神通，我所有的能耐至多也只能一洒同情之泪，我还有什么话可说呢？

我从来不相信什么神话，但是现在我真想相信起来，我真希望有一个天国。可是我知道，须弥山已经为印度人所独占，他们把自己的天国乐园安放在那里。昆仑山又为中国人所垄断，王母娘娘就被安顿在那里。我现在只能希望在辽阔无垠的宇宙中间还能有那么一块干净的地方，能容得下一个阆苑乐土。那里有四时不谢之花、八节长春之草，大地上一切花草的魂魄都永恒地住在那里，随时、随地都是花团锦簇，五彩缤纷。我们燕园中被无端砍伐了的西府海棠的魂灵也遨游其间。我相信，它绝不会忘记了自己待了多年的美丽的燕园，每当三春繁花盛开之际，它一定会来到人间，驾临燕园，风前月下，凭吊一番。"环珮空归月下魂"，明妃之魂归来，还有环珮之声。西府海棠之魂归来时，能有什么迹象呢？我说不出，我只能时时来到办公楼前，在翠柏影中，等候倩魂。我是多么想为海棠招魂啊！结果恐怕只能是"上穷碧落下黄泉，两处茫茫皆不见"了。奈何，奈何！

在这风和日丽的三月，我站在这里，浮想联翩，怅望晴空，眼睛里流满了泪水。

1987 年 3 月 18 日晨

回忆陈寅恪先生

别人奇怪，我自己也奇怪：我写了这样多的回忆师友的文章，独独遗漏了陈寅恪先生。这究竟是为什么呢？对我来说，这是事出有因，查亦有据的。我一直到今天还经常读陈先生的文章，而且协助出版社出先生的全集。我当然会时时想到寅恪先生的。我是一个颇为喜欢舞笔弄墨的人，想写一篇回忆文章，自是意中事。但是，我对先生的回忆，我认为是异常珍贵的，超乎寻常的神圣的。我希望自己的文章不要玷污了这一点神圣性，故而迟迟不敢下笔。到了今天，北大出版社要出版我的《怀旧集》，已经到了非写不行的时候了。

要论我同寅恪先生的关系，应该从六十五年前的清华大学算起。我于1930年考入国立清华大学，入西洋文学系（不知道从什么时候起改名为外国语文系)。西洋文学系有一套完整的教学计划，必修课规定得有条有理，完完整整。但是给选修课留下的时间却是很富裕的。除了选修课以外，还可以旁听或者偷听。教师不以为忤，学生各得其乐。我曾旁听过朱自清、俞平伯、郑振铎等先生的课，都安然无恙，而且因此同郑振铎先生建立了终生的友谊。但也并不是一切都一帆风顺。我同一群学生去旁听冰心先生的课。她当时极年轻，而名满天下。我们是慕名而去的。冰心先生满脸庄严，不苟言笑，看到课堂上挤满了这样多学生，知道其中有"诈"，于是威仪俨然地下了"逐客令"："凡非选修此课者，下一堂不许再来！"我们悚然而听，憬然而退，从此不敢再进她讲课的教室。四十多年以后，我同冰心重逢，她已经变成了一个慈祥和蔼的老人，由怒目金刚一变而为慈眉菩萨。我向她谈起她当年"逐客"的事情，她已经完全忘记，我们相视而笑，有会于心。

就在这个时候，我旁听了寅恪先生的"佛经翻译文学"。参考书用的是《六祖坛经》，我曾到城里一个大庙里去买过此书。寅恪师讲课，同他写文章一样，先把必要的材料写在黑板上，然后再根据材料进行解释、考证、分析、综合，对地名和人名更是特别注意。他的分析细入毫发，如剥蕉叶，愈剥愈细愈剥愈深，然而一本实事求是的精神，不武断，不夸大，不歪曲，不断章取义。他仿佛引导我们走在山阴道上，盘旋曲折，山重水复，柳暗花明，最终豁然开朗，把我们引上阳关大道。读他的文章，听他的课，简直是一种享受，无法比拟的享受。在中外众多学者中，能给我这种享受的，国外只有亨利希·吕德斯，在国内只有陈师一人。他被海内外学人公推为考证大师，是完全应该的。这种学风，同后来滋害流毒的"以论代史"的学风，相差不可以道里计。然而，茫茫士林，难得解人，一些鼓其如簧之舌惑学人的所谓"学者"，骄纵跋扈，不禁令人浩叹矣。寅恪师这种学风，影响了我的一生。后来到德国，读了吕德斯教授的书，并且受到了他的嫡传弟子瓦尔德施米特教授的教导和熏陶，可谓三生有幸，可惜自己的学殖瘠茫，又限于天赋，虽还不能论无所收获，然而犹如细流比沧海，空怀仰止之心，徒增效颦之恨。这只怪我自己，怪不得别人。

总之，我在清华四年，读完了西洋文学系所有的必修课程，得到了一个学士头衔。现在回想起来，说一句不客气的话：我从这些课程中收获不大。欧洲著名的作家，什么莎士比亚、歌德、塞万提斯、莫里哀、但丁等等的著作都读过。连现在忽然时髦起来的《尤利西斯》和《追忆似水年华》等等也都读过，然而大都是浮光掠影，并不深入。给我留下深远影响的课反而是一门旁听课和一门选修课。前者就是在上面谈到寅恪师的"佛经翻译文学"；后者是朱光潜先生的"文艺心理学"，也就是美学。关于后者，我在别的地方已经谈过，这里就不再赘述了。

在清华时，除了上课以外，同陈师的接触并不太多。我没到他家去过一次。有时候，在校内林荫道上，在熙来攘往的学生人流中，有时会见到陈师去上课。身着长袍，朴素无华，肘下夹着一个布包，里面装满了讲课时用的书籍和资料。不认识他的人，恐怕大都把他看成是琉璃厂某一个书店的到清华来送书的老板，绝不会知道，他就是名扬海内外的大学者。他同当时清华留洋归来的大多数西装革履、发光鉴人的教授，迥乎不同。

在这一方面，他也给我留下了毕生难忘的印象，令我受益无穷。

离开了水木清华，我同寅恪先生有一个长期的别离。我在济南教了一年国文，就到了德国哥廷根大学。到了这里，我才开始学习梵文、巴利文和吐火罗文。在我一生治学的道路上，这是一个极关重要的转折点。我从此告别了歌德和莎士比亚，同释迦牟尼和弥勒佛打起交道来。不用说，这个转变来自寅恪先生的影响。真是无巧不成书，我的德国老师瓦尔德施米特教授同寅恪先生在柏林大学是同学，同为吕德斯教授的学生。这样一来，我的中德两位老师同出一个老师的门下。有人说："名师出高徒。"我的老师和太老师们不可谓不"名"矣，可我这个徒却太不"高"了。忝列门墙，言之汗颜。但不管怎样说，这总算是一个中德学坛上的佳话吧。

我在哥廷根十年，正值"二战"，是我一生精神上最痛苦然而在学术上收获却是最丰富的十年。国家为外寇侵入，家人数年无消息，上有飞机轰炸，下无食品果腹。然而读书却无任何干扰。教授和学生多被征从军。偌大的两个研究所：印度学研究所和汉学研究所，都归我一个人掌管。插架数万册珍贵图书，任我翻阅。在汉学研究所深深的院落里，高大阴沉的书库中；在梵学研究所古老的研究室中，阒无一人。天上飞机的嗡嗡声与我腹中的饥肠辘辘声相应和。闭目则浮想联翩，神驰万里，看到我的国，看到我的家；张目则梵典在前，有许多疑难问题，需要我来发覆。我此时恍如遗世独立，苦欤？乐欤？我自己也回答不上来了。

经过了轰炸的炼狱，又经过了饥饿，到了1945年，在我来到哥廷根十年之后，我终于盼来了光明，法西斯垮台了。美国兵先攻占哥廷根，后为英国人来接管。此时，我得知寅恪先生在英国医目疾。我连忙写了一封长信，向他汇报我十年来学习的情况，并将自己在哥廷根科学院院刊及其他刊物上发表的一些论文寄呈。出乎我意料的迅速，我得了先生的复信，也是一封长信，告诉我他的近况，并说不久将回国，信中最重要的事情是说，他想向北大校长胡适、代校长傅斯年、文学院长汤用彤几位先生介绍我到北大任教。我真是喜出望外，谁听到能到最高学府去任教而会不引以为荣呢？我于是立即回信，表示同意和感谢。这一年深秋，我终于告别了住了整整十年的哥廷根，怀着"客树回看成故乡"的心情，一步三回首地到了瑞士。在这个山明水秀的世界公园里住了几个月，1946 年春天，经过法国和越南的西贡，又经过香港，回到了上海。在克家的榻榻米上住了一段时间。从上海到了南京，又睡到了长之的办公桌上。这时候，寅恪先生也已从英国回到南京。我曾谒见先生于俞大维官邸中。谈了谈阔别十多年以来的详细情况，先生十分高兴，叮嘱我到鸡鸣寺下中央研究院去拜见北大代校长傅斯年先生，特别嘱咐我带上我用德文写的论文，可见先生对我爱护之深以及用心之细。

这一年的深秋，我从南京回到上海，乘轮船到了秦皇岛，又从秦皇岛乘火车回到了阔别十二年的北京（当时叫北平）。由于战争关系，津浦路早已不通，回北京只能走海路，从那里到北京的铁路由美国少爷兵把守，所以还能通车。到了北京以后，一片"落叶满长安"的悲凉气象。我先在沙滩红楼暂住，随即拜见了汤用彤先生。按北大当时的规定，从海外得到了博士学位回国的人，只能任副教授，在清华叫作专任讲师，经过几年的时间，才能转为正教授。我当然不能例外，而且心悦诚服，没有半点非分之想。然而过了大约一周的光景，汤先生告诉我，我已被聘为正教授，兼东方语言文学系的系主任。这真是石破天惊，大大地出我意料。我这个当一周副教授的纪录，大概也可以进入吉尼斯世界纪录了吧。说自己不高兴，那是谎言，那是矫情。由此也可以看出老一辈学者对后辈的提携和爱护。

不记得是在什么时候，寅恪师也来到北京，仍然住在清华园。我立即到清华去拜见。当时从北京城到清华是要费一些周折的，宛如一次短途旅行。沿途几十里路全是农田。秋天青纱帐起，还真有绿林人士拦路抢劫的。现在的年轻人很难想象了。但是，有寅恪先生在，我绝不会惮于这样的旅行。在三年之内，我颇到清华园去过多次。我知道先生年老体弱，最喜欢当年住北京的天主教外国神父亲手酿造的栅栏红葡萄酒。我曾到今天市委党校所在地当年神父们的静修院的地下室中去买过几次栅栏红葡萄酒，又长途跋涉送到清华园，送到先生手中，心里颇觉安慰。几瓶酒在现在不算什么。但是在当时通货膨胀已经达到了钞票上每天加一个零还跟不上物价飞速提高的速度的情况下，几瓶酒已经非同小可。

有一年的春天，中山公园的藤萝开满了紫色的花朵，累累垂垂，紫气弥漫，招来了众多的游人和蜜蜂。我们一群弟子们，记得有周一良、王永兴、汪篯等，知道先生爱花。现在虽患目疾，几近失明，但据先生自己说，有些东西还能影影绰绰看到一团影子。大片藤萝花的紫光，先生或还能看到。而且在那种兵荒马乱、物价飞涨、人命微浅、朝不虑夕的情况下，我们想请先生散一散心，征询先生的意见，他怡然应允。我们真是大喜过望，在来今雨轩藤萝深处，找到一个茶桌，侍先生观赏紫藤。先生显然兴致极高。我们谈笑风生，尽欢而散。我想，这也许是先生在那样的年头里最愉快的时刻。

还有一件事，也给我留下了毕生难忘的回忆。在新中国成立前夕，政府经济实已完全崩溃。从法币改为银元券，又从银元券改为金元券，越改越乱，到了后来，到粮店买几斤粮食，携带的这币那券的重量有时要超过粮食本身。学术界的泰斗、德高望重、被著名的史学家郑天挺先生称之为"教授的教授"的陈寅恪先生也不能例外。到了冬天，他连买煤取暖的钱都没有，我把这情况告诉了已经回国的北大校长胡适之先生。胡先生最尊重最爱护确有成就的知识分子。当年他介绍王静庵先生到清华国学研究院去任教，一时传为佳话。寅恪先生在《王观堂先生挽词》中有几句诗："鲁连黄鹞绩溪胡，独为神州惜大儒。学院遂闻传绝业，园林差喜适幽居。"讲的就是这一件事。现在却轮到适之先生再一次"独为神州惜大儒"了，而这个"大儒"不是别人，竟是寅恪先生本人。适之先生想赠寅恪先生一笔数目颇大的美元。但是，寅恪先生却拒不接受。最后寅恪先生决定用卖掉藏书的办法来取得适之先生的美元。于是适之先生就派他自己的汽车——顺便说一句，当时北京汽车极为罕见，北大只有校长的一辆——让我到清华陈先生家装了一车西文关于佛教和中亚古代语言的极为珍贵的书。陈先生只收2000美元。这个数目在当时虽不算少，然而同书比起来，还是微不足道的。在这一批书中，仅一部《圣彼得堡梵德大词典》市价就远远超过这个数目了。这一批书实际上带有捐赠的性质。而寅恪师对于金钱的一介不取的狷介性格，由此也可见一斑了。

在这三年内，我同寅恪师往来颇频繁。我写了一篇论文：《浮屠与佛》，首先读给他听，想听听他的批评意见。不意竟得到他的赞赏。他把此文介绍给《中央研究院史语所集刊》发表。这个刊物在当时是最具权威性的刊物，简直有点"一登龙门，声价十倍"的威风。我自然感到受宠若惊。差幸我的结论并没有瞎说八道，几十年以后，我又写了一篇《再谈"浮屠"与"佛"》，用大量的新材料，重申前说，颇得到学界同行们的赞许。

在我同先生来往的几年中，我们当然会谈到很多话题。谈治学时最多，政治也并非不谈但极少。寅恪先生绝不是一个"闭门只读圣贤书"的书呆子。他继承了中国"士"的优良传统：天下兴亡，匹夫有责。从他的著作中也可以看出，他非常关心政治。他研究隋唐史，表面上似乎是满篇考证，骨子里谈的都是成败兴衰的政治问题，可惜难得解人。我们谈到当代学术，他当然会对每一个学者都有自己的看法。但是，除了对一位明史专家外，他没有对任何人说过贬低的话。对青年学人，只谈优点，一片爱护青年学者的热忱，真令人肃然起敬。就连那一位由于误会而对他专门攻击，甚至说些难听的话的学者，陈师也从来没有说过半句褒贬的话。先生的盛德由此可见。鲁迅先生从来不攻击年轻人，差堪媲美。

时光如电，人世沧桑，转眼就到了1948年年底。解放军把北京城团团包围住。胡适校长从南京派来了专机，想接几个教授到南京去，有一个名单。名单上有名的人，大多数都没有走，陈寅恪先生走了。这又成了某一些人探讨研究的题目：陈先生是否对共产党有看法？他是否对国民党留恋？根据后来出版的浦江清先生的日记，寅恪先生并不反对共产主义，他反对的仅是苏联牌的共产主义。在当时，这也许是一个怪想法，甚至是一个大逆不道的想法。然而到了今天，真相已大白于天下，难道不应该对先生的睿智表示敬佩吗？至于他对国民党的态度，最明显地表现在他对蒋介石的态度上。1940年，他在《庚辰暮春重庆夜宴归作》这一首诗中写道："食蛤那知天下事，看花愁近最高楼。"吴宓先生对此诗作注说："寅恪赴渝，出席中央研究院会议，寓俞大维妹丈宅。已而蒋公宴请中央研究院到会诸先生。寅恪于座中初次见蒋公，深觉其人不足为，有负厥职，故有此诗第六句。"按即"看花愁近最高楼"这一句。寅恪师对蒋介石，也可以说是对国民党的态度表达得不能再清楚明白了。然而，几年前，一位台湾学者偏偏寻章摘句，说寅恪先生早有意到台湾去。这真是天下一大怪事。

到了南京以后，寅恪先生又辗转到了广州，从此就留在那里没有动。他在台湾有很多亲友，动员他去台湾者，恐怕大有人在，然而他却岿然不为所动。其中详细情况，我不得而知。我们国家许多领导人，包括周恩来、陈毅、陶铸、郭沫若等等，对陈师礼敬备至。他同陶铸和老革命家兼学者的杜国庠，成了私交极深的朋友。在他晚年的诗中，不能说没有欢快之情，然而更多的却是抑郁之感。现在回想起来，他这种抑郁之感能说没有根据吗？能说不是查实有据吗？我们这一批老知识分子，到了今天，都已成了过来人。如果不昧良心说句真话，同陈师比较起来，只能说我们愚钝，我们麻木，此外还有什么话好说呢？

1951年，我奉命随中国文化代表团，访问印度和缅甸。在广州停留了相当长的时间，准备将所有的重要发言稿都译为英文。我当然不会放过这个机会的，我到岭南大学寅恪先生家中去拜谒。相见极欢，陈师母也殷勤招待。陈师此时目疾虽日益严重，仍能看到眼前的白色的东西。有关领导，据说就是陈毅和陶铸，命人在先生楼前草地上铺成了一条白色的路，路旁全是绿草，碧绿与雪白相映照，供先生散步之用。从这一件小事中，也可以看到我们国家对陈师尊敬之真诚了。陈师是极富于感情的人，他对此能无所感吗？

然而，世事如白云苍狗，变幻莫测。新中国成立后不久，正当众多的老知识分子兴高采烈、激情未熄的时候，华盖运便临到头上。运动一个接着一个，针对的全是知识分子。批完了《武训传》，批俞平伯，批完了俞平伯，批胡适，一路批，批，批，斗，斗，斗，最后批到了陈寅恪头上。此时，极大规模的、遍及全国的反右斗争还没有开始。老年反思，我在政治上是个蠢材。对这一系列的批和斗，我是心悦诚服的，一点没有感到其中有什么问题。我虽然没有明确地意识到，在我灵魂深处，我真认为中国老知识分子就是"原罪"的化身，批是天经地义的。但是，一旦批到了陈寅恪先生头上，我心里却感到不是味。虽然经人再三动员，我却始终没有参加到这一场闹剧式的大合唱中去。我不愿意厚着面皮，充当事后的诸葛亮，我当时的认识也是十分模糊的。但是，我毕竟没有行动。现在时过境迁，在四十年之后，想到我没有出卖我的良心，差堪自慰，能够对得起老师在天之灵了。

可是，从那以后，直到老师于 1969 年在空前浩劫中被折磨得离开了人世，将近二十年中，我没能再见到他。现在我的年龄已经超过了他在世的年龄五年，算是寿登耄耋了。现在我时常翻读先生的诗文。每读一次，都觉得有新的收获。我明确意识到，我还未能登他的堂奥。哲人其萎，空余著述。我却是进取有心，请益无人，因此更增加了对他的怀念。我们虽非亲属，我却时有风木之悲。这恐怕也是非常自然的吧。

我已经到了望九之年，虽然看样子离开为自己的生命画句号的时候还会有一段距离，现在还不能就做总结；但是，自己毕竟已经到了日薄西山、人命危浅之际，不想到这一点也是不可能的。我身历几个朝代，忍受过千辛万苦。现在只觉得身后的路漫长无边，眼前的路却是越来越短，已经是很有限了。我并没有倚老卖老，苟且偷安；然而我却明确地意识到，我成了一个"悲剧"人物。我的悲剧不在于我不想"不用扬鞭自奋蹄"，不想"老骥伏枥，志在千里"，而是在"老骥伏枥，志在万里"。自己现在承担的或者被迫承担的工作，头绪繁多，五花八门，纷纭复杂，有时还矛盾重重，早已远远超过了自己的负荷量，超过了自己的年龄。这里面，有外在原因，但主要是内在原因。清夜扪心自问：自己患了老来疯了吗？你眼前还有100年的寿命吗？可是，一到了白天，一接触实际，件件事情都想推掉，但是件件事情都推不掉，真仿佛京剧中的一句话："马行在夹道内，难以回马。"此中滋味，只有自己一人能了解，实不足为外人道也。

在这样的情况下，我有时会情不自禁地回想自己的一生。自己究竟应该怎样来评价自己的一生呢？我虽遭逢过大大小小的灾难，像"十年浩劫"那样中国人民空前的愚蠢到野蛮到令人无法理解的灾难，我也不幸——也可以说是有"幸"——身逢其盛，几乎把一条老命搭上；然而我仍然觉得自己是幸运的，自己赶上了许多意外的机遇。我只举一个小例子。自从盘古开天地，不知从哪里吹来了一股神风，吹出了知识分子这个特殊的族类。知识分子有很多特点。在经济和物质方面是一个"穷"字，自古已然，于今为烈。在精神方面，是考试多如牛毛。在这里也是自古已然，于今为烈。例子俯拾即是，不必多论。我自己考了一辈子，自小学、中学、大学，一直到留学，月有月考，季有季考，还有什么全国统考，考得一塌糊涂。可是我自己在上百场国内外的考试中，从来没有名落孙山。你能说这不是机遇好吗？

但是，俗话说："一个篱笆三个桩，一个好汉三个帮。"如果没有人帮助，一个人会是一事无成的。在这方面，我也遇到了极幸运的机遇。生平帮过我的人无虑数百。要我举出人名的话，我首先要举出的，在国外有两个人，一个是我的博士论文导师瓦尔德施米特教授，另一个是教吐火罗语的老师西克教授。在国内的有四个人：一个是冯友兰先生，如果没有他同德国签订德国清华交换研究生的话，我根本到不了德国。一个是胡适之先生，一个是汤用彤先生，如果没有他们的提携的话，我根本来不到北大。最后但不是最少，是陈寅恪先生。如果没有他的影响的话，我不会走上现在走的这一条治学的道路，也同样是来不了北大。至于他为什么不把我介绍给我的母校清华，而介绍给北大，我从来没有问过他，至今恐怕永远也是一个谜，我们不去谈它了。

我不是一个忘恩负义的人。我一向认为，感恩图报是做人的根本准则之一。但是，我对他们四位，以及许许多多帮助过我的师友怎样"报"呢？专就寅恪师而论，我只有努力学习他的著作，努力宣扬他的学术成就，努力帮助出版社把他的全集出全，出好。我深深地感激广州中山大学的校领导和历史系的领导，他们再三举办寅恪先生学术研讨会，包括国外学者在内，群贤毕至。中大还特别创办了陈寅恪纪念馆。所有这一切，我这个寅恪师的弟子都看在眼中，感在心中，感到很大的慰藉。国内外研究陈寅恪先生的学者日益增多，先生的道德文章必将日益发扬光大，这是毫无问题的。这是我在垂暮之年所能得到的最大的愉快。

然而，我仍然有我个人的思想问题和感情问题。我现在是"后已见来者"，然而却是"前不见古人"，再也不会见到寅恪先生了。我心中感到无限的空漠，这个空漠是无论如何也填充不起来了。掷笔长叹，不禁老泪纵横矣。

1995 年 12 月 1 日

站在胡适之先生墓前

我现在站在胡适之先生墓前。他虽已长眠地下，但是他那典型的"我的朋友"式的笑容，仍宛然在目。可我最后一次见到这个笑容，却已是五十年前的事了。

1948年12月中旬，是北京大学建校五十周年的纪念日。此时，解放军已经包围了北平城，然而城内人心并不惶惶。北大同仁和学生也并不惶惶；而且，不但不惶惶，在人们的内心中，有的非常殷切，有的还有点狐疑，都在期望着迎接解放军。适逢北大校庆大喜的日子，许多教授都满面春风，聚集在沙滩子民堂中，举行庆典。记得作为校长的适之先生，做了简短的讲话，满面含笑，只有喜庆的内容，没有愁苦的调子。正在这个时候，城外忽然响起了隆隆的炮声。大家相互开玩笑说："解放军给北大放礼炮哩！"简短的仪式完毕后，适之先生就辞别了大家，登上飞机，飞往南京去了。我忽然想到了李后主的几句词："最是仓皇辞庙日，教坊犹唱别离歌，垂泪对宫娥。"我想改写一下，描绘当时适之先生的情景："最是仓皇辞校日，城外礼炮声隆隆，含笑辞友朋。"我哪里知道，我们这一次会面竟是最后一次。如果我当时意识到这一点的话，这是含笑不起来的。

从此以后，我同适之先生便天各一方，分道扬镳，"世事两茫茫"了。听说，他离开北平后，曾从南京派来一架专机，点名接走几位老朋友，他亲自在南京机场恭候。飞机返回以后，机舱门开，他满怀希望地同老友会面。然而，除了一两位以外，所有他想接的人都没有走出机舱。据说——只是据说，他当时大哭一场，心中的滋味恐怕真是不足为外人道也。

适之先生在南京也没有能待多久，"百万雄师过大江"以后，他也逃往台湾。后来又到美国去住了几年，并不得志，往日的辉煌犹如春梦一场，它不复存在。后来又回到台湾，最初也不为当局所礼重。往日总统候选人的迷梦，也只留下了一个话柄，日子过得并不顺心。后来，不知怎样一来，他被选为"中央研究院"的院长，算是得到了应有的礼遇，过了几年舒适称心的日子。适之先生毕竟是一书生，一直迷恋于《水经注》的研究，如醉如痴，此时又得以从容继续下去。他的晚年可以说是差强人意的。可惜仁者不寿，猝死于宴席之间。死后哀荣备至。"中央研究院"为他建立了纪念馆，包括他生前的居室在内，并建立了胡适陵园，遗骨埋葬在院内的陵园。今天我们参拜的，就是这个规模宏伟、极为壮观的陵园。

我现在站在适之先生墓前，鞠躬之后，悲从中来，心内思潮汹涌，如惊涛骇浪，眼泪自然流出。杜甫有诗："焉知二十载，重上君子堂。"我现在是"焉知五十载，躬亲扫陵墓"。此时，我的心情也是不足为外人道也。

我自己已经到望九之年，距离适之先生所待的黄泉或者天堂乐园，只差几步之遥了。回忆自己八十多年的坎坷又顺利的一生，真如一部《二十四史》，不知从何处说起了。

积八十年之经验，我认为，一个人生在世间，如果想有所成就，必须具备三个条件：才能、勤奋、机遇。行行皆然，人人皆然，概莫能外。别的人先不说了，只谈我自己。关于才能一项，再自谦也不能说自己是白痴。但是，自己并不是什么天才，这一点自知之明，我还是有的。谈到勤奋，我自认还能差强人意，用不着有什么愧怍之感。但是，我把重点放在第三项上：机遇。如果我一生还能算得上有些微成就的话，主要是靠机遇。机遇的内涵是十分复杂的，我只谈其中恩师一项。韩愈说："古之学者必有师。师者所以传道、受业、解惑也。"根据老师这三项任务，老师对学生都是有恩。然而，在我所知道的世界语言中，只有汉文把"恩"与"师"紧密地嵌在一起，成为一个不可分割的名词。这只能解释为中国人最懂得报师恩，为其他民族所望尘莫及的。

我在学术研究方面的机遇，就是我一生碰到了六位对我有教导之恩或者知遇之恩的恩师，我不一定都听过他们的课，但是，只读他们的书也是一种教导。我在清华大学读书时，读过陈寅恪先生所有的已经发表的著作，旁听过他的"佛经翻译文

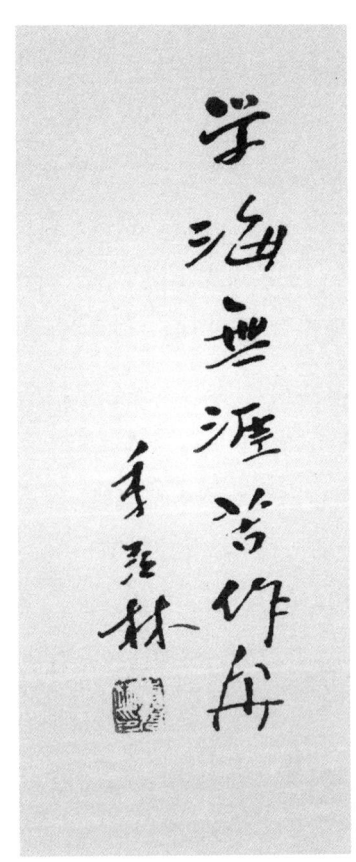

季羡林先生书法作品

学"，从而种下了研究梵文和巴利文的种子。在当了或滥竽了一年国文教员之后，由于一个天上掉下来的机遇，我到了德国哥廷根大学。正在我入学后的第二个学期，瓦尔德施米特先生调到哥廷根大学任印度学的讲座教授。当我在教务处前看到他开基础梵文的通告时，我喜极欲狂。"踏破铁鞋无觅处，得来全不费工夫。"难道这不是天赐的机遇吗？最初两个学期，选修梵文的只有我一个外国学生。然而教授仍然照教不误，而且备课充分，讲解细致，威仪俨然，一丝不苟。几乎是我一个学生垄断课堂，受益之大，自可想见。"二战"爆发，瓦尔德施米特先生被征从军。已经退休的原印度讲座教授西克，虽已年逾八旬，毅然又走上讲台，教的依然是我一个中国学生。西克先生不久就告诉我，他要把自己平生的绝招全传授给我，包括《梨俱吠陀》《大疏》《十王子传》，还有他费了二十年的时间才解读了的吐火罗文，在吐火罗文研究领域中，他是世界最高权威。我并非天才，六七种外语早已塞满了我那渺小的脑袋瓜，我并不想再塞进吐火罗文。然而像我的祖父一般的西克先生，告诉我的是他的决定，一点征求意见的意思都没有。我唯一能走的道路就是：敬谨遵命。现在回忆起来，冬天大雪之后，在研究所上过课，天已近黄昏，积雪白皑皑地拥满十里长街。雪厚路滑，天空阴暗，地闪雪光，路上阒静无人，我搀扶着老爷子，一步高，一步低，送他到家。我没有见过自己的祖父，现在我真觉得，我身边的老人就是我的祖父。他为了学术，不惜衰朽残年，不顾自己的健康，想把衣钵传给我这个异国青年。此时我心中思绪翻腾，感激与温暖并在，担心与爱怜奔涌。我真不知道是置身何地了。"二战"期间，我被困德国，一待就是十年。"二战"结束后，听说寅恪先生正在英国就医，我连忙给他写了一封致敬信，并附上发表在哥廷根科学院集刊上用德文写成的论文，向他汇报我十年学习的成绩。很快就收到了他的回信，问我愿不愿意到北大去任教。北大为全国最高学府，名扬全球；但是，门槛一向极高，等闲难得进入。现在竟有一个天赐的机遇落到我头上来，我焉有不愿意之理！我立即回信同意。寅恪先生把我推荐给了当时北大校长胡适之先生，代理校长傅斯年先生，文学院长汤用彤先生。寅恪先生在学术界有极高的声望，一言九鼎。北大三位领导立即接受。于是我这个三十多岁的毛头小伙子，在国内学术界尚无籍籍名，公然堂而皇之地走进了北大的大门。唐代中了进士，就"春风得意马蹄疾，一日看遍长安花"。我虽然没有一日看遍北平花，但是，身为北大正教授兼东方语言文学系主任，心中有点洋洋自得之感，不也是人之常情吗？

在此后的 3 年内，我在适之先生和锡予（汤用彤）先生领导下学习和工作，度过了一段毕生难忘的岁月。我同适之先生，虽然学术辈分不同，社会地位悬殊，想来接触是不会太多的。但是，实际上却不然，我们见面的机会非常多。他那一间在子民堂前东屋里的狭窄简陋的校长办公室，我几乎是常客。作为系主任，我要向校长请示汇报工作，他主编报纸上的一个学术副刊，我又是撰稿者，所以免不了也常谈学术问题，最难能可贵的是他待人亲切和蔼，见什么人都是笑容满面，对教授是这样，对职员是这样，对学生是这样，对工友也是这样。从来没见他摆当时颇为流行的名人架子、教授架子。此外，在教授会上，在北大文科研究所的导师会上，在北京图书馆的评议会上，我们也时常有见面的机会。我作为一个年轻的后辈，在他面前，绝没有什么局促之感，经常如坐春风中。

适之先生是非常懂得幽默的，他绝不老气横秋，而是活泼有趣。有一件小事，我至今难忘。有一次召开教授会，杨振声先生新收得了一幅名贵的古画，为了想让大家共同欣赏，他把画带到了会上，打开铺在一张极大的桌子上，大家都啧啧称赞。这时适之先生忽然站了起来，走到桌前，把画卷了起来，做纳入袖中状，引得满堂大笑，喜气洋洋。

这时候，印度总理尼赫鲁派印度著名学者师觉月博士来北大任访问教授，还派来了十几位印度男女学生来北大留学，这也算是中印两国间的一件大事。适之先生委托我照管印度老少学者。他多次会见他们，并设宴为他们接风。师觉月做第一次演讲时，适之先生亲自出席，并用英文致欢迎词，讲中印历史上的友好关系，介绍师觉月的学术成就，可见他对此事之重视。

适之先生在美国留学时，忙于对西方，特别是对美国哲学与文化的学习，忙于钻研中国古代先秦的典籍，对印度文化以及佛教还没有进行过系统深入的研究。据说后来由于想写完《中国哲学史》，为了弥补自己的不足，开始认真研究中国佛教禅宗以及中印文化关系。我自己在德国留学时，忙于同梵文、巴利文、吐火罗文以及佛典拼命，没有余裕来从事中印文化关系史的研究。回国以后，迫于没有书籍资料，在不得已的情况下，开始注意中印文化交流史的研究。在新中国成立前的三年中，只写过两篇比较像样的学术论文：一篇是《浮屠与佛》，一篇是《列子与佛典》。第一篇讲的问题正是适之先生同陈援庵先生争吵到面红耳赤的问题。我根据吐火罗文解决了这个问题。两老我都不敢得罪，只采取了一个骑墙的态度。我想，适之先生不会不读到这一篇论文的。我只到清华园读给我的老师陈寅恪先生听。蒙他首肯，介绍给地位极高的《中央研究院史语所集刊》发表。第二篇文章，写成后我拿给了适之先生看，第二天他就给我写了一封信，信中说："《生经》一证，确凿之至！"可见他是连夜看完的。他承认了我的结论，对我无疑是一个极大的鼓舞。这一次，我来到台湾，前几天，在大会上听到主席李亦园院士的讲话，中间他讲到，适之先生晚年……经常同年轻的研究人员坐在一起聊天。有一次，他说，做学问应该像北京大学的季羡林那样。我乍听之下，百感交集。适之先生这样说一定同上面两篇文章有关，也可能同我们分手后十几年中我写的一些文章有关。这说明，适之先生一直到晚年还关注着我的学术研究。知己之感，油然而生。在这样的情况下，我还可能有其他任何的感想吗？

在政治方面，众所周知，适之先生是不赞成共产主义的。但是，我们不应忘记，他同样也反对三民主义。我认为，在他的心目中，世界上最好的政治就是美国政治，世界上最民主的国家就是美国。这同他的个人经历和哲学信念有关。他们实验主义者不主张什么"终极真理"，而世界上所有的"主义"都与"终极真理"相似，因此他反对。他同共产党并没有任何深仇大恨。他自己说，他一辈子没有写过批判共产主义的文章，而反对国民党的文章则是写过的。我可以讲两件我亲眼看到的小事。新中国成立前夕，北平学生动不动就示威游行，比如"沈崇事件"、"反饥饿反迫害"等等，背后都有中共地下党在指挥发动，这一点是人所共知的，适之先生焉能不知！但是，每次北平国民党的宪兵和警察逮捕了学生，他都乘坐他那辆当时北平还极少见的汽车，奔走于各大衙门之间，逼迫国民党当局非释放学生不行。他还亲笔给南京驻北平的要人写信，为了同样的目的。据说这些信至今犹存。我个人觉得，这已经不能算是小事了。另外一件事是，有一天我到校长办公室去见适之先生。一个学生走进来对他说：昨夜延安广播电台曾对他专线广播，希望他不要走，北平解放后，将任命他为北大校长兼北京图书馆的馆长。他听了以后，含笑对那个学生说："人家信任我吗？"谈话到此为止。这个学生的身份他不能不明白，但他不但没有拍案而起，怒发冲冠，态度依然亲切和蔼。小中见大，这些小事都是能够发人深思的。

适之先生以青年暴得大名，誉满士林。我觉得，他一生处在一个矛盾中，一个怪圈中：一方面是学术研究，一方面是政治活动和社会活动。他一生忙忙碌碌，倥偬奔波，作为一个"过河卒子"，勇往直前。我不知道，他自己是否意识到身陷怪圈。当局者迷，旁观者清，我认为，这个怪圈确实存在，而且十分严重。那么，我对这个问题有什么看法呢？我觉得，不管适之先生自己如何定位，他一生毕竟是一个书生，说不好听一点，就是一个书呆子。我也举一件小事。有一次，在北京图书馆开评议会，会议开始时，适之先生匆匆赶到，首先声明，还有一个重要会议，他要早退席，会议开着开着就走了题，有人忽然谈到《水经注》。一听到《水经注》，适之先生立即精神抖擞，眉飞色舞，口若悬河。一直到散会，他也没有退席，而且兴致极高，大有挑灯夜战之势。从这样一个小例子中不也可以小中见大吗？

我在上面谈到了适之先生的许多德行，现在笼统称之为"优点"。我认为，其中最令我钦佩，最使我感动的却是他毕生奖掖后进。"平生不解藏人善，到处逢人说项斯。"他正是这样一个人。这样的例子是举不胜举的。中国是一个很奇怪的国家，一方面有我上面讲到的只此一家的"恩师"；另一方面却又有老虎拜猫为师学艺，猫留下了爬树一招没教给老虎，幸免为徒弟吃掉的民间故事。二者显然是有点矛盾的。适之先生对青年人一向鼓励提挈。20 世纪 40 年代，他在美国哈佛大学遇到当时还是青年的学者周一良和杨联升等，对他们的天才和成就大为赞赏。后来周一良回到中国，倾向进步，参加革命，其结果是众所周知的。杨联升留在美国，在二三十年的长时间内，同适之先生通信论学，互相唱和，在学术成就上也是硕果累累，名扬海外。周的天才与功力，只能说是高于杨，虽然在学术上也有所表现，但是，恪于形势，不免令人有未尽其才之感。看了二人的遭遇，难道我们能无动于衷吗？

我同适之先生在子民堂庆祝会上分别，从此云天渺茫，天各一方，再没有能见面，也没有能互通音信。我现在谈一谈我的情况和大陆方面的情况。我同绝大多数的中老年知识分子和教师一样，怀着绝对虔诚的心情，向往光明，向往进步。觉得自己真正站起来了，大有飘飘然羽化而登仙之感，有点忘乎所以了。我从一个最初喊什么人万岁都有点忸怩的低级水平，一踏上"革命"之路，便步步登高，飞驰前进；再加上天纵睿智，虔诚无垠，全心全意，投入造神运动中。常言道："众人拾柴火焰高。"大家群策群力，造出了神，又自己膜拜，完全自觉自愿，绝无半点勉强。对自己则认真进行思想改造。原来以为自己这个知识分子，虽有缺点，并无罪恶；但是，经不住社会上根红苗壮阶层的人士天天时时在你耳边聒噪："你们知识分子身躯脏，思想臭！"西方人说："谎言说上一千遍就成为真理。"此话就应在我们身上，积久而成为一种"原罪"感，怎样改造也没有用，只有心甘情愿地居于"老九"的地位，改造，改造，再改造，直改造得惺惺懂懂，"两渚崖之间，不辨牛马"。然而涅难望，苦海无边，而自己却仍然是膜拜不息。通过无数次的运动一直到"十年浩劫"自己被关进牛棚被打得一佛出世二佛升天，皮开肉绽，仍然不停地膜拜，其精诚之心真可以惊天地泣鬼神了。改革开放以后，自己脑袋里才裂开了一点缝，"觉今是而昨非"，然而自己已快到耄耋之年，垂垂老矣，离开鲁迅在《过客》一文讲到的长满了百合花的地方不太远了。

至于适之先生，他离开北大后的情况，我在上面已稍有所

313

涉及；总起来说，我是不十分清楚的，也是我无法清楚的。到了1954年，从批判俞平伯先生的《红楼梦研究》的资产阶级唯心论起，批判之火终于烧到了适之先生身上。这是一场缺席批判。适之远在重洋之外，坐山观虎斗。即使被斗的是他自己，反正伤不了他一根毫毛，他乐得怡然观战。他的名字仿佛已经成一个稻草人。浑身是箭，一个不折不扣的"箭垛"，大陆上众家豪杰，个个义形于色，争先恐后，万箭齐发，适之先生兀自巍然不动。我幻想，这一定是一个非常难得的景观。在浪费了许多纸张和笔墨、时间和精力之余，终成为"竹篮子打水一场空"，乱哄哄一场闹剧。

适之先生于1962年猝然逝世，享年已经过了古稀，在中国历代学术史上，这已可以算是高龄了，但以今天的标准来衡量，似乎还应该活得更长一点。中国古称"仁者寿"，但适之先生只能说是"仁者不寿"。当时在大陆上"左"风犹狂，一般人大概认为胡适已经是被打倒在地的人，身上被踏上了一千只脚，永世不得翻身了。这样一个人的死去，有何值得大惊小怪！所以报刊杂志上没有一点反应。我自己当然是被蒙在鼓里，毫无所知。十几二十年以后，我脑袋里开始透进点光的时候，我越想越不是滋味，曾写了一篇短文《为胡适说几句话》，我连"先生"二字都没有勇气加上，可是还有人劝我以不发表为宜。文章终于发表了，反应还差强人意，至少没有人来追查我，我心里一块石头落了地。最近几年来，改革开放之风吹绿了中华大地，知识分子的心态有了明显的转变，身上的枷锁除掉了，原罪之感也消逝了。被泼在身上的污泥浊水逐渐清除了，再也用不着天天夹着尾巴过日子了。这种思想感情上的解放，大大地提高了他们的积极性，愿意为祖国的繁荣富强贡献自己的力量。出版界也奋起直追，出版了几部《胡适文集》。安徽教育出版社雄心最强，准备出版一部超过两千万字的《胡适全集》。我可是万万没有想到，主编这一非常重要的职位，出版社竟垂青于我。我本不是胡适研究专家，我诚惶诚恐，力辞不敢应允。但是出版社却说，现在北大曾经同适之先生共过事而过从又比较频繁的人，只剩下我一个人了。铁证如山，我只能"仰"（不是"俯"）允了。我也想以此报知遇之恩于万一。我写了一篇长达一万七千字的总序，副标题是：还胡适以本来面目。意思也不过是想拨乱反正，以正视听而已。前不久，又有人邀我在《学林往事》中写一篇关于适之先生的文章，理由同前，我也应允而且从台湾回来后抱病写完。这一篇文章的副标题是：毕竟一书生。原因是，前一个副标题说得太满，我哪里有能力还适之先生以本来面目呢？后一个副标题是说我对适之先生的看法，是比较实事求是的。

我在上面谈了一些琐事和非琐事，俱往矣，只留下了一些可贵的记忆。我可真是万万没有想到，到了望九之年，居然还能来到宝岛，这是以前连想都没敢想的事。到了台北以后，才发现，五十年前在北平结识的老朋友，比如梁实秋、袁同礼、傅斯年、毛子水、姚从吾等等，全已作古。我真是"访旧半为鬼，惊呼热中肠"了。天地之悠悠是自然规律，是人力所无法抗御的。

我现在站在适之先生墓前，心中浮想联翩，上下五十年，纵横数千里，往事如云如烟，又历历如在目前。中国古代有俞伯牙在钟子期墓前摔琴的故事，又有许多在挚友墓前焚稿的故事。按照这个旧理，我应当把我那新出齐了的《文集》搬到适之先生墓前焚掉，算是向他汇报我毕生科学研究的成果。但是，我此时虽思绪混乱，但神志还是清楚的，我没有这样做。我环顾陵园，只见石阶整洁，盘旋而上，陵墓极雄伟，上覆巨石，墓志铭为毛子水亲笔书写，墓后石墙上嵌有"德艺双隆"四个大字，连同墓志铭，都金光闪闪，炫人双目。我站在那里，蓦抬头，适之先生那有魅力的典型的"我的朋友"式的笑容，突然显现在眼前，五十年依稀缩为一刹那，历史仿佛没有移动。但是，一定神儿，忽然想到自己的年龄，历史毕竟是动了，可我一点也没有颓唐之感。我现在大有"老骥伏枥，志在万里"之感。我相信，有朝一日，我还会有机会重来宝岛，再一次站在适之先生的墓前。

1999 年 5 月 2 日写毕

后记

文章写完了。但是对开头处所写的 1948 年 12 月在孑民堂庆祝北大建校 50 周年一事，脑袋里终究还有点疑惑。我对自己的记忆能力是颇有一点自信的；但是说它是"铁证如山"，我还没有这个胆量。怎么办呢？查书，我的日记在"文革"中被抄家时丢了几本，无巧不成书，丢的日记中正巧有 1948 年的。于是又托高鸿查胡适日记，没能查到。但是，从当时报纸上的记载中得知胡适于 12 月 15 日已离开北平，到了南京，并于 17 日在南京举行北大校庆 50 周年庆祝典礼，发言时"泣不成声"云云。可见我的回忆是错了。又一个怎么办呢？一是改写，二是保留不变。经过考虑，我采用了后者。原因何在呢？我认为，已经发生过的事情是一个现实，我脑筋里的回忆也是一个现实，一个存在形式不同的现实。既然我有这样一段回忆，必然是因为我认为，如果适之先生当时在北平，一定会有我回忆的那种情况，因此我才决定保留原文，不加更动。但那毕竟不是事实，所以写了这一段"后记"，以正视听。

1999 年 5 月 14 日

我记忆中的老舍先生

老舍先生含冤逝世已经二十多年了。在这一段相当长的时间内，我经常想到他，想到的次数远远超过我认识他以后直至他逝世的三十多年。每次想到他，我都悲从中来。我悲的是中国失去一个热爱祖国、热爱人民的正直的大作家，我自己失去一位从年龄上来看算是师辈的和蔼可亲的老友。目前，我自己已经到了晚年，我的内心再也承受不住这一份悲痛，我也不愿意把它带着离开人间。我知道，原始人是颇为相信文字的神秘力量的，我从来没有这样相信过。但是，我现在宁愿做一个原始人，把我的悲痛和怀念转变成文字，也许这悲痛就能突然消逝掉，还我心灵的宁静，岂不是天大的好事吗？

我从高中时代起，就读老舍先生的著作，什么《老张的哲学》《赵子曰》《二马》，我都读过。到了大学以后，以及离开大学以后，只要他有新作出版，我一定先睹为快，什么《离婚》《骆

驼祥子》，等等，我都认真读过。最初，由于水平的限制，他的
著作我不敢说全都理解。可是我总觉得，他同别的作家不一样。
他的语言生动幽默，是地道的北京话，间或也夹上一点山东俗语。
他没有许多作家那种忸怩作态让人读了感到浑身难受的非常别
扭的文体，一种新鲜活泼的力量跳动在字里行间。他的幽默也
同林语堂之流的那种着意为之的幽默不同。总之，老舍先生成
了我毕生最喜爱的作家之一，我对他怀有崇高的敬意。

　　但是，我认识老舍先生却完全出于一个偶然的机会。20世
纪30年代初，我离开了高中，到清华大学来念书。当时老舍先
生正在济南齐鲁大学教书。济南是我的老家，每年暑假，我都
回去。李长之是济南人，他是我的唯一的一个小学、中学、大
学"三连贯"的同学。有一年暑假，他告诉我，他要在家里请
老舍先生吃饭，要我作陪。在旧社会，大学教授架子一般都非
常大，他们与大学生之间宛然是两个阶级。要我陪大学教授吃饭，
我真有点受宠若惊。及至见到老舍先生，他却全然不是我心目
中的那种大学教授。他谈吐自然，蔼然可亲，一点架子也没有，
特别是他那一口地道的京腔，铿锵有致，听他说话，简直就像
是听音乐，是一种享受。从那以后，我们就算是认识了。

　　以后是激烈动荡的几十年。我在大学毕业以后，在济南高
中教了一年国文，就到欧洲去了，一住就是十一年。中国胜利了，
我才回来，在南京住了一个暑假。夜里睡在国立编译馆长之的
办公桌上；白天没有地方待，就到处云游，什么台城、玄武湖、
莫愁湖等等，我游了一个遍。老舍先生好像同国立编译馆有什

么联系，我常从长之口中听到他的名字。但是没有见过面。到了秋天，我也就离开了南京，乘海船绕道秦皇岛，来到北平。

以后又是更为激烈震荡的三年。用美式装备武装到牙齿的国民党反动军队，被彻底消灭。蒋介石一小撮到台湾去了。中国人民苦斗了一百多年，终于迎来解放的春天。我们这一群知识分子都亲身感受到，我们确实已经站起来了。就在这样的情况下，我在当时所谓故都又会见了老舍先生，上距第一次见面已经有二十多年了。

我现在已经记不清楚我们重逢时的情景。但是我却清晰地记得起20世纪50年代初期召开的一次汉语规范化会议时的情景。当时语言学界的知名人士，以及曲艺界的名人，都被邀请参加，其中有侯宝林、马增芬姊妹等等。老舍先生、叶圣陶先生、罗常培先生、吕叔湘先生、黎锦熙先生等等都参加了。这是新中国成立后语言学界的第一次盛会。当时还没有达到会议成灾的程度，因此大家的兴致都很高，会上的气氛也十分亲切融洽。

有一天中午，老舍先生忽然建议，要请大家吃一顿地道的北京饭。大家都知道，老舍先生是地道的北京人，他讲的地道的北京饭一定会是非常地道的，都欣然答应。老舍先生对北京人民生活之熟悉，是众所周知的。有人戏称他为"北京土地"。他结交的朋友，三教九流都有。他能一个人坐在大酒缸旁，同洋车夫、旧警察等旧社会的"下等人"，开怀畅饮，亲密无间，宛如亲朋旧友，谁也感觉不到他是大作家、名教授、留洋的学士。能做到这一步的，并世作家中没有第二人。这样一位老北京想请大家吃北京饭，大家的兴致哪能不高涨起来呢？商议的结果是到西四砂锅居去吃白煮肉，当然是老舍先生做东。他同饭馆的经理一直到小伙计都是好朋友，因此饭菜极佳，服务周到。大家尽兴地饱餐了一顿。虽然是一顿简单的饭，然而却令人毕生难忘。当时参加宴会今天还健在的叶老、吕先生大概还都记得这一顿饭吧。

还有一件小事，也必须在这里提一提。忘记了是哪一年了，反正我还住在城里翠花胡同没有搬出城外。有一天，我到东安市场北门对门的一家著名的理发馆里去理发，猛然瞥见老舍先生也在那里，正躺在椅子上，下巴上白糊糊的一团肥皂泡沫，正让理发师刮脸。这不是谈话的好时机，只寒暄了几句，就什么也不说了。等我坐在椅子上时，从镜子里看到他跟我打招呼，告别，看到他的身影走出门去。我理完发要付钱时，理发师说：老舍先生已经替你付过了。这样芝麻绿豆的小事殊不足以见老舍先生的精神；但是，难道也不足以见他这种细心体贴人的心情吗？

老舍先生的道德文章，光如日月，巍如山斗，用不着我来细加评论，我也没有那个能力。我现在写的都是一些小事。然而小中见大，于琐细中见精神，于平凡中见伟大，豹窥一斑，鼎尝一脔，不也能反映出老舍先生整个人格的一个缩影吗？

中国有一句俗话："好死不如赖活着。"这一句话道出了一个真理。一个人除非万不得已绝不会自己抛掉自己的生命。印度梵文中"死"这个动词，变化形式同被动态一样。我一直觉得非常有趣，非常有意思。印度古代语法学家深通人情，才创造出这样一个形式。死几乎都是被动的，有几个人主动地去死呢？老舍先生走上自沉这一条道路，必有其不得已之处。有人说，人在临死前总会想到许多许多东西的，他会想到自己的一生的。可惜我还没有这个经验，只能在这里胡思乱想。当老舍先生徘徊在湖水岸边决心自沉时，眼望湖水茫茫，心里悲愤填膺，唤天天不应，唤地地不答，悠悠天地，仿佛只剩下自己孤身一人，他会想到自己的一生吧！这一生是忠诚于祖国、忠诚于人民的一生，然而到头来却落到这等地步。为什么呢？究竟是为什么呢？如果自己留在美国不回来，著书立说，优游自在，洋房、汽车、声名利禄，无一缺少，舒舒服服地过一辈子，说不定能寿登耄耋，富郅王侯。他不是为了热爱自己的祖国母亲，才毅然历尽艰辛回来的吗？是今天祖国母亲无法庇护自己那远方归来的游子了呢？还是不愿意庇护了呢？我猜想，老舍先生绝不会埋怨自己的祖国母亲，祖国母亲永远是可爱的，在任何情况下都是可爱的。他也绝不会后悔回来的，但是，他确实有一些问题难以理解，他只有横下一条心，一死了之。这样的问题，我们今天又有谁能够理解呢？我想，老舍先生还会想到自己院子里种的柿子树和菊花，他当然也会想到自己的亲人，想到自己的朋友。所有这一些都是十分美好可爱的。对于这一些难道他就一点也不留恋吗？绝不会的，绝不会的，但是，有一种东西哽在他的心中，像大毒蛇缠住了他，他只能纵身一跳，投入波心，让弥漫的湖水给自己带来解脱了。

两千多年以前，屈原自沉于汨罗江。他行吟泽畔，心里想的恐怕同老舍先生有类似之处吧。他想到："蝉翼为重，千钧为轻；黄钟毁弃，瓦釜雷鸣。"他又想到："举世皆浊我独清，众人皆醉我独醒。"难道老舍先生也这样想过吗？这样的问题，有谁能够答复我呢？恐怕到了地球末日也没有人能答复了。我在泪眼模糊中，看到老舍先生戴着眼镜，在和蔼地对我笑着；我耳朵里仿佛听到了他那铿锵有节奏的北京话。我浑身颤抖，连灵魂也在剧烈地震动。

呜呼！我欲无言。

1987 年 10 月 1 日晨

晚节善终大节不亏

——悼念冯芝生（友兰）先生

芝生先生离开我们，走了。对我来说，这噩耗既在意内，又出意外。约莫三四个月以前，我曾到医院去看过他，实际上含有诀别的意味。但是，过了不久，他又奇迹般地出了院。后来又听说，他又住了进去。以九十五周岁的高龄，对医院这样几出几进，最后终于永远离开了医院，也离开了我们。难道说这还不是意内之事吗？

可是芝生先生对自己的长寿是充满了信心的。他在八十八岁自寿联中写道：

何止于米？相期以茶。

胸怀四化，寄意三松。

"米"寿指八十八岁，"茶"寿指一百〇八岁。他活到九十五岁，离"茶"寿还有十三年，当然不会满足的。去年，中国文化书院准备为他庆祝九十五岁诞辰，并举办国际学术讨论会。他坚持要到今年九十五周岁时举办。可见他信心之坚。他这种信心也感染了我们。我们都相信他会创造奇迹的。今年的庆典已经安排妥帖，国内外请柬都已发出，再过一个礼拜，就要举行了。可惜他偏在此时离开了我们，使庆祝改为悼念。不说这是意外又是什么呢？

在芝生先生弟子一辈的人中，我可能是接触到冯友兰这个名字最早的人。1926 年，我在济南一所高中读书，这是一所文科高中。课程中除了中外语文、历史、地理、心理、伦理、《诗经》《书经》等等以外，还有一门人生哲学，用的课本就是芝生先生的《人生哲学》。我当时只十五岁，既不懂人生，也不懂哲学。但是对这一门课的内容，颇感兴趣。从此芝生先生的名字，就深深地印在我的心中，我认为，他是一个高不可攀的大人物。屈指算来，现在已有六十四年了。

后来，我考进了清华大学，入西洋文学系。芝生先生是文学院长。当时清华大学规定，文科学生必须选一门理科的课，逻辑学可以代替。我本来有可能选芝生先生的课，临时改变主意，选了金岳霖先生的课。因此我一生没有上过芝生先生的课。在大学期间，同他根本没有来往，只是偶尔听他的报告或者讲话而已。

时过境迁，我大学毕业后，当了一年高中国文教员，到欧洲去漂泊了将近十一年。抗日战争后，回到了祖国。由于陈寅恪先生的介绍，到北大来工作。这时芝生先生从大后方复员回到北平，仍然在清华任教。我们没有接触的机会，只是偶尔从别人口中得知芝生先生在西南联大时的情况，也有过一些议论。这在当时是难以避免的。至于真相究竟如何，谁也不去探究了。

不久就迎来了解放。据我的推测，芝生先生本来有资格到台湾去的。然而他留下没走，同我们共同度过了一段既感到光明，又感到幸福的时刻。至于他是怎样想的，我完全不知道。不管怎样，他的朋友和弟子们从此对他有新的认识，这却是事实。他曾给毛泽东同志写过一封信，毛回复了一封比较长的信。"十年浩劫"期间，我听他亲口读过。他当时是异常激动的。此是后话，这里暂且不表了。

不久，我国政府组成了一个文化代表团，应邀赴印度和缅甸访问。这是新中国开国后第一个比较大型的出访代表团，团员中颇有一些声誉卓著、有代表性的学者、文学家和艺术家。丁西林任团长，郑振铎、阳翰笙、钱伟长、吴作人、常书鸿、张骏祥、周小燕等等，以及芝生先生都是团员，我也滥竽其中。秘书长是刘白羽。因为这个团很重要，周总理亲自关心组团的工作，亲自审查出国展览的图片。记得是 1951 年整个夏天，我们都在做准备工作，最费事的是画片展览。我们到处拍摄、搜集能反映新中国新气象的图片，最后汇总在故宫里面的一个大殿里，满满的一屋子，请周总理最后批准。我们忙忙碌碌，过了一个异常紧张但又兴奋愉快的夏天。

那一年国庆节前，我们到了广州，参加了观礼活动。我们在广州又住了一段时间，将讲稿或其他文件译为英文，做好最后的准备工作。此时，广州解放时间不长，国民党的飞机有时还来骚扰，特务活动也时有所闻。我们出门，都有便衣怀藏手枪的保安人员跟随，暗中加以保护。我们一切都准备好后，便乘车赴香港，换乘轮船，驶往缅甸，开始了对天竺和缅甸的长达几个月的长征……

从此以后，我们全团十几个人就马不停蹄，跋山涉水，几乎是一天换一个新地方，宛如走马灯一般。脑海里天天有新印象，眼前时时有新光景，乘船、乘汽车、乘火车、乘飞机，几乎看尽了春、夏、秋、冬四季风光，享尽了印缅人民无法形容的热情的款待。我不能忘记，我们曾在印度洋的海船上，看飞鱼飞跃。晚上在当空的皓月下，面对浩渺蔚蓝的波涛，追怀往事。我不能忘记，我们在印度闻名世界的奇迹泰姬陵上欣赏"琼楼玉宇高处不胜寒"的奇景。我不能忘记，我们在亚洲大陆最南端科摩林海角沐浴大海，晚上共同招待在黑暗中摸黑走八十里路，目的只是想看一看中国代表团的印度青年。我不能忘记，我们在佛祖释迦牟尼打坐成佛的金刚座旁流连瞻谒，我从印度空军飞机驾驶员手中接过几片菩提树叶，而芝生先生则用口袋装了一点金刚座上的黄土。我不能忘记，我们在金碧辉煌的土邦王公的天方夜谭般的宫殿里，共同享受豪华晚餐，自己也仿佛进入了童话世界。我不能忘记，在缅甸茵莱湖上，看缅甸船主独脚划船。我不能忘记，我们在加尔各答开着电风扇，啃着西瓜，度过新年。我不能忘记的事情太多太多了，怎么说也是说不完的。一想起印缅之行,我脑海里就成了万花筒,光怪陆离,五彩缤纷。中间总有芝生先生的影子在,他长须飘胸,道貌岸然。其他团员也都各具特点,令人忆念难忘。这情景,当时已不寻常,何况现在事后追思呢?

根据新中国成立后一些代表团出国访问的经验,在团员与团员之间的关系方面,往往可以看出三个阶段。初次聚在一起时,大家都和和睦睦,客客气气。后来逐渐混熟了,渐渐露出真面目,放言无忌。到了后期,临解散以前,往往又对某一些人心怀不满,胸有芥蒂。这个三段论法,真有点厉害,常常真能兑现。

但是,我们的团却不是这个样子。

我们自始至终,都是能和睦相处的。我们团中还产生了一对情侣,后来有情人终成了眷属。可见气氛之融洽。在所有的团员和工作人员中,最活跃的是郑振铎先生。他身躯高大魁梧,说话声音洪亮。虽然已经渐入老境,但不失其赤子之心。他同谁都谈得来,也喜欢开个玩笑,而最爱抬杠。团中爱抬杠者,大有人在。代表团成立了一个抬杠协会,简称"杠协"。大家想选一个会长,领袖群伦。于是月旦群雄,最后觉得郑先生喜抬杠,而不自知其为抬杠,已经达到抬杠圣境,圆融无碍。大家一致推选他为杠协会长,在他领导之下,团中杠业发达,皆大欢喜。

郑先生同芝生先生年龄相若,而风格迥异,芝生先生看上去很威严,说话有点口吃。但有时也说点笑话,足证他是一个懂得幽默的人。郑先生开玩笑的对象往往就是芝生先生。他经常喊芝生先生为"大胡子",不时说些开玩笑的话。有一次,理发师正给芝生先生刮脸，郑先生站在旁边起哄，连声对理发师高呼："把他的络腮胡子刮掉！"理发师不知所措，一失手，真把胡子刮掉一块。这时候，郑先生大笑，旁边的人也陪着哄笑。然而芝生先生只是微微一笑，神色不变，可见先生的大度包容的气概。《世说新语》载："王子猷、子敬曾俱坐一室，上忽发火。子猷遽走避，不惶取屐。子敬神色恬然，徐唤左右，扶凭而出，不异平常。世以此定二王神宇。"芝生先生的神宇有点近似子敬。

上面举的只是一件微末小事。但是由小可以见大。总之，我们的代表团就是在这种熟悉而不亵渎、亲切而互相尊重的气氛中，共同生活了半年。我得以认识芝生先生，也是在这一段时期内的事。屈指算来，到现在也近四十年了。

对于芝生先生的专门研究领域，中国哲学史，我几乎完全是一个门外汉，不敢胡言乱语。但是他治中国哲学史的那种坚韧不拔的精神，我却是能体会到的，而且是十分敬佩的。为了这一门学问，他不知遭受了多少批判。他提倡的道德抽象继承论，也同样受到严厉的诡辩式的批判。但是，他能同时在几条战线上应战，并没有被压垮。他坚持真理，修正错误，不惜以今日之我非昨日之我，经常在修订他的《中国哲学史》，我说不清已经修订过多少次了。我相信，倘若能活到一百〇八岁，他仍然是要继续修订的。只是这一点精神，难道还不值得我们认真学习吗？

芝生先生走过了九十五年的漫长的人生道路，九十五岁几乎等于一个世纪。自从公元建立后，至今还不到二十个世纪。芝生先生活了公元的二十分之一，时间够长的了。他一生经历了清代、民国、洪宪、军阀混战、国民党统治、抗日战争，一直迎来了解放。道路并不总是平坦的，有阳关大道，也有独木小桥，曲曲折折，坎坎坷坷。然而芝生先生以他那奇特的乐观精神和适应能力，不断追求真理，追求光明，忠诚于自己的学术事业，热爱祖国，热爱祖国的传统文化，终于走完了人生长途。仰不愧于天，俯不怍于地。我们可以说他是晚节善终，大节不亏。他走了一条中国老知识分子应该走的道路。在他身上，我们是可以学习到很多东西的。

　　芝生先生！你完成了人生的义务，掷笔去世，把无限的怀思留给了我们。

　　芝生先生！你度过漫长疲劳的一生，现在是应该休息的时候了。你永远休息吧！

1990 年 12 月 3 日

赋得永久的悔

题目是韩小蕙小姐出的，所以名之曰"赋得"。但文章是我心甘情愿做的，所以不是八股。

我为什么心甘情愿做这样一篇文章呢？一言以蔽之，题目出得好，不但实获我心，而且先获我心：我早就想写这样一篇东西了。

我已经到了望九之年。在过去的七八十年中，从乡下到城里；从国内到国外；从小学、中学、大学到洋研究院；从"志于学"到超过"从心所欲不逾矩"，曲曲折折，坎坎坷坷。既走过阳关大道，也走过独木小桥；既经过"山重水复疑无路"，又看到"柳暗花明又一村"。喜悦与忧伤并驾，失望与希望齐飞，我的经历可谓多矣。要讲后悔之事，那是俯拾皆是。要选其中最深切、最真实、最难忘的悔，也就是永久的悔，那也是唾手可得，因为它片刻也没有离开过我的心。

我这永久的悔就是：不该离开故乡，离开母亲。

　　我出生在鲁西北一个极端贫困的村庄里。我们家是贫中之贫，真可以说是贫无立锥之地。"十年浩劫"中，我自己跳出来反对北大那一位倒行逆施但又炙手可热的"老佛爷"，被她视为眼中钉，必欲除之而后快。她手下的小喽啰们曾两次窜到我的故乡，处心积虑地把我"打"成地主，他们那种狗仗人势穷凶极恶的教师爷架子，并没有能吓倒我的乡亲。我小时候的一位伙伴指着他们的鼻子，大声说："如果让整个官庄来诉苦的话，季羡林家是第一家！"

　　这一句话并没有夸大，他说的是实情。我祖父母早亡，留下了我父亲等三个兄弟，孤苦伶仃，无依无靠。最小的一叔送了人。我父亲和九叔饿得没有办法，只好到别人家的枣林里去捡落到地上的干枣充饥。这当然不是长久之计。最后兄弟俩被逼背井离乡，盲流到济南去谋生。此时他俩也不过十几二十岁。在举目无亲的大城市里，必然是经过千辛万苦，九叔在济南落住了脚。于是我父亲就回到了故乡，说是农民，但又无田可耕。又必然是经过千辛万苦，九叔从济南有时寄点钱回家，父亲赖以生活。不知怎么一来，竟然寻（读若 xín）上了媳妇，她就是我的母亲。母亲的娘家姓赵，门当户对，她家穷得同我们家差不多，否则也绝不会结亲。她家里饭都吃不上，哪里有钱、有闲上学。所以我母亲一个字也不识，活了一辈子，连个名字都没有。她家是在另一个庄上，离我们庄五里路。这个五里路就是我母亲毕生所走的最长的距离。

北京大学那一位"老佛爷"要"打"成"地主"的人，也就是我，就出生在这样一个家庭里，就有这样一位母亲。

后来我听说，我们家确实也"阔"过一阵。大概在清末民初，九叔在东三省用口袋里剩下的最后五角钱，买了十分之一的湖北水灾奖券，中了奖。兄弟俩商量，要"富贵而归故乡"，回家扬一下眉，吐一下气。于是把钱运回家，九叔仍然留在城里，乡里的事由父亲一手张罗，他用荒唐离奇的价钱，买了砖瓦，盖了房子。又用荒唐离奇的价钱，置了一块带一口水井的田地。一时兴会淋漓，真正扬眉吐气了。可惜好景不长，我父亲又用荒唐离奇的方式，仿佛宋江一样，豁达大度，招待四方朋友。一转瞬间，盖成的瓦房又拆了卖砖、卖瓦。有水井的田地也改变了主人。全家又回归到原来的情况。我就是在这个时候，在这样的情况下降生到人间来的。

母亲当然亲身经历了这个巨大的变化。可惜，当我同母亲住在一起的时候，我只有几岁，告诉我，我也不懂。所以，我们家这一次陡然上升，又陡然下降，只像是昙花一现，我到现在也不完全明白。这谜恐怕要成为永恒的谜了。

不管怎样，我们家又恢复到从前那种穷困的情况。后来听人说，我们家那时只有半亩多地。这半亩多地是怎么来的，我也不清楚。一家三口人就靠这半亩多地生活。城里的九叔当然还会给点接济，然而像中湖北水灾奖那样的事儿，一辈子有一次也不算少了。九叔没有多少钱接济他的哥哥了。

家里日子是怎样过的，我年龄太小，说不清楚。反正吃得极坏，这个我是懂得的。按照当时的标准，吃"白的"（指麦子面）最高，其次是吃小米面或棒子面饼子，最次是吃红高粱饼子，颜色是红的，像猪肝一样。"白的"与我们家无缘。"黄的"（小米面或棒子面饼子颜色都是黄的）与我们缘分也不大。终日为伍者只有"红的"。这"红的"又苦又涩，真是难以下咽。但不吃又害饿，我真有点谈"红"色变了。

但是，小孩子也有小孩子的办法。我祖父的堂兄是一个举人，他的夫人我喊她奶奶。他们这一支是有钱有地的。虽然举人死了，但家境依然很好。我这一位大奶奶仍然健在。她的亲孙子早亡，所以把全部的钟爱都倾注到我身上来。她是整个官庄能够吃"白的"的仅有的几个人中之一。她不但自己吃，而且每天都给我留出半个或者四分之一个白面馍馍来。我每天早晨一睁眼，立即跳下炕来向村里跑，我们家住在村外。我跑到大奶奶跟前，清脆甜美地喊上一声："奶奶！"她立即笑得合不上嘴，把手缩回到肥大的袖子，从口袋里掏出一小块馍馍，递给我，这是我一天最幸福的时刻。

此外，我也偶尔能够吃一点"白的"，这是我自己用劳动换来的。一到夏天麦收季节，我们家根本没有什么麦子可收。对门住的宁家大婶子和大姑——她们家也穷得够呛——就带我到本村或外村富人的地里去"拾麦子"。所谓"拾麦子"就是别家的长工割过麦子，总还会剩下那么一点点麦穗，这些都是不值得一捡的，我们这些穷人就来"拾"。因为剩下的绝不会多，我们拾上半天，也不过拾半篮子，然而对我们来说，这已经是如获至宝了。一定是大婶和大姑对我特别照顾，以一个四五岁、五六岁的孩子，拾上一个夏天，也能拾上十斤八斤麦粒。这些都是母亲亲手搓出来的。为了对我加以奖励，麦季过后，母亲便把麦子磨成面，蒸成馍馍，或贴成白面饼子，让我解馋。我于是就大快朵颐了。记得有一年，我拾麦子的成绩也许是有点"超常"。到了中秋节——农民嘴里叫"八月十五"——母亲不知从哪里弄了点月饼，给我掰了一块，我就蹲在一块石头旁边，大吃起来。在当时，对我来说，月饼可真是神奇的东西，龙肝凤髓也难以比得上的，我难得吃一次。我当时并没有注意，母亲是否也在吃。现在回想起来，她根本一口也没有吃。不但是月饼，连其他"白的"，母亲从来都没有尝过，都留给我吃了。她大概是毕生就与红色的高粱饼子为伍。到了歉年，连这个也吃不上，那就只有吃野菜了。

至于肉类，吃的回忆似乎是一片空白。我老娘家隔壁是一家卖煮牛肉的作坊。给农民劳苦耕耘了一辈子的老黄牛，到了老年，耕不动了，几个农民便以极其低的价钱买来，用极其野蛮的办法杀死，把肉煮烂，然后卖掉。老牛肉难煮，实在没有办法，农民就在肉锅里小便一通，这样肉就好烂了。农民心肠好，有了这种情况，就昭告四邻："今天的肉你们别买！"老娘家穷，虽然极其疼爱我这个外孙，也只能用土罐子，花几个制钱，装一罐子牛肉汤，聊胜于无。记得有一次，罐子里多了一块牛肚子，这就成了我的专利。我舍不得一气吃掉，就用生了锈的小铁刀，一块一块地割着吃，慢慢地吃。这一块牛肚真可以同月饼媲美了。

"白的"、月饼和牛肚难得，"黄的"怎样呢？"黄的"也同样难得。但是，尽管我只有几岁，我却也想出了办法。到了春、夏、秋三个季节，庄外的草和庄稼都长起来了。我就到庄外去割草，或者到人家高粱地里去劈高粱叶。劈高粱叶，田主不但不禁止，而且还欢迎；因为叶子一劈，通风情况就能改进，高粱长得就能更好，粮食打得就能更多。草和高粱叶都是喂牛用的。我们家穷，从来没有养过牛。我二大爷家是有地的，经常养着两头大牛。我这草和高粱叶就是给它们准备的。每当我这个不到三块豆腐高的孩子背着一大捆草或高粱叶走进二大爷的大门，我心里有所恃而不恐，把草放在牛圈里，赖着不走，总能蹭上一顿"黄的"吃，不会被二大娘"卷"（我们那里的土话，意思是"骂"）出来。到了过年的时候，自己心里觉得，在过去的一年里，自己喂牛立了功，又有了勇气到二大爷家里赖着吃黄面糕。黄面糕是用黄米面加上枣蒸成的。颜色虽黄，却位列"白的"之上，因为一年只在过年时吃一次，物以稀为贵，于是黄面糕就贵了起来。

我上面讲的全是吃的东西。为什么一讲到母亲就讲起吃的东西来了呢？原因并不复杂。第一，我作为一个孩子容易关心吃的东西。第二，所有我在上面提到的好吃的东西，几乎都与母亲无缘。除了"黄的"以外，其余她都不沾边儿。我在她身边只待到六岁，以后两次奔丧回家，待的时间也很短。现在我回忆起来，连母亲的面影都是迷离模糊的，没有一个清晰的轮廓。特别有一点，让我难解而又易解：我无论如何也回忆不起母亲的笑容来，她好像是一辈子都没有笑过。家境贫困，儿子远离，她受尽了苦难，笑容从何而来呢？有一次我回家听对面的宁大婶子告诉我说："你娘经常说：'早知道送出去回不来，我无论如何也不会放他走的！'"简短的一句话里面含着多少辛酸、多少悲伤啊！母亲不知有多少日日夜夜，眼望远方，盼望自己的儿子回来啊！然而这个儿子却始终没有归去，一直到母亲离开这个世界。

对于这个情况，我最初懵懵懂懂，理解得并不深刻。到上了高中的时候，自己大了几岁，逐渐理解了。但是自己寄人篱下，经济不能独立，空有雄心壮志，怎奈无法实现，我暗暗地下定了决心，立下了誓愿：一旦大学毕业，自己找到工作，立即迎养母亲，然而没有等到我大学毕业，母亲就离开我走了，永远永远地走了。古人说："树欲静而风不止，子欲养而亲不待"，这话正应到我身上。我不忍想象母亲临终思念爱子的情况；一想到，我就会心肝俱裂，眼泪盈眶。当我从北平赶回济南，又从济南赶回清平奔丧的时候，看到了母亲的棺材，看到那简陋的屋子，我真想一头撞死在棺材上，随母亲于地下。我后悔，我真后悔，我千不该万不该离开了母亲。世界上无论什么名誉，什么地位，什么幸福，什么尊荣，都比不上待在母亲身边，即使她一个字也不识，即使整天吃"红的"。

这就是我的"永久的悔"。

1994 年 3 月 5 日

寸草心

小引

我已至望九之年，在这漫长的生命中，亲属先我而去的，人数颇多。俗话说："死人生活在活人的记忆里。"先走的亲属当然就活在我的记忆里。越是年老，想到他们的次数越多。想得最厉害的偏偏是几位妇女。因为我是一个激烈的女权卫护者吗？不是的。那么究竟原因何在呢？我说不清。反正事实就是这样。我只能说是因缘和合了。

我在下面依次讲四位妇女。前三位属于"寸草心"的范畴，最后一位算是借了光。

大奶奶

我的上一辈，大排行，共十一位兄弟。老大、老二，我叫他们"大大爷"、"二大爷"，是同父同母所生。大大爷是个举人，做过一任教谕，官阶未必入流，却是我们庄最高的功名，最大的官，因此家中颇为富有。兄弟俩分家，每人还各得地五六十亩。后来被划为富农。老三、老四、老五、老六、老八、老十，我从未见过，他们父母生身情况不清楚，因家贫遭灾，闯了关东，黄鹤一去不复归矣。老七、老九、老十一，是同父同母所生，老七是我父亲。从小父母双亡，我从来没有见过我的祖父母。贫无立锥之地，十一叔送给了别人，改了姓。九叔也万般无奈被迫背井离乡，流落济南，好歹算是在那里立定了脚跟。我六岁离家，投奔的就是九叔。

所谓"大奶奶"，就是举人的妻子。大大爷生过一个儿子，也就是说，大奶奶有过一个孙子。可惜在娶妻生子后就夭亡了。我从来没有见过他。因此，在我上一辈十一人中，男孩子只有我这一个独根独苗。在旧社会"不孝有三，无后为大"的环境中，我成了家中的宝贝，自是意中事。可能还有一些别的原因，在我六岁离家之前，我就成了大奶奶的心头肉，一天不见也不行。

我们家住在村外，大奶奶住在村内。有很长一段时间，我每天早晨一睁眼，滚下土炕，一溜烟就跑到村内，一头扑到大奶奶怀里。只见她把手缩进非常宽大的袖筒里，不知从什么地方拿出半块或一整个白面馒头，递给我。当时吃白面馒头叫作吃"白的"，全村能每天吃"白的"的人，屈指可数，大奶奶是其中一个，季家全家是唯一的一个。对我这个连"黄的"（指小米面和玉米面）都吃不到，只能凑合着吃"红的"（红高粱面）的小孩子，"白的"简直就像是龙肝凤髓，是我一天望眼欲穿地最希望享受到的。

按年龄推算起来，从能跑路到离开家，大约是从三岁到六岁，是我每天必见大奶奶的时期，也是我一生最难忘怀的一段生活。我的记忆中往往闪出一株大柳树的影子。大奶奶弥勒佛似的端坐在一把奇大的椅子上。她身躯胖大，据说食量很大。有一次，家人给她炖了一锅肉。她问家里的人："肉炖好了没有？给我盛一碗拿两个馒头来，我尝尝！"食量可见一斑。可惜我现在怎么样也挖不出吃肉的回忆。我不会没吃过的。大概我的最高愿望也不过是吃点"白的"，超过这个标准，对我就如云天渺茫，连回忆都没有了。

可是我终于离开了大奶奶，以古稀或耄耋的高龄，失掉我这块心头肉，大奶奶内心的悲伤，完全可以想象。"可怜小儿女，不解忆长安。"我只有六岁，稍有点不安，转眼就忘了。等我第一次从济南回家的时候，是送大奶奶入土的。从此我就永远失掉了大奶奶。

大奶奶会永远活在我的记忆中。

我的母亲

我是一个最爱母亲的人，却又是一个享受母爱最少的人。我六岁离开母亲，以后有两次短暂的会面，都是由于回家奔丧。最后一次是分离八年以后，又回家奔丧。这次奔的却是母亲的丧。回到老家，母亲已经躺在棺材里，连遗容都没能见上。从此，人天永隔，连回忆里母亲的面影都变得迷离模糊，连在梦中都见不到母亲的真面目了。这样的梦，我生平不知已有多少次。直到耄耋之年，我仍然频频梦到面目不清的母亲，总是老泪纵横，哭着醒来。对享受母亲的爱来说，我注定是一个永恒的悲剧人物了。奈之何哉！奈之何哉！

关于母亲，我已经写了很多，这里不想再重复。我只想写一件我决不相信其为真而又热切希望其为真的小事。

在清华大学念书时，母亲突然去世。我从北平赶回济南，又赶回清平，送母亲入土。我回到家里，看到的只是一个黑棺材，母亲的面容再也看不到了。有一天夜里，我正睡在里间的土炕上，一叔陪着我。中间隔一片枣树林的对门的宁大叔，径直走进屋内，绕过母亲的棺材，走到里屋炕前，把我叫醒，说他的老婆宁大婶"撞客"了——我们那里把鬼附人体叫作"撞客"——，撞的客就是我母亲。我大吃一惊，一骨碌爬起来，跌跌撞撞，跟着宁大叔，穿过枣林，来到他家。宁大婶坐在炕上，闭着眼睛，嘴里却不停地说着话，不是她说话，而是我母亲。一见我（母宁说是一"听到我",因为她没有睁眼),就抓住我的手,说:"儿啊!你让娘想得好苦呀!离家八年,也不回来看看我。你知道,娘心里是什么滋味呀!"如此唠唠不休,说个不停。我仿佛当头挨了一棒,懵懵懂懂,不知所措。按理说,听到母亲的声音,我应当号啕大哭。然而,我没有,我似乎又清醒过来。我在潜意识中,连声问着自己:这是可能的吗?这是真事吗?我心里酸甜苦辣,搅成了一锅酱。我对"母亲"说:"娘啊!你不该来找宁大婶呀!你不该麻烦宁大婶呀!"我自己的声音传到我自己的耳朵里,一片空虚,一片淡漠。然而,我又不能不这样,我的那一点"科学"起了支配的作用。"母亲"连声说:"是啊!是啊!我要走了。"于是宁大婶睁开了眼睛,木然、愕然坐在土炕上。我回到自己家里,看到母亲的棺材,伏在土炕上,一直哭到天明。

我不能相信这是真的,但是希望它是真的。倚闾望子,望了八年,终于"看"到了自己心爱的独子,对母亲来说不也是一种安慰吗?但这是多么渺茫,多么神奇的一种安慰呀!

母亲永远活在我的记忆里。

我的婶母

这里指的是我九叔续弦的夫人。第一位夫人,虽然是把我抚养大的,我应当感谢她;但是,留给我的却不都是愉快的回忆。我写不出什么文章。

这一位续弦的婶母,是在1935年夏天我离开济南以后才同叔父结婚的，我并没见过她。到了德国写家信，虽然"敬禀者"的对象中也有"婶母"这个称呼，却对我来说是一个空洞的概念，一直到 1947 年，也就是说十二年以后，我从北平乘飞机回济南，才把概念同真人对上了号。

婶母（后来我们家里称她为"老祖"）是绝顶聪明的人，也是一个有个性有脾气的人。我初回到家，她是斜着眼睛看我的。这也难怪。结婚十几年了，忽然凭空冒出来了一个侄子。"他是什么人呢？好人？坏人？好不好对付？"她似乎有这样多问号。这是人之常情，不能怪她。

我却对她非常尊敬，她不是个一般的人。我离家十二年，我在欧洲经历了第二次世界大战，她在国内经历了日军占领和抗日战争。我是亲老、家贫、子幼。可是鞭长莫及。有五六年，音讯不通。上有老，下有小，叔父脾气又极暴烈，甚至有点乖戾，极难侍奉。有时候，经济没有来源，全靠她一个人支持。她摆过烟摊；到小市上去卖衣服家具；在日军刺刀下去领混合面；骑着马到济南南乡里去勘查田地，充当地牙子，赚点钱供家用；靠自己幼时所学的中医知识，给人看病。她以"少妻"的身份，对付难以对付的"老夫"。她的苦心至今还催我下泪。在这万分艰苦的情况下，她没让孙女和孙子失学，把他们抚养成人。总之，一句话，如果没有老祖，我们的家早就完了。我回到家里来也恐怕只能看到一座空房，妻离子散，叔父归天。

我自认还不是一个浑人。我极重感情，决不忘恩。老祖的所作所为，我看到眼里，记在心中。回北平以后，给她写了一封长信，称她为"老季家的功臣"。听说，她很高兴。见了自己的娘家人，详细通报。从此，她再也不斜着眼睛看我了，我们两人之间的关系十分融洽，互相尊重。我们全家都尊敬她，热爱她，"老祖"这一个朴素简明的称号，就能代表我们全家人的心。

叔父去世以后，老祖同我的妻子彭德华从济南迁来北京。我们一起生活了将近三十年，从没有半点龃龉，总是你尊我敬。自从我六岁到济南以后，六七十年来，我们家从来没有吵过架，这是极为难得的。我看进入吉尼斯世界纪录，也不为过。老祖到我们家以后，我们能这样和睦，主要归功于她和德华两人，我在其中起的作用，微乎其微。以八十多的高龄，老祖身体健康，精神愉快，操持家务，全都靠她。我们只请了做小时小保姆。老祖天天背着一个大黑布包，出去采买食品菜蔬，成为朗润园的美谈。老祖是非常满意的，告诉自己的娘家人说："这一家子都是很孝顺的。"可见她晚年心情之一斑。我个人也是非常满意的，我安享了二三十年的清福。老祖以九十岁的高龄离开人世。我想她是含笑离开的。

老祖永远活在我的记忆里。

我的妻子

我在上面说过：德华不应该属于"寸草心"的范畴。她借了光。人世间借光的事情也是常有的。

我因为是季家的独根独苗，身上负有传宗接代的重大任务，所以十八岁就结了婚。父母之命，媒妁之言，自不在话下。德华长我四岁。对我们家来说，她真正做到了"毫不利己，专门利人"，一辈子勤勤恳恳，有时候还要含辛茹苦。上有公婆，下有稚子幼女，丈夫十几年不在家。公公又极难侍候，家里又穷，经济朝不保夕。在这些年，她究竟受了多少苦，她只是偶尔对我流露一点，我实在说不清楚。

德华天资不是太高，只念过小学，大概能认千八百字。当我念小学的时候，我曾偷偷地看过许多旧小说，什么《西游记》《封神演义》《彭公案》《施公案》《济公传》《七侠五义》《小五义》等等都看过。当时这些书对我来说是"禁书"，叔叔称之为"闲书"。看"闲书"是大罪状，是绝对不允许的。但是，不但我，连叔父的女儿秋妹都偷偷地看过不少。她把小说中常见的词儿"飞檐走壁"念成"飞腾走壁"，一时传为笑柄。可是，德华一辈子也没有看过任何一部小说，别的书更谈不上了。她没有给我写过一封信，她根本拿不起笔来。到了晚年，连早年能认的千八百字也都大半还给了老师，剩下的不太多了。因此，她对我一辈子搞的这一套玩意儿根本不知道是什么东西，有什么意义。她似乎从来也没有想知道过。在这方面，我们俩毫无共同的语言。

在文化方面，她就是这个样子。然而，在道德方面，她却是超一流的。上对公婆，她真正尽上了孝道；下对子女，她真正做到了慈母应做的一切；中对丈夫，她绝对忠诚，绝对服从，绝对爱护。她是一个极为难得的孝顺媳妇，贤妻良母。她对待任何人都是忠厚诚恳，从来没有说过半句闲话。她不会撒谎，我敢保证，她一辈子没有说过半句谎话。如果中国将来要修《二十几史》，而其中又有什么"妇女列传"或"闺秀列传"的话，她应该榜上有名。

1962年，老祖同德华从济南搬到北京来，我过单身汉生活数十年，现在总算是有了一个家。这也是德华一生的黄金时期，也是我一生最幸福的时候。我们家里和睦相处，你尊我让，从来没有吵过嘴。有时候家人朋友团聚，食前方丈，杯盘满桌，烹饪往往由她们二人主厨。饭菜上桌，众人狼吞虎咽，她们俩却往往是坐在一旁，笑眯眯地看着我们吃，脸上流露出极为怡悦的表情。对这样的家庭，一切赞誉之词都是无用的，都会黯然失色的。

我活到了八十多，参透了人生真谛。人生无常，无法抗御。我在极端的快乐中，往往心头闪过一丝暗影：天下无不散的筵席。我们家这一出十分美满的戏，早晚会有煞戏的时候。果然，老祖先走了。去年德华又走了。她也已活到超过米寿，她可以瞑目了。

德华永远活在我的记忆里。

1995年7月